# 峥嵘南北朝

牛踏秋 ——————— 著

河南文艺出版社
·郑州·

图书在版编目(CIP)数据

峥嵘南北朝/牛踏秋著. --郑州:河南文艺出版社,
2023.2

ISBN 978-7-5559-1235-4

Ⅰ.①峥… Ⅱ.①牛… Ⅲ.①中国历史-魏晋南北朝-
时代-通俗读物 Ⅳ.①K235.09

中国版本图书馆 CIP 数据核字(2022)第 165537 号

策 划 俞 芸
责任编辑 俞 芸
责任校对 梁 晓
书籍设计 吴 月

| | | | | |
|---|---|---|---|---|
| 出版发行 | 河南文艺出版社 | 印 张 | 11.5 |
| 社 址 | 郑州市郑东新区祥盛街 27 号 C 座 5 楼 | 字 数 | 265 000 |
| 承印单位 | 河南瑞之光印刷股份有限公司 | 版 次 | 2023 年 2 月第 1 版 |
| 经销单位 | 新华书店 | 印 次 | 2023 年 2 月第 1 次印刷 |
| 纸张规格 | 890 毫米 × 1240 毫米 1/32 | 定 价 | 48.00 元 |

印厂地址 河南省武陟县产业集聚区东区(詹店镇)泰安路
邮政编码 454950 电话 0371-63956290

# 南北朝歌(并序)

纷乱的时代,动荡的情怀。秦汉之后,三国鼎立,西晋一统,继而生乱,东晋偏安,北国难靖。十六国蜂起,五胡争霸,自成汉至北凉,凡 135 载(304—439 年),黄河咆哮,华北狼烟。拓跋氏纵横捭阖,收拾河山,自道武帝拓跋珪复国(386 年),至太武帝拓跋焘威服四夷,华北终归一统(439 年),民生稍安。

就在拓跋氏经营北土之际,偏安建康的东晋政权也早已寿终正寝,先易手桓玄(403 年),再为刘裕受禅(420 年)。刘裕建宋,暂息金戈铁马,又令布衣寒门掌权,更为延续华夏文明传承星火。此后,齐、梁、陈相继,国祚虽短,文化长久矣。

狂放的历史,繁荣的文艺。在这个上层为权争、寒士避难闲的特殊时期,产生了一大批涉及文学、艺术、科学等各个领域的翘楚,以及灿若群星的作品。百家无约束,百家自争鸣。有感于南北朝旧史故事,遂命如下拙歌。

　　南与北,有分界。北黄河,南长江。政有别,华夏野。
　　南四朝,都建康。宋齐梁,刘最强。齐梁萧,争阋墙。陈继之,终败亡。

北五朝,实三姓。拓跋氏,最先兴。统华北,都平城。迁洛阳,学汉人。河阴变,北魏分。东西魏,太行争。东高欢,西宇文。傀儡帝,最终逊。高氏洋,建北齐。宇文氏,立周瀛。数十载,邺城平。周虽胜,断佛因。宇文周,外戚凌。杨坚起,黑衣盛。终归隋,天下新。

南与北,合与分,三百载,和有根。北鲜卑,南汉廷,皆正统,为华人。魏不远,实姬姓,出自周,中原名。至于齐,本春秋,归于周,亦顺声。魏南迁,为融合,图中原,失六镇。六镇乱,军阀起,东西魏,从此分。烽烟多,文化近,强与弱,手足情。敕勒歌,木兰诗,共乐府,天下闻。东西周,传文明,秦汉时,儒最盛。西东晋,多纷争,十六国,乱华深。衣食忧,政不稳,儒家礼,何支撑?南北朝,多枭雄,儒释道,遂任性。小家国,大思潮,乱乎哉?亦真性。

# 目 录

## 第一章 狂悖的王室

1

## 第二章　傲岸的文人

## 第三章　剽悍的将军

## 第四章　任性的名字

## 第五章　烂漫的文化

第
一
章

# 狂悖的王室

秦汉之后，家天下的皇权制逐步受到挑战，但即使在三国和西晋时期，也仅限于皇族内部的纷争。"八王之乱"后，西晋皇权不再固若金汤，"大一统"的儒家思想也渐行渐远。至东晋政权南迁后，北方大片旧土被域内少数民族分割，匈奴、鲜卑、羯、羌、氐五个胡人大部落先后粉墨登场，上演了长达一百余年（316—439 年）的闹剧。

这期间不仅烽火连天，更可怕的是，维系皇权的儒家思想受到挑战和挤压。到拓跋氏建立的北魏一统华北，南北朝分立之时，政权虽然相对稳定，但思想的天空早已不再一月独圆，而是群星璀璨，抑或流星赶月。

南北朝时期，除了开国皇帝及其遗志继承者励精图治外，皇位接续者大多昏聩粗野，北朝以北齐为甚，南朝以刘宋为极。位居天下至尊的皇帝的个性与修为，从一个侧面更能彰显一个时代的躁动与狂悖。

# 刘宋元帝刘劭：亘古未有之元凶

"遥望建康城，小江逆流萦。

前见子杀父，后见弟杀兄。"

——江南民谣

公元453年五月的建康（即今南京市）热浪满城，杀气蔽空。刚刚称帝的孝武帝刘骏的主力西军，荆州刺史南谯王刘义宣、雍州刺史臧质的南军，会稽太守随王刘诞的东军，从三个方向对京师建康形成合围。弑父称孤的刘劭不足三个月便众叛亲离，其手下悍将王罗汉弃械投降，丹阳尹尹弘、前军将军孟宗嗣等文臣武将亦纷纷逃离台城投降西军，从太子时就一直跟随的其死党萧斌也请降遭斩。

刘劭自知大势已去，急命亲信詹叔儿烧掉辇车以及衮服、冕冠等皇帝御用之物，又匆匆逃往宫城武库，慌不择路躲进一口废弃的枯井中。但覆巢之下，安有完卵？他很快被西军搜获，扭送至刘宋开国皇帝刘裕的内侄、赫赫有名的大将军臧质殿前。

臧将军目睹刘劭此时窘境，禁不住热泪滂沱。刹那间，元嘉北伐受挫、幼帝刘义符被废杀、文帝刘义隆遭亲子弑杀、大将军刘义恭的十二个儿子顷刻间被刘劭杀害……一幕幕惨剧浮现眼前，似乎昭示着自己在南朝宋的未来命运——仅在次年，他便与亲家刘义宣起兵反叛，兵败伏诛。

"我已经是天地所不容的人了，老丈人为何还要为我流泪？"刘劭的反问打断了臧质的思绪。因刘义宣为刘劭的叔父,而刘义宣与臧质为儿女亲家,所以刘劭称臧质为"老丈人",这也是他送给臧质最好的称谓了。

臧将军此时被曾经不可一世、堂堂的"君主"这样一唤,反而不知如何回答。

"老丈人可以为我乞求流放吗?"刘劭又问。

"主上近在咫尺,见了自然会有回复。"臧质回道,"传国玉玺现在何处?"

"在严道育那里。"刘劭毫无保留地回道。

"竟然交给这样一个女巫!"臧质不屑地默念道。他马上命人查找,果然从严道育那里得到,然后一并交付孝武帝刘骏。刘骏没有给刘劭任何申辩的机会,便将其连同四个儿子斩首于牙门之下,刘劭及其同伙刘濬的尸首被一同投入长江,刘劭、刘濬的妻妾子女全部被处死。炮制巫蛊事件致文帝死于非命的王鹦鹉、严道育则被当街鞭杀,焚骨扬灰。

至此,在民间一直流传的"前见子杀父,后见弟杀兄"闹剧惨烈谢幕。而就在两个月之前,刘劭却是何等的嚣张与狂悖。

刘劭出生时,父亲刘义隆尚未称孤,号称"南朝第一帝"的宋武帝刘裕驾崩后,太子刘义符继位,因为先帝新丧,仍在守孝期间,所以刘义隆迟迟未发布得子的消息。但这家伙一出生,周围便显露出非同寻常的"异象",史料记载说:"始生三日,帝往视之,簪帽甚坚,无风而坠于劭侧。"刘义隆在儿子刘劭出生的第三天去看望,但刚到近前,头上的簪帽竟然无风而飘落,刘劭的生母从其呱呱落地时便感觉有不祥之兆,准备将其摔死,但刘义隆不同意。这次一见,刘义隆也颇感不爽，但他依然愿意留下这颗种子。最初为其起名为"刘邵"，但觉此名"刀"光剑影，杀气太重，于是改"刀"为"力"，是为刘劭。

不久，游戏无度、玩忽职守的幼帝刘义符即被权臣，时任司空的徐羡之、中书令傅亮、领军将军谢晦以及护军将军檀道济等联合发动政变废黜，继而被幽禁杀害，在徐羡之的主导下，作为刘裕第三子的刘义隆于景平二年即 424 年八月被迎立为皇帝，是为宋文帝，作为嫡嗣的刘劭也顺理成章地成为皇位继承人。

刘劭六岁时便被立为皇太子，养尊处优的他只要有所求，父皇都竭力满足，"意之所欲，上必从之"。其所居住的东宫，卫队与皇宫的羽林军规模相当，可见这位太子的荣耀。刘劭生活的时代也是整个南朝最繁荣昌盛的时期。当时，文帝励精图治，实施劝学、兴农、招贤等一系列与民休养生息的举措，使社会生产很快得到发展，经济文化日趋繁荣，史载"三十年间，氓庶蕃息，奉上供徭，止于岁赋。晨出暮归，自事而已……家给人足……凡百户之乡，有市之邑，民谣舞蹈，触处成群，盖宋世之极盛"，史称"元嘉之治"。

但就在刘劭逐步成年时，北魏一统北方建立了强大的政权，而文帝的三次北伐尤其是后两次"元嘉北伐"的失败，让北魏军长驱南下、饮马长江，造成江北萧条、六州残破，"使二十余年元嘉富庶之盛，淮南赤地千里，人无遗育"，刘宋也开始走向衰落。

就在元嘉二十七年即 450 年的第二次北伐过程中，作为皇族第二权力中心的太子刘劭与文帝亲信大臣之间发生激烈冲突。时任吏部尚书的江湛极力鼓动北伐，而刘劭则强烈反对。北伐失败后，刘劭归责于江湛，要求对他进行处罚，文帝自担责任，没有问责。此后北魏要求与刘宋和亲，又是江湛站出来反对，刘劭在朝堂之上直接厉声斥责江湛,太子派与皇帝寒士亲信大臣之间的矛盾公开化,刘劭对父皇更生不满。

刘劭对父皇的不满情绪最早起源于母亲的去世。文帝曾对结发妻子即太子刘劭的生母袁齐妫感情较深,但后来又移情别恋,特别宠爱潘淑妃,袁氏因此郁郁寡欢,年仅三十六岁即撒手尘寰。刘劭也因此与潘氏所生的儿子刘濬之间嫌隙甚多。但刘濬善于逢迎,后来竟与刘劭结成死党。

刘劭与父皇之间的直接碰撞则源于巫蛊文化。早在西汉时期,巫蛊之术便在民间盛传,时人以为使巫师祠祭或以桐木偶人埋于地下,诅咒所怨者,被诅咒者即有灾难。汉武帝时期,权臣江充与太子刘据之间发生的巫蛊事件牵连受害者前后达数十万之多,史称"巫蛊之祸"。刘宋开国皇帝刘裕文化程度不高,虽然极力提倡儒学,但其"起自乡豪,以诈力得天下,其于家庭之教,固未暇及也"(历史学家赵翼语),家族中多有佞佛者,就连刘裕本人也与僧人多有交往。文帝尤其信任慧琳道人,此僧人甚至参与朝政,坊间称其为"黑衣宰相"。文帝后宫中僧尼众多,《高僧传》记载说,"自宋文哀皇后及皇太子、公主,莫不设斋桂宫请戒椒掖,参候之使旬日相望"。历史学家汤用彤指出刘宋佛教特点是"僧尼干政",又云:"尼媪出入宫禁及贵人闺闼,为刘宋政治上颇显著之事。"

刘劭生活在这样一种低俗文化背景中,很快便被巫术迷惑。当时他与刘濬甚好,但哥儿俩均有不检点行为,多有过失,因担心被父皇责难,就企图诅咒父皇。恰在这时,他们通过姐姐东阳公主的婢女王鹦鹉结识了号称民间巫蛊专家的严道育,于是便与东阳公主家奴陈天兴、婢女王鹦鹉一起策划,请严道育将一个刘义隆模样的玉像埋在含章殿前,以巫蛊术诅咒刘义隆，当时还有一个宦官庆国了解此惊天秘密。

但他们的周密安排，很快因为东阳公主的去世被打破。刘劭与刘濬在姐姐去世后，将王鹦鹉嫁给刘濬府佐沈怀远为妾，此前王鹦鹉一直与陈天兴私通，陈天兴也因"功"被提拔为太子东宫卫队的队长。

一个家奴突然间摇身一变，成为掌控太子东宫卫队的实权人，令朝野上下一片惊呼。

但就在陈天兴志得意满、欲与天公试比高时，却遭到灭顶之灾。

接连得知东宫人事变化和王鹦鹉出嫁之事后，文帝刘义隆派宦官专程前去诘问刘劭，刘劭深感惧怕，暗地里更加频繁地与远在京口（今镇江市）任职的刘濬进行勾结，刘濬更是在回信中公然提及谋逆，称刘义隆若继续追查便让严道育作法将其除掉。而心虚的王鹦鹉担心事情败露，便唆使刘劭将陈天兴暗杀灭口。

陈天兴一死，知道内幕的宦官庆国坐不住了。他担心自己也被灭口，就利用出入宫廷之便，将刘氏兄弟巫蛊之事全盘告知了文帝刘义隆。

文帝于是立刻派人侦查，命人搜捕王鹦鹉，并在她家中搜出刘劭、刘濬之间的数百封往来信件，所涉及的内容全都是诅咒、巫蛊之事，含章殿前所埋玉像也被挖出。文帝十分震怒，但鉴于两个儿子认罪态度较好，也未多加责难，但这位深沉有谋、历经风霜的父皇已经有所触动，尤其是在刘氏兄弟私藏严道育被告发后，他即准备废黜太子、赐死刘濬。

一向深沉果断的刘义隆在处理太子问题上却犹豫不决。从发现问题的元嘉二十九年（452年）七月到次年二月初，文帝一直在新太子人选上拿捏不定，他想立建平王刘宏，亲信徐湛之支持女婿随王刘诞,近臣江湛则支持妹夫南平王刘铄。尤其不可思议的是,文帝竟将废黜太子、赐死刘濬的计划告诉了宠妃潘氏,而潘氏随即将计划告诉了儿子刘濬。

公元 453 年二月二十一日凌晨,刘劭召集萧斌、张超之等死党带领东宫亲兵数万人,伪装进入皇宫,继而从万春门杀入文帝的禁宫。那一晚,文帝仍正与徐湛之整夜讨论新太子的人选问题,刘劭军队攻入时其房内的蜡烛还亮着。刘劭心腹张超之等人举刀入殿,值班的卫兵还在睡觉,张超之踢开殿门,上前砍杀宋文帝,文帝突遭此变,连忙举凳自卫,抵抗中惨遭弑杀,一旁的徐湛之也在恍惚中被叛军杀害。

刘劭闯进现场时,文帝与其亲臣徐湛之已经身亡。他杀气腾腾地望着地上躺着的两具尚有余温的尸体,余怒未消,急令带刀侍立身旁的萧斌前去搜杀江湛和潘淑妃。可怜的江湛正在上书房值班,被抓个正着,当场毙命,刘劭还杀死了他的五个儿子。潘淑妃死得更惨,刘劭令人剖开她的胸膛,要"看一看她的心是不是斜着长的"。当谄媚之人回道"潘淑妃的心确实是斜着长的"时,这个冷血的人竟满意地冷笑道:"我早就知道如此,也只有这种邪佞之人,心才会斜着长!"

父皇死了,政敌死了,潘婆婆也死了。

刘劭心满意足地如愿登极。尽管他上台之后,假惺惺逐个登门拜访朝中诸大臣,到各个辖区察访民情,但仅仅两个多月便抛尸长江,贻笑天下。

尤其令史家不齿的是,他是历史上第一个弑父篡位的皇帝,乃亘古未有之"元凶",虽为"宋元帝",但多数史家并不承认其为南朝宋的正统皇帝。

# 刘宋前废帝刘子业:我是皇帝我怕谁

南朝宋幼帝景和元年十一月二十九日即公元 466 年 1 月 1 日深夜,京师建康的皇家花园华林园的竹林里,阴风习习,鬼影绰绰,在巫师的操办下,一场盛大的驱鬼仪式正如期举行,年轻的皇帝刘子业张弓发箭,"嗖"的一声,林中之"鬼"应声而倒,待人近前时却早已无影无踪。

至此,长期以来一直如影随形,甚至夜夜入梦的"大鬼小鬼"终于如愿驱离,刘子业长出了一口气。正当他如释重负,宣布"起驾"还宫时,背后两个人影冲将过来,回头一看却是自己的亲信寿寂之和姜产之。这两位一直跟随自己的旧臣此时却满脸杀气,手举钢刀直奔自己而来。刘子业未等逃脱,被此旧臣手起刀落砍杀。

至此,这位一直被恐惧袭扰的、罪孽深重、被史家书为"武王数殷纣之衅,不能继其万一;霍光书昌邑之过,未足举其毫厘"的刘子业终于寿终正寝,年仅十七岁。

# 散沙辅臣为其亲政提供环境

作为孝武帝刘骏的嫡长子，刘子业出生于钟鸣鼎食之家，母亲王宪嫄也是皇家贵胄。刘骏为文帝刘义隆第三子，王宪嫄则是刘义隆妹妹吴兴公主刘荣男之女，他们俩实际上是姑表兄妹关系，也就是说，刘子业是近亲联姻的结果，他后来的诸多昏聩行为是否与此有关，也未可知。刘骏与王宪嫄另外还生育有豫章王刘子尚、山阴公主刘楚玉等一男三女。宋元嘉三十年（公元 453 年），刘骏即位后立王宪嫄为皇后，刘子业为皇太子。九岁时，刘子业正式入主东宫，成为皇宫中第二权力中心的小主人。十一岁时，父皇专门安排他接受传统教育，在崇正殿系统学习《孝经》，而后来的刘子业却不仁不孝，这次学习成为笑谈和讽刺。

刘子业顺风顺水，一路高歌登上皇帝宝座。父皇刘骏驾崩前为其安排的辅政大臣互相猜忌、互相攻讦，这倒为刘子业亲政乱政埋下伏笔。当时的托孤大臣是刘义恭、柳元景、沈庆之、颜师伯和王玄谟，孝武帝刘骏还对他们进行了较为具体的分工："太宰义恭解尚书令，加中书监；以骠骑将军、南兖州刺史柳元景领尚书令，入居城内。事无巨细，悉关二公，大事与始兴公沈庆之参决；若有军旅，悉委庆之；尚书中事，委仆射颜师伯；外临所统，委领军将军王玄谟。"也就是说，太宰刘义恭和尚书令柳元景负责全面工作，但是在重大问题的决策时，需要征求沈庆之意见，颜师伯和王玄谟具体负责文武事务。

刘骏的人事安排，很显然既有合力辅佐新帝又有令其相互牵制的意图，最终目的是为了保障刘子业的皇权和地位。但是，这种看似

"集中民主"的安排很快便在实际运作中土崩瓦解。刘义恭虽为爷字辈的朝中元老，但他胆小怕事，不敢担当；颜师伯贪财好色，连寺庙的尼姑都不放过；柳元景独善其身，武将转为文官实在勉为其难；沈庆之功高盖主，在刘骏的打压下始终刻意逃避现实；王玄谟虽出身高门，但在寒门当家的刘宋王朝也屡不得志，势力较小。让这些本来个性迥异、各自为政的文武大臣"合力"辅政，显然不太现实。

刘子业登基不到三个月，王玄谟就被刘义恭、柳元景和颜师伯三人联袂排挤出去，出镇边境的青、冀二州。继而颜师伯利用刘义恭胆小怕事的弱点，独自专断朝事，重大问题也绝不与其不屑一顾的沈庆之商量，沈庆之因此切齿不满，也被排挤出托孤阵营。而刘、柳、颜三人在强势的孝武帝刘骏的长期压制下，受尽了委屈，此时刘骏已死，他们便肆意聚饮，相互庆祝道："老皇帝死了，我们现在终于可以免死了，今后我们要夺回逝去的岁月尽情享受！"史称"义恭与义阳等诸王，柳元景与颜师伯等，常相驰逐，声乐酣酒，以夜继昼"。

刘骏本来指望这些旧臣能够忠心辅佐刘子业，不承想他们的心思根本不在正（政）事上，不久朝中大权又被越骑校尉（京城禁军的负责人）戴法兴攫取。此人出身低微，又是刘子业继位后亲自提拔的，刘子业虽然对其有所顾忌，但骨子里并没有把他看在眼里。

也就是说，刘子业的皇权虽然受到托孤大臣们的掣肘，但他已经在他们的不为或乱为中具备了亲政的条件。他们为他专横跋扈、祸乱朝野提供了宽松的环境。

# 果断出击让他的政敌作鸟兽散

公元 464 年闰五月,刘子业在盛大的即位典礼上正式加冕。当时,吏部尚书蔡兴宗亲自奉上玺绶,太子刘子业从容伸手,傲慢地接过去,面对群臣,他满面春风,对父亲的死没有一丝悲伤。蔡兴宗下来后对人说:"从前鲁昭公父亲死了不哀伤,叔孙知道他没有好下场,家国的祸害就在这里了。"

刘子业即位不到一个月,就下令废除南北方向的两条通道以及孝建以来所改的制度,恢复元嘉旧制。蔡兴宗又说:"先皇虽不是具有盛德的君主,但不至于灵堂刚撤,就立刻改变制度,可见新君是个怎样的人。"

太宰刘义恭一向软弱怕事,躲避政事,其他辅臣也相继远离权力中心,而戴法兴、巢尚之等人得以垄断朝政。太后死后,刘子业总想为所欲为,戴法兴总是加以阻挠,并说:"你这样乱来,难道想要当营阳王吗?"刘子业听到这种威胁,越发感到不安,就让自己宠爱的小太监华愿儿到宫外打听百姓对现任朝廷的看法。华愿儿回来后对主人说:"老百姓都说现在朝廷有两个天子,戴法兴是真天子,您是假天子。另外,戴法兴是先皇的左右亲信,现在又与太宰刘义恭、颜师伯、柳元景结为同盟,其门下宾客有数百人之多,官民皆惧之,您的地位难保啊!"刘子业得知大怒,立刻下诏罢免了戴法兴,继而赐死,并废除了其同党巢尚之的职务,紧接着又废杀了父皇的另一宠臣散骑常仕奚显度,免去顾命大臣颜师伯尚书右仆射和丹阳尹的职务,任命王彧为右仆射,以分解其权力。

戴法兴被杀后,朝野震动,人人自危,一向贪图享乐的刘义恭等人也猛然醒悟,感觉到威胁。于是,柳元景和颜师伯开始密谋发动政变,废黜刘子业,立刘义恭为帝,但他们日夜商榷,总是犹豫不定。为了更有胜算,柳元景甚至将密谋告知了手握兵权的沈庆之。但颜师伯一向看不起沈庆之,他当权时总是独断专行,遇事从不与沈庆之商议,还公开声称:"沈庆之不过一个爪牙而已,他怎么配参与朝政?"所以沈庆之对颜师伯早就恨之入骨。此时,他虽然也对刘子业多有不屑,认为他是一个十足的昏君,但私仇超越了理智和公怨,沈庆之竟将颜师伯、刘义恭等的密谋向刘子业进行了告发。

刘子业虽然昏聩,但做事毫不留情,也不计后果,立刻亲自率领皇家羽林军攻击刘义恭,杀死刘义恭及其四个儿子。

与此同时,刘子业还派兵前往柳元景府上,将柳元景连同其六个弟弟、八个儿子以及各个侄子悉数杀戮,途中又抓获了颜师伯,将其斩首,并杀害了颜师伯的六个儿子。回宫后,干脆一网打尽,将廷尉刘德愿也一并处决,沈庆之荣升太尉,王玄谟被调回京城。

至此,孝武帝临终前的布局被彻底打破,这位一直忧心忡忡的暴君开始独掌朝政,改元景和,文武百官全部晋升两级。


## 惊惧空虚的内心让他荒诞狂悖


刘子业看似强暴,无所畏惧,实际上内心脆弱,虚张声势。他出生在刘宋王朝由盛转衰的元嘉末年,刘宋朝躯体尚在,但北方魏国虎视眈眈,内部残杀频频。刘劭弑杀父皇刘义隆篡权后,刘骏等刘氏宗亲举兵讨伐。当时刘骏远在江州,即今江西九江,而刘子业等刘氏子孙多在京师被扣为人质。刘骏大军压境，节节取胜之时，身处险境的刘劭多次欲诛杀作为人质的刘子业等，最终未果。

那时的刘子业刚刚四岁，亲历了宫庭内外血雨腥风，毫无反抗能力的孱弱之躯随时可能惨遭屠戮，其内心深处的恐惧与无奈可想而知。也许正是这次死里逃生，险恶的生存环境、不确定的生死观以及弱肉强食的价值观被移植到其潜意识中。

刘骏称帝后，对嫡长子刘子业又寄予厚望，管教甚严，据《宋书》记载，孝武帝刘骏甚至一天中连发几道诏令对刘子业进行训诫。孝武帝西巡时，刘子业按照规定报告起居情况，字迹不太好，孝武帝便斥责道："书不长进，这是你的一条过错。听说你一向懈怠，偏激暴戾一天比一天厉害，为何顽固如此？"

除了父皇的责骂，还有老师戴法兴的严厉。戴法兴在刘子业称帝初仍然以老师自居，"（刘子业）欲有所为，（戴）法兴每相禁止"。相反，作为兄弟的刘子鸾、刘子师则因非嫡传不受重视而拥有更多的逍遥时光。同时，刘子业的太子地位也可能因为自己的"不努力"而受到威胁，这都给不好学习、个性顽劣的刘子业带来极大的心理压力。

抑或正是基于这样的心理压力，刘子业潜意识中一直有"鬼影"相伴。就在皇太后即母亲王宪嫄病重期间，她派人召见儿子，刘子业却说："病人间多鬼，可畏，不能去！"太后大怒，对侍者说："拿刀来，剖开我的肚子，看看我怎么会生出这种儿子？"太后去世数天后，刘子业恍惚中梦见太后指责他说："你不孝不仁，没有人君之相，刘子尚（刘骏次子）愚悖如此，也不是当皇帝的料。孝武帝险虐灭道，结怨人神，儿子虽多，没人有应天之命。皇帝之位，应该还给宋文帝之子。"

当时的刘子业虽然已经登上皇位,但受托孤大臣羁绊。在巨大的心理压力下,刘子业在剪除异己、排遣压抑的挣扎中日益凶残暴虐,他动辄震怒,不断杀人,朝堂内外人人自危。当听到民间传言,说湘中(今湖南)要出新天子时,他立刻兴师动众,南巡荆州和湘州,并对几位镇守地方的叔叔严加监控,甚至将他们囚禁在殿内,百般殴打侮辱。其叔父湘东王刘彧、建安王刘休仁、山阳王刘休祐,都膘肥体壮,刘子业令人用竹笼把他们装起来,像牲畜一样称一称重量,然后以重量分别命名,刘彧最肥为"猪王",刘休仁为"杀王",刘休祐为"贼王"。

因为刘彧(即之后的宋明帝)实力最强,刘子业对他更为忌惮,于是就肆意羞辱,险些致其丧命。有一次,廷尉刘蒙的妾怀孕,刘子业在她临产时强行将她接进后宫,希望她为一直未有后嗣的自己生个"太子"。恰巧刘彧不慎违背了其旨意,刘子业大怒,下令剥光他的衣服,捆住手脚,将棍杖从其手脚内穿过,派人抬着交付太官,扬言说:"即日杀猪。"多亏一旁的刘休仁从中化解,他笑着对刘子业说:"猪今日不该死。"刘子业问什么原因,刘休仁回答道:"等皇太子生下来,再杀猪取它的肝肺吃。"刘子业一听,似乎有些道理,就下令将刘彧暂时关押。次日,刘蒙之妾果然生了一个儿子,刘子业得到"皇子"后兴奋异常,忘乎所以,下令大赦天下,刘彧也因此躲过一劫。

刘子业在自己的皇位逐步稳定后,不仅肆意杀戮,还纵情淫乐,较其乱伦的父亲有过之而无不及。他的同胞姐姐山阴公主刘楚玉貌美如花,善弄风情,两人经常云雨宫闱。但这位姐姐也是好色之徒,绝不满足于一人之身,竟然公开向皇上弟弟提出要求:"我与陛下虽是男女有别,但都是先帝的骨肉。陛下后宫美女数以万计,而我只有驸马一人。事情不公平,怎么到了如此地步呢!"这位皇弟也非常慷慨,立刻赐予姐姐三十个谓之曰"面首"的男宠——"帝乃为主置面首左右三十人。"(见《宋书·卷七·本纪第七》)尽管如此,这位姐姐仍不满足,后来又瞄上了亲姑父褚渊,这与其父亲刘骏、弟弟刘子业的乱伦手法真可谓一脉相承。

但是,刘氏家族的悲剧并没有在狂乱不绝的欢笑声中落幕,相反,在看似毫无天理的浮华皇宫里,一场吞噬皇权的风暴正在悄然酝酿。受尽屈辱的湘东王刘彧看准时机,在残暴的刘子业先后赐死沈庆之等朝中重臣后,让自己的亲信阮佃夫、王道隆、李道儿等暗地里收买利诱策反了刘子业的亲信寿寂之、姜产之等十一人,在皇家园林的竹堂中,一举将刘子业诛杀,刘彧也成功登极,是为宋明帝。

# 刘宋后废帝刘昱:我想杀谁就杀谁

他是一国之君,却不喜欢龙袍玉带,常常光着脚丫,或屈膝在地,或满地乱跑。

他是一国之主,却很少谈论国事,皇宫大殿之上,他可以随意便溺,一丈多高的树干是他欢乐的殿堂,而他居住的殿堂里数十头驴纵横撒欢,卧榻之侧便拴着他钟爱的御马。

## 开国皇帝险些命丧弓下

元徽五年即公元 477 年六月,京师异常炎热。领军府上大将军萧道成正在赤膊午休,突然一队人马破门而入。征战半生颇为警觉的萧道成立刻惊起,张眼望去却是当今圣上、年轻的皇帝刘昱。他赶忙起身迎驾,上前施礼。

少年天子仔细打量着尚未来得及穿衣的萧道成的肥硕的肚皮,"好大啊,"他惊叹道,"但不知里面都是些什么。"于是便命令萧道成站定,在他的腹部画了一个靶心。萧道成莫名其妙,却见刘昱张弓引箭,正要发矢。

"且慢!"萧道成赶紧叫道,当时的他因为平叛有功被提拔为尚书左仆射即宰相,是独掌朝政的京城"四贵"之首,"老臣无罪,不当赐死!"

萧将军声音如此洪亮,竟让这位任意杀生的杀手突然间感到一丝诧异,还有些许惊悸,于是便放下弓箭。左右侍从也慑于萧道成的声威,赶紧上前附和道:"陛下明鉴:萧领军腹部虽大,倘若您一箭射穿,以后就射不到如此诱人的靶心了。依我等之见,不如把箭头包住,或者用骨箭头发射,这样更显陛下神威。"

"这个主意似乎不错,"不知是否天意,跋扈的刘昱这次竟然没有固执己见,于是便更换了箭头,张弓射去,正中肚脐,萧道成应声倒下。

"明天再杀萧道成!"刘昱见萧道成倒下,便又磨刀霍霍,撂下狠话,扬长而去。

## 皇太后差点被他毒死

作为明帝刘彧的嫡长子,刘昱四岁时便被立为皇太子,刘彧驾崩后,他十岁即皇帝位,尊父皇刘彧的皇后王贞凤为皇太后。

不知是血统问题,抑或地位使然,这位出身优越的天子个性极强、品行奇差。他不务正业,唯喜荼毒生灵。左右稍有不合其意者,轻者拳脚相加,重者现场杀戮。为满足不同的快意,他身边常备针、锥、凿、锯、矛等杀人工具,随时逞其淫威。

鉴于年龄小,刚开始上下左右皆以为他的做法无非"小人之举",属特殊个案,又碍于其天子的身份,所以并未引起过多非议。但此君得寸进尺，竟在杀戮中寻得乐趣，一发而不可收。待其十三岁成年加冕礼过后，他已经即皇帝位四年，仍然我行我素，残暴更甚，一天不杀人便快快不乐。这时的他，仿佛得了多动症，"无日不出"，常常是夜中突出，夕去晨返，晨出暮归，令其侍从各执长矛大棒，路上若有男女行人或者犬马牛驴等牲畜，逢上便刺，无所不用其极，直至对方呼号而毙，方才大笑而去。

当人们发现他的杀戮行为已经演变为一种嗜好和怪癖时，他已经无可救药了，致使朝中人人自危，民间个个惊慌，白天家家闭户，夜间路无行人。

作为皇太后的王贞凤但见小皇帝如此狂悖，也只有好言规劝。刚开始刘昱还能听进一两句，时间一长竟心生怨怼。元徽五年即公元 477 年的端午节，王贞凤赐给已经登基五年的刘昱一把玉柄毛扇。刘昱接过后，反复把玩，但总以为此扇不够华丽，不但不感恩，反而觉得是对自己的嘲讽或侮辱，于是便对皇太后更加不满，决心除掉这位"不知好歹"的太后。此后，他亲自安排太医在汤药中下毒，准备用毒药药死她。好在被善良的随从发现，慌忙阻止他说："陛下如果毒死了太后，按照宫中规矩，您就要重孝在身，每日守在宫里，很长时间都不能到外面游玩了。"听到不能出去玩，刘昱方才作罢。

## 他本姓刘，却自豪地自称李将军

对于这样一位不可理喻的天子，人们不禁要问，他究竟为何方人物，其家教竟会如此恶劣？

其实，俗话说得好，"最是无情帝王家"，在血雨腥风的宫廷大院中,皇子皇孙们所受到的教育比起残酷的现实生活,后者的颠覆意义无可言表。刘昱的父亲刘彧也是靠弑杀亲侄得以上位的,明帝刘彧的品行史书中也多有诟病,他喜好鬼神,尤其喜爱观看裸女表演,历史学家司马光评价他说:"帝猜忍奢侈,宋道益衰""夫以孝武之骄淫、明帝之猜忍,得保首领以没于牖下,幸矣,其何后之有?"

刘昱是否出自刘彧,史上也颇多争论。"彧"与"昱"同音,又与其祖上大宋开国皇帝刘裕的"裕"字同音,这在讲究避讳的古代,似乎也不可理喻。

刘昱的母亲则是京师周边的贫苦屠户家女儿陈妙登。当年,孝武帝刘骏令人到民间搜罗有姿色的民女,到丹阳建康边界御道时,发现两三间破草房。刘骏对属下尉司说:"御道边怎么会有这样破旧的草屋,一定是家里太穷了。"就下令对此家进行援建,赐钱三万为该家盖瓦屋。不久,尉司按照领导安排亲自送钱过去,但家长不在,只有一位十二三岁的如花妙女在家。此女就是陈妙登。尉司见她容质秀美,便对孝武帝说了,孝武帝于是迎陈妙登入宫,在路太后房内伺候。孝武帝后宫佳丽不缺,陈妙登几年都未得宠幸,路太后就劝孝武帝将陈妙登赐给了弟弟湘东王刘彧。

刘彧登上皇位后,封陈妙登为贵妃。刘彧或因纵欲过度,一直生不出皇子,就找来亲近大臣、曾为湘东王师的李道儿商议。刘彧煞有介事地问他说:"你有几个孩子?"李道儿回答说:"臣一妻一妾,每年生一个,如今已有十个男孩。"刘彧说:"爱卿你真是箭无虚发啊!"于是,刘彧就坚持把陈妙登赐予李道儿,以借腹生子。

陈妙登起初不同意,她似假亦真地对刘彧说:"妾虽然出身微贱,但身体是陛下的,怎能将妾赐给他人?"刘彧安慰道:"没关系,只不过

用你的肚子去借个种而已,有了身孕便召你回来了。"陈妙登嗔道:
"妾一失节,再有何面目侍奉陛下?"刘彧正颜道:"宗嗣事大,失节事
小,你不要多虑了。"

这位李道儿果然功夫非常,陈妙登到他府上不足一月便怀孕了。
刘彧得知后,便将其召回。这女子也不负众望,很快诞下皇子,取名
慧震。刘彧视如己出,加以厚养,刘彧死后,他也顺利地由太子荣登
皇位。

或许源于刘昱的暴虐无道,抑或果有其事,民间多称呼刘昱为
"李氏子",史家也对此津津乐道。尤为人不齿的是,作为当事人的刘
昱并不在乎自己的出身,公开自称"李将军"或"李统"。不知他是在
"自嘲",还是无所畏惧地"辟谣"呢?

## 一句狠话,提前结束他罪恶的一生

刘昱在位时间不长,却犯下弥天罪孽,可谓恶贯满盈,天人厌弃。

自从他在领军府上当众羞辱朝中重臣萧道成,并扬言"明日杀
萧"之后,萧道成即惴惴不安,决心除掉刘昱。当时,朝中大权把持在
"四贵"手中,"四贵"当中的刘秉是皇亲,自然不宜合谋,于是,萧道
成就与其他两人,即尚书令袁粲、中书监褚渊密谋废掉刘昱。但是袁
粲却以为废立之事难保久全,就回绝道:"主上尚小,仍可雕琢,我们
可以帮助他改正过失。废立之事过大,恐怕难以实现。更何况即使
我们成功了,新君责怪下来,我们也难辞其咎,到头来会像前朝一样
遭受不测。"刚直的褚渊此时却一言不发,此事就此搁浅。

但是,萧道成岂能就此罢休。他私下密书给在地方掌握军权的

儿子萧赜,让其暗中准备,同时与直阁将军王敬则商议。王敬则本是一介武夫,见拥有崇高威望、位居"四贵"之首的萧道成主动与自己结交,并商议如此重大的政治事宜,是对自己的信任与激励。于是,他欣然应诺,每天下班后即回到家中,待到天黑便青衣薄带,匍匐爬行至内宫,为萧道成探听刘昱的动静。萧道成还密令他主动联络刘昱的贴身侍从杨玉夫、杨万年等二十五人,伺机杀掉残暴的刘昱。

就在萧道成等秘密策动宫廷政变时,昏聩顽劣的刘昱仍在肆意耍闹。元徽五年即公元 477 年七月初七,正值七夕节,古又称乞巧节,一大早,顽劣成性的刘昱便带领一帮侍从,前往台冈进行他擅长的跳高比赛,之后又到青园尼姑庵淫戏庵中尼姑,晚上再到新安寺偷狗。偷到之后,他兴趣盎然地找到昙度道人,一起烹享狗肉,大快朵颐,大碗饮酒,好不痛快。直至月悬苍穹,方才醉醺醺地回到仁寿殿休息。

也许是天欲灭之,刘昱当天一直觉得平素对自己颇为恭敬的杨玉夫有些碍眼,其实当时他早已被萧道成策反。就在睡前,刘昱却突然下令让身边的杨玉夫替自己守望银河,并下狠话说:"见到织女渡河,即来报告;如果见不到,明天就杀你,取出肝肺。"或许是酒精使然,或许是习惯使然,他的这句狠话却深深刺激了杨玉夫。

联想到刘昱平素杀人不眨眼的行为方式,杨玉夫惊出一身冷汗。再考虑到背后有王敬则、萧道成等的支持,他便下定决心除掉刘昱。当晚,刘昱很快在酒精的作用下沉沉睡去,杨玉夫抓住机会,悄悄上前,摸出刘昱床头的防身刀,一刀结果了这个罪孽天子的性命。

当天晚上,王敬则便将刘昱的人头献给了萧道成。次日,萧道成领军进宫,与褚渊、袁粲、刘秉一同商议废立事宜,决定迎刘准入宫即位,追废帝刘昱为苍梧王。萧道成也因此铺平了开国称帝的大道。

而在当时,朝野上下的人们只为刘昱的丧钟而欢欣,并没有太多人关注萧道成的狼子野心。

这也许是对恶贯满盈的刘昱灵魂的最好敲打。

# 萧齐悲歌:挥手自兹去,萧萧班马鸣

公元 502 年三月的江南风光旖旎,"行中水(即衍),为天子"的民谣异常热络,南齐朝野都沐浴在废旧立新的浩荡春风里。

已经升为梁王、可以建天子旌旗的萧衍正踌躇满志,指点江山。三月二十八日,仅仅在萧衍的扶植下称帝一年的齐和帝萧宝融便被迫逊位,像当年其祖父齐高帝萧道成逼迫宋顺帝刘准禅位一样,萧宝融无奈地敬献玉玺、退出皇宫,两次庄严的禅位大典仅仅相距二十三年,南齐政权也在仅仅经历了齐武帝萧赜十一年的"永明之治"后,彻底灰飞烟灭。

挥手自兹去,萧萧班马鸣。

挥手离别的,不仅仅是难舍的皇家大院,更多的则是撕心裂肺的家国情怀。南齐灭亡了,但萧宝融的故事仍未完结。四月初,已经称帝的萧衍贬齐和帝为巴陵王,王宫设在远离京师的姑孰(今安徽省当涂县),允其按照齐朝先例生活。但起草禅位诏书、时任尚书仆射即首席宰相的文坛领袖沈约却另有谋划,他不愿意看到在自己的策划下丢掉皇帝冠冕的萧宝融继续存在人间。他煞有介事地提醒萧衍说:"当年魏武帝曹操曾经说过'不可以慕虚名而受实祸'。"言下之意,要赶紧除掉萧宝融。萧衍于是心领神会,派出自己的亲信郑伯禽赶往姑孰,赐给巴陵王一把生金,令其吞金自杀。但这位固执的王爷并不听从,而是高声呼道:"我死不须用金子,有醇酒就足够!"郑伯禽也不含糊,令人立刻取来美酒,眼见这位曾经的帝皇仰脖猛灌,在其烂醉如泥之时,一刀结果了他年仅十四岁的生命。

而就在当年,他的父亲齐明帝萧鸾为了灭口,果断弑杀当了两个多月皇帝、已经逊位的海陵王萧昭文时,萧昭文也仅仅十四岁。

## 金刀利刃齐刈之

南齐开国皇帝萧道成早在刘宋王朝任职时,因其功德威望日隆而累受封赐。在即将被加封为"梁王"时,其亲信大臣崔祖思却建议他改"梁"为"齐",原因是《谶书》中有"金刀利刃齐刈之"之说。"金刀利刃"即繁体"刘"字(劉),"刈"是剪除之意,以"齐"为号,意味着萧道成可以剪除"刘"宋王朝而自立,所以萧道成便放弃了"梁",称齐王,并于公元479年篡位称孤,果断打出大"齐"国号。

但具有讽刺意义的是,"齐"虽然如愿灭亡了"刘"宋,而亡"齐"的恰恰是萧衍的"梁"国。

当初萧道成亲历了刘宋王朝的兴衰,亲眼目睹了宋明帝刘彧残杀同宗骨肉,导致刘氏家国败亡的沉痛教训。所以他刚一称帝就问政于大儒刘参军,后者明确指出,孝道乃治国安邦之本,"政在《孝经》。宋朝之所以灭亡,陛下之所以得天下都是由于此理"。又极力劝说齐高帝施行仁政,"陛下若以前朝之失为鉴,再加以宽厚的仁政,那么虽危可安;若相反,就会重蹈覆辙。"萧道成非常赞同,并在实际治国理政中加以践行,社会经济迅速得到恢复发展,为之后的"永明之治"奠定了较好基础。在位期间,他甚至豪迈地提出"使我治天下十年,当使黄金与土同价"的治国理想。但他没有赢得自己的黄金十年,仅在执政四年之后便匆匆驾崩。

就在弥留之际,萧道成仍然不忘刘宋家国丧亡的教训,将太子萧赜叫到身边,语重心长地告诫说:"宋氏若非骨肉相残,他族岂得乘其弊! 汝深诫之!"要求萧赜善待亲族骨肉,不要相互诋毁厮杀。

武帝萧赜的确没有辜负父亲的嘱托,但他严重低估了堂弟萧鸾的狼子野心。萧鸾本系萧家近亲,与萧赜同一祖父,因父亲早逝,从小便由萧道成抚养,萧赜执政时对他也特别优待,但萧赜一死,他便露出狰狞面目,短短三年即将萧赜的两位嫡孙皇帝赶走弑杀。

不仅如此,齐明帝萧鸾还在当政期间对高帝、武帝子孙大开杀戒,完全循了宋明帝刘彧的覆辙。

或许因为有愧于自己篡位的合法性,抑或更多地出于对自家私利的考量,萧鸾一直特别忌惮高帝、武帝的子孙,常常担心自己的子孙过于"寡弱"。身为家国至尊的萧鸾,每逢初一、十五都会在皇宫高高的龙椅上正襟危坐,接受包括高帝、武帝子孙在内的萧家王室后生的参拜。但每次在后生们离去后,他总是忧心忡忡地叹息道:"我和司徒(亲弟弟萧缅)的孩子都太小,而高帝、武帝的子孙眼见都在日益成人啊!"

在这种亲疏远近关系观念的作祟下,自永泰元年即498年正月开始,萧鸾找出各种理由对高帝、武帝子孙进行无情屠戮。当时高帝、武帝子孙中分封为王的就有十人,也成为萧鸾屠杀的主要目标。他每杀一个藩王,总是于夜间派兵包围其住所,翻墙破门,喝喊而入,杀后还要将其家产全部查封没收。据史料记载，高帝、武帝子、孙及曾孙三世被萧鸾所杀者凡二十九人。对于萧鸾这种擅权灭亲行径，清代史学家赵翼在《二十二史札记》中斥责道："盖天良难泯，帝亦动于心所不安也，然其后又卒皆诛死。然则齐明帝之残忍惨毒，无复人理，真禽兽不若矣。"

"积恶之家必有余殃。"齐明帝效仿宋明帝斩草除根的"禽兽不若"行径，并没有收到预期效果，相反却为他的子孙带来相同的灾难。他死前也曾明确告诫太子萧宝卷"做事不可在人后"，要当机立断，就像当年自己对待萧昭业一样，若不是自己果断出击，掉脑袋的可能就不是萧昭业而是自己。他还进一步诠释道："朕已经帮你清除高帝、武帝及文惠太子的诸子，只怕将来会有其他宗室、权臣作乱，你必须要加以防范，一旦察觉他们有异常举动便即刻诛杀，切不可被人抢先。"在父亲的影响下，这位昏聩的皇帝除了游乐，就是杀戮。但等杀到萧衍家族的时候，立刻遭到还击。


萧衍本系萧氏远亲，是萧道成的旁系堂侄，与萧赜、萧鸾关系都比较近，曾与萧鸾私下密谈，商议废黜萧昭业事宜。萧鸾如愿登基后，提拔萧衍为中书侍郎、黄门侍郎，萧宝卷上台后，他仍在雍州主持防务，任雍州刺史。萧宝卷冤杀尚书令萧懿后，其弟萧衍立刻起兵，并扶植萧宝卷的弟弟萧宝融为帝。此后，萧衍又废掉萧宝融称帝，是为梁武帝。梁武帝上台后，对萧鸾子孙也毫不留情，力图赶尽杀绝。史载，萧鸾"十一子之中，梁武帝杀其六，东昏杀其一，魏人杀其一，余早夭者二，废疾无后而善终者一。然则鸾之子凡成人者皆不良死，盖鸾之后已绝"。

金刀利刃兮岂能乱刈？回望南朝历史，其承载着中原文化的根脉，在风雨飘摇的大动乱时期，偏安江南的东晋王朝在刘裕的强力开拓支撑下，宋、齐、梁、陈先后建国，中华文明因此得以繁衍生息。但不幸的是，除开国皇帝外，继承者多有不道，最终北胜南亡，天下归隋。

## 反贼难道就捉我一人吗？

历史风云际会，南齐尤为可悲。开国皇帝萧道成期望的"十年即使黄金与土同价"的社会理想，因为他的去世而烟消云散。纵观南齐凡四代七帝二十三年的短暂历史，除却萧赜在父亲苦心经营的基础上开创的"永明之治"灵光乍现外，其余皆苟延残喘，自私而无治。

最让人扼腕的是萧鸾掌控下的萧昭业、萧昭文和萧衍掌控下的萧宝卷、萧宝融。萧昭业临死前，其卫队本来计划对叛敌进行还击，但他一言不发，生生被杀。萧昭文身为一国之君，就连食谱都遭到操控，想吃顿蒸鱼都难以遂愿，令其胆战心惊的皇帝宝座也仅仅坐了七十四天。萧鸾如此霸道，但他死后，两个儿子萧宝卷、萧宝融先后当了皇帝，同样招致萧衍的无情打压，而萧鸾与萧衍两位兄弟当年又何其融洽。

萧鸾滥杀宗亲的恶果在其子萧宝卷身上得到报应。这位木讷寡言的天子无才无德，对政治也似乎毫无兴趣，绝大多数时间都在皇宫外游乐，其主要工作就是抢劫杀人，无论白天黑夜，随时出动，"入富室取物，无不荡尽"，又不愿被人看见，谁遇上就要被格杀。因此地方官员时刻留意，每见他出宫立即奔走呼叫驱逐百姓，使道无行人，店铺歇业，一时"工商莫不废业"。

但这位少年天子却对夫人特别钟情。其爱妃潘玉儿本是市井小商贩之女，系街头歌伎。但此女天生丽质，曼妙风流，萧宝卷一见倾心，甘为驱使。为讨出身市井的贵妃欢心，他在皇宫大殿之上设立集市，令太监杀猪宰羊，妃子沽酒卖肉，自己则充当宠妃的副手，所以坊间讽曰"阅武堂，种杨柳，至尊屠肉，潘妃沽酒"。外出游玩时，他让美人坐在舒适的轿子上，自己则在后面骑马跟随，俨然贵妃侍从。他甚至还突发奇想，命工匠把黄金凿成莲花的形状，一朵一朵地贴在地板上，让潘玉儿赤裸美足，袅袅婷婷行走其上，营造出了"步步生莲花"的美幻景象。

就在他恣意寻欢之时，雍州刺史萧衍的大军已经浩浩荡荡开赴京师。永元三年（501 年），萧衍的军队已经攻打到京师城外，当他听到城外的鼓声传来时，竟穿上大红袍，登上景阳楼屋顶看热闹，流矢几乎射伤了他的腿脚。宠臣茹法珍跪在地上请求他赏赐将士，以激励军心、绝地反击，但这位置天下于不顾的天子却反对道："反贼难道就只捉我一个人吗？为什么偏偏向我要赏赐？"

萧衍大军攻入京城的那一夜，萧宝卷仍在含德殿歌舞作乐。他刚睡下不久，守城将军北徐州刺史王珍国已经率兵突入皇宫。当他在厮杀声中醒来时，急急从北门溜出，宦官黄泰平举刀便砍，萧宝卷应声倒地，竟破口骂道："奴才要造反吗？"另一名宦官张齐更是不由分说，一刀砍下他年轻的头颅，其首级随后便被送到萧衍那里。

南齐王朝至此已经寿终正寝，萧衍在象征性地扶植萧宝融一年之后，便撕下伪装，称帝。

令南齐开国皇帝萧道成意料不到的是，他放弃大"梁"国号，应

"金刀利刃齐刈之"的谶语而改立的大"齐"国,仅在二十三年之后便轰然崩塌,取而代之的恰恰是他放弃的"梁"国。

# 萧齐废帝萧昭业:还没玩够呢,头没了

南朝齐废帝隆昌元年(494年)七月二十,闷热的京师沉浸在一片肃杀的慌乱中。当天,南齐大将曹道刚和中书舍人朱隆之正在兢兢业业办公中,突然遭到诛杀,继而杀戮大军在萧谌的带领下一路追杀,从尚书省直接进入云龙门,并逼近皇帝正在游乐的寿昌殿。

年仅二十二岁的萧昭业正像往常一样尽情玩乐,得知外面有变,急忙令人登楼查看,却见萧谌戎装武备,与数百武士已经杀到西楼之下,寿昌殿被团团围住。

"全完了!"萧昭业这时才突然醒悟。他本来指望数年后,按照爷爷齐武帝的安排就能够顺利亲政,正当青春年华的自己或许也将掀开新的一页……,但没有机会了。他急急赶往爱妾徐氏的房中,与她深情道别后拔剑自刎,可惜未中要害,又连忙进行包扎乘小车慌忙逃出延德殿,这时满脸杀气的萧谌已经赶到跟前。

"我们要找的不是你们,你们不要乱动!"萧谌对准备反抗的皇帝宿卫大声喊道。

此时的萧昭业自知恶满难逃,面对"逆臣"作乱竟然一言不发,活生生遭到杀戮,其余党徐龙驹等也被一网打尽。其死后虽按"王礼"

进行了殡葬,但至今世人不知其墓在何处。

杀害他的幕后凶手正是其曾祖父齐高帝萧道成的亲侄子、养子萧鸾,而直接操刀的则是萧鸾的远房侄子萧谌和萧坦之。

同样为萧家宗亲,萧道成费尽心机打下的江山仅在十几年之后便轰然崩塌,此后萧鸾又杀掉继位的傀儡萧昭业,继而遍杀高帝、武帝子孙,而弑君篡位的明帝萧鸾也没有好下场,他死后其儿子萧宝卷也同样遭到自己宗亲萧衍的杀戮,南齐也因此被萧梁取代。

## "杨婆儿,共戏来所欢!"

唐代著名诗人李白曾热情作歌曰《杨叛儿》:

君歌杨叛儿,妾劝新丰酒。

何许最关人?乌啼白门柳。

乌啼隐杨花,君醉留妾家。

博山炉中沉香火,双烟一气凌紫霞。

李白有感于南齐童谣《杨叛儿》所作的这首情诗,以鸟儿在京师西门(白门)杨柳树下流连欢歌,比衬一对男女劝酒作乐,演绎出一段青春放浪、双双燃烧的爱火最终融化为一缕紫霞直入云霄的艳丽故事。

后世有名为《杨叛儿》的童谣,是乐府曲名,属《清商曲辞·西曲歌》,《旧唐书》和《新唐书》的《乐志》中都提到"杨叛儿"的故事:南朝齐隆昌年间,有位太后守寡,她喜欢女巫的儿子杨旻。杨旻从小生在宫中，太后看着他长大，长成一个莲花般的少年，就和他好上了。太后爱上女巫的儿子，这种爱情终究不能长久。纸包不住火，最后事情败露，太后失去杨旻，而且天下人都知道此事，所以民间童谣就唱："杨婆儿，共戏来所欢！"

可能因为儿童吐字不清，大家竟将"杨婆儿"讹传成"杨叛儿"，尔后，《杨叛儿》便演变为西曲歌的经典乐曲之一，备受文人青睐。

这个香艳的故事发生在南朝齐"隆昌"年间，主人公"太后"和女巫的儿子"杨旻"等信息，都明白无误地指向齐废帝萧昭业的皇后何婧英与女巫的儿子杨珉之（司马迁《资治通鉴》又作"杨珉"）。

何婧英，生卒年均未见详记，史书上只说她为庐江灊县（今安徽省霍山县）人，南朝宋司空何尚之曾孙女，抚军将军何戢之女，而何戢的正妻就是著名的淫妇刘楚玉，何婧英则是何戢与庶妻所生。当初在谈婚论嫁时，萧昭业的父亲文惠太子萧长懋以为何戢家是没有男嗣的孤门而不同意这桩婚事。大臣王俭则认为，何家成为皇家外戚后，虽然门第显赫，但不至于坐大外戚势力，更有利于稳固萧家皇权。在王俭的劝说下，萧长懋才同意这门亲事。于是在齐武帝永明三年（485年），何婧英嫁给时任南郡王的萧昭业，成为南郡王妃。永明十一年（493年），萧昭业获立皇太孙，何婧英成为皇太孙妃。同年，武帝驾崩，萧昭业即位，何婧英则顺利进位为皇后。

萧昭业自幼便被寄予厚望而管束甚严，为了不辜负祖上期望，或者为了能够顺利继承皇位，他最初也表现得中规中矩，但一回到自己府中，马上野性大发，与生性淫乱的何婧英沆瀣一气，为淫作乐。萧昭业在父亲死后，竟然对父亲的爱妃霍氏动了歪心，何婧英非常大度地表示赞许，与太监徐龙驹一起策划将之接到府上，任凭丈夫乱伦。

萧昭业对何婧英也十分大度，任其为自己戴绿帽子。他首先将自己的陪读男子马澄赏赐给何婧英。马澄本是街头小痞，曾因强奸良家妇女被抓坐牢，刑满释放后被萧昭业看中而得以进宫。马澄年轻俊美，很快被何婧英瞄上，萧昭业于是牵线搭桥，任其交欢。《南史·卷十一·列传第一》记载说："妃禀性淫乱，南郡王所与无赖人游，妃择其美者，皆与交欢。南郡王侍书人马澄年少色美，甚为妃悦，常与斗腕较力，南郡王以为欢笑。"在萧昭业的纵容下，何婧英更是肆无忌惮地与皇帝身边的美男子随意交媾，甚至房门洞开，夜不闭户。《南齐书》："皇后亦淫乱，斋阁通夜洞开，内外淆杂，无复分别。"

　　萧昭业赐予夫人何婧英的另一尤物便是杨珉之。此君本为女巫之子，其母装神弄鬼，声称善作巫术，萧昭业便让她作法诅咒自己的父皇，以便自己早日登基。恰好，父亲萧长懋、祖父萧赜相继死去，他便以为是法力所致，于是更加宠信女巫的儿子杨珉之。杨珉之英俊威猛，何婧英尤其喜爱他，时常和他如同夫妻一般同枕共寝，萧昭业则乐见其淫，优哉游哉。《南史》记载："又有女巫子杨珉之，亦有美貌，妃尤爱悦之，与同寝处，如伉俪。"萧昭业的生母王宝明在萧长懋生前并不受宠，萧昭业即位后，不仅尊母亲为太后，而且还为她设置三十多个壮男"面首"，以另类方式"弥补"母亲当年的缺憾。《南史》亦讽刺曰："郁林即位，尊为皇太后，称宣德宫，置男左右三十人，前代所未有也。"

　　萧昭业如此秽乱后宫，让已经悄悄掌控朝政的中书大臣萧鸾暗自欢喜。他在不动声色的运作中，逐步排挤、打乱齐武帝临终时安排的辅政格局，剪除萧昭业身边的"乱臣贼子"，以便最终自己篡权上位。他采用打压和拉拢两种手段，让异姓托孤大臣或逐步消失或为己所用,就连女巫之子杨珉之也不放过。

萧鸾先是和辅政大臣王晏、徐孝嗣、王广之协商,请求萧昭业诛杀杨珉之,萧昭业没有听从,后来萧鸾又私下与已经转化为自己势力的萧家侄子萧谌、萧坦之等谋划,坚持除掉杨珉之。萧谌、萧坦之迫于压力,也为了迎合已经手握大权的萧鸾,就亲自出马,要求萧昭业即刻斩杀杨珉之。当时何婧英与萧昭业同席而坐,听到萧谌、萧坦之奏报要杀情夫杨珉之时,哭得泪流满面:"杨郎多么年轻、英俊,又没有犯什么罪,怎么可以无缘无故就杀掉呢?"萧昭业也表示不可。

"这件事另有缘由,不能让别人知道。"萧坦之见状故作深奥地对昏聩的萧昭业悄悄耳语道。萧昭业于是对何婧英说:"阿奴(即何婧英)暂且离开一会儿。"何婧英离开后,萧坦之劝说道:"陛下有所不知,现在朝廷内外都疯传杨珉之同皇后有苟且之情,且事实确凿,远近皆知,不能不杀啊。"萧昭业虽有不甘,但他隐约知道是萧鸾的主意,不得已只好点头同意。何婧英回来后极力反对。他又马上反悔,下令予以赦免。但未等赦令传到,老谋深算的萧鸾早已抢先行动,深受皇帝陛下和皇后宠爱的女巫之子杨珉之已经身首异处。

远处杨柳树下,仿佛又传来李白缠绵悱恻的歌声:

> 夫君你唱《杨叛儿》歌,贱妾我献新丰酒。
>
> 哪里让你最留恋?建康西门乌啼柳。
>
> 杨花丛中鸟欢叫,醉卧我家君莫羞。
>
> 博山薰炉香袅袅,我们随烟到苍穹。

可怜的杨珉之,可耻的何婧英,可悲的萧昭业,其不谋正(政)而乱性,自以为皇天后土,乐哉逍遥,到头来自毁金銮,魂归云烟,贻笑天下。

## "今日见作天王,便是大罪"

像众多皇家嫡传子孙一样,萧昭业一出生便备受关爱。其父亲萧长懋是深孚众望的皇太子,母亲王宝明出身琅琊望族,祖父是当朝圣上齐武帝萧赜。建元四年即482年,其曾祖父高帝萧道成驾崩,祖父齐武帝萧赜继位,年仅十岁的萧昭业受封南郡王,食邑两千户。

萧昭业自幼聪明伶俐,深得曾祖父、祖父喜爱。早在曾祖父萧道成任南朝宋丞相时,就特别关爱作为第四代嫡传子孙的萧昭业。一次,侍从在为年届五旬的萧道成修剪拔除白发,年仅五岁的萧昭业在他身边的床头前玩耍,萧道成突然玩笑似的问萧昭业道:"小孩儿,你说说我是谁呀?"年幼的萧昭业竟然不假思索地回答道:"太爷爷(太翁)!"萧道成一听十分高兴,立刻让正在"作业"的侍从扔掉镜子和剪刀,"难道已经做了曾祖父却还要拔白发吗?"萧道成后来还常常骄傲地对左右夸赞道:"有了萧昭业这孩子,我就够四代了呀。"

萧昭业不仅相貌俊美,"少美容止""风华外美",而且多才多艺,音乐、书法都不错,"进对音吐,甚有令誉",其隶书得到祖父齐武帝的欣赏,武帝甚至不让随便展出小孙子的隶书作品,"世祖敕皇孙手书不得妄出,以贵重之"。为了更好地教育培养萧昭业,武帝还专门请来名望较高的贤德师傅:当时的饱学之士、硕儒大师史仁祖和胡天翼。

名师并非均出高徒,善教更需善学。年幼的萧昭业对学习兴趣不高,对享乐却天赋异禀。还在南郡王位置上的他随父亲文惠太子到西州居住时,太子对他要求甚严,但他表面上很听话,佯装谦恭,一到夜晚便私下里逃脱老师的管教,与小混混们一起狎妓饮酒,"每夜辄开后堂阁,与诸不逞小人,至诸营署中淫宴",专做与其年龄很不匹配的淫乐之事。其所带银两不足就张口索借,借后不还是常态,被借者苦不堪言,告到老师那里。史仁祖、胡天翼苦劝不从,想报告皇孙劣迹,又怕皇帝、太子伤心,更怕触怒皇孙,最后两位七十多岁的老硕儒生生被逼自杀。直到他们俩被逼死,武帝和太子还不明其因。武帝竟也未深究,匆匆令寒人文士綦母珍之和马澄接任老师。

知子莫若父。与祖父武帝的过度溺爱不同,父亲文惠太子深知儿子的顽劣本性,对萧昭业的管教特别严厉。他专门派人监视其起居,禁止浪费,"每禁其起居,节其用度",发现不轨便进行惩罚,给年幼的萧昭业带来极大心理压力。老师自杀身亡后,他曾一度欢呼解脱,但父亲的管教并没有让他太过轻松,只有大耍两面人手段,"矫情饰诈,阴怀鄙匿",表面一套背后一套,以此骗取人心和储君地位。

但是这种欺骗并不能真正消除其内心的空乏和焦躁。萧昭业就曾在奶奶辈的庾氏面前表达过自己对父亲管控的不满。庾氏是武帝萧赜弟弟豫章王萧嶷的妻子,平素对萧昭业比较关爱,所以萧昭业也将其视为"忘年交"。当时,他一心扑在玩乐上,对父亲的管教表面应付,内心却极为不满,对庾氏直言不讳地控诉道:"奶奶啊,佛法说,有福德者才生在帝王家,可是我生在帝王家却感到是在受罪,左右都在限制我的一举一动,就连街头上屠户酒家的富儿也比我自在百倍呀。"——"阿婆,佛法言,有福德生帝王家。今日见作天王,便是大罪,左右主帅,动见拘执,不如作市边屠酤富儿百倍矣。"(《南齐书·

卷四·本纪第四》)

萧昭业的内心痛苦很快便因父亲、祖父的相继去世而得以彻底解脱。还在父亲文惠太子病重期间,他就暗地里让女巫作法,祈祷父亲早点离开人间,而在表面上却演出着父慈子孝:他探望时愁容满面,一出门便与群小寻欢;太子病逝,他临棺捶胸顿足,号啕大哭,一回到自己府上则立马摆宴酗酒,欢笑如常。爷爷武帝萧赜哀叹太子的早逝时,他也强装哀容,无比哀恸,弄得武帝大为感动,决计排除干扰立他为继承人。齐武帝病重时,他也装得非常孝顺,可私下里竟像诅咒父亲一样,令女巫诅咒爷爷早死,并用爷爷欣赏的隶书大书"喜"字,提前进行祝贺。爷爷如愿死去后,他在佯装哀恸之余,立即大张旗鼓地奏音乐、玩犬马,还把武帝的内殿拆毁改为跑马场。

## "若忆翁,当好作"

齐武帝临终前还对孙子萧昭业寄予厚望,并语重心长地告诫说"若忆翁,当好作"——要是你还顾念爷爷的话,就该努力好好做一番事业啊。

但是,武帝驾崩前的安排和期望完全落了空。太子萧长懋去世后,他在中书大臣王融的苦谏下,也想废掉孙子萧昭业,立次子萧子良为皇位继承人,但遭到堂弟萧鸾的阻拦与挫败。武帝临终托孤时,并没有太在意包括堂弟萧鸾在内的萧氏宗亲,而是委任于王晏、徐孝嗣等九位异姓寒人权贵,并在遗诏中对他们进行了具体分工:"尚书中是职务根本,悉委王晏、徐孝嗣;军旅捍边之略,委王敬则、陈显达、王广之、王玄邈、沈文季、张瑰、薛渊等。"内务交给王晏、徐孝嗣,让他们掌控中书省,外务则交给王敬则、陈显达等,让他们处理边防事务。同时,他还指示即将即位的皇太孙要在五年之后亲政,亲政前则按照他的安排行事——"五年中一委宰相,汝勿指意;五年外,勿复委人。若自作无成,无所多恨。"

齐武帝基于对内政和北魏南侵的考量,尤其是在年仅二十岁的萧昭业执政经验不足、北魏孝文帝虎视眈眈觊觎中原的背景之下,其做出的安排的确具有战略眼光,但是他的部署显然严重忽视了本不该忽视的宗亲:雄视皇权的堂弟萧鸾。萧鸾善于经营,位高权重,当初力主萧昭业继位,既是看到他年轻幼稚,更是瞅准了他个性的缺陷。萧昭业贪玩好色,既无心也无力,换句话说,即使他有心也无力在短时间内掌控朝廷,更何况他还有长达五年的时间才能亲政。

萧昭业即位不久,萧鸾在拉拢多年的左右手帮助下,迅速出任侍中、尚书令、镇军大将军,独揽尚书、中书、门下三省大权,顾命大臣们纷纷遭到打压或排挤。仅仅一年之内,萧昭业就在萧鸾的高压下,被排除在实际统治决策中心之外,早早远离了武帝安排的"五年之后亲政"的路线图。

事实上,作为名正言顺的皇帝,萧昭业完全可以凭借自己的统治地位和宗族势力,在辅政大臣们的辅佐下,逐步经营,取得政治主动,但是,自幼承受的政治压力和宵小们的蛊惑,让他很快便自主选择了利用政治地位贪图享乐的自我放纵,而这种自我放纵正是觊觎皇权的政客们所需要的。

虽然正式即位,但他却以未亲政为由,主动放权,就连签发文件的履职形式也多由太监徐龙驹替代。这位性格扭曲的太监大人每天像模像样地坐在含章殿上,戴着黄纶帽,披着貂皮大衣,在皇帝龙椅上代替皇帝批阅各种文告,好不威武!而萧昭业本人则完全无拘无束地自我享乐,好不痛快!

或许为了拉拢人心,或许为了"与民同乐",他动辄对中意的属下进行慷慨赏赐,一赏就是几十万钱甚至上百万钱,有时高兴起来,干脆直接打开国库,让那些佞臣阉人随便分享。没过多久,南齐祖先们辛辛苦苦积攒的几亿万钱,就被萧昭业挥霍光了。

"以前我想得到你一文都不能,看我现在能不能用你?"或许因为以前借钱挥霍的经历刺激了他,或许为了彰显自己的实力,他常常把弄着银钱,这样嘲讽"孔方兄",甚至肆意击碎各种宝物来寻欢取乐。《南齐书》不无遗憾地记载说:"期年之间,世祖斋库储钱数亿垂尽。开主衣库与皇后宠姬观之,给阉人竖子各数人,随其所欲,恣意輂取;取诸宝器以相剖击破碎之,以为笑乐。"

祖父临终前反复交代让他做好事,但他不思进取,坏事做绝。他好斗鸡,私下里不惜花费数千钱去购买斗鸡。面对爷爷的教诲,他的做法竟是毁坏爷爷的招婉殿,作为徐龙驹的斋供房;祖父齐武帝曾经的甘草杖,也被他的宫人截成数段。

就在萧昭业肆意妄为之时,萧鸾早已磨刀霍霍,准备篡权。他在诛杀朝中异己势力的同时还大肆屠杀高帝、武帝嫡系宗亲。当时,朝中有位大将军周奉叔威猛霸道,舆论宣称"周郎刀,不识君",萧鸾假借萧昭业之名将其棒杀,震惊朝野。溧阳县令杜文谦感觉到萧鸾的狼子野心,他劝萧昭业曾经的老师綦母珍之赶紧动手,一起除掉萧鸾、萧谌等,但后者犹豫不决,反被萧鸾所杀。等到萧昭业也深切感到威胁,准备外调萧鸾之时,萧鸾已经提早做出了精心部署,趁萧昭业游乐之际将其一举诛杀于内宫。

"若忆翁,当好作。"劝者有心,听者无意。可悲的一对祖孙,只有在黄泉之下再进行交流了。

## 南朝萧梁：皇权依依，雨雪霏霏

公元548年八月，一个跛足的羯族人从寿阳（今安徽省寿县）起兵，一路南下直抵梁朝首都建康，经济发达、文化繁荣的江南地区旋即陷入万劫不复之渊。

这个羯族人就是善于投机冒险的小混混侯景，而他炮制的"侯景之乱"一度阻断了南朝文明史，成为改变南北局势的重大历史事件。

已经八十六岁高龄的梁武帝萧衍始终没有把这个异族人看在眼里，此前，他曾断然谢绝了主动投诚、已经丧偶的侯景要娶王、谢等汉族大姓为妻的请求，甚至在得知侯景起兵后，仍不屑一顾地蔑视道："侯景是个什么玩意儿，他要敢来，我用赶马的短杖就能敲死他！"

直到自己委派抵挡的宗亲相继失败，侯景已经抵达他所居住的宫城，这位晚年醉心于吃斋念佛的老皇帝才如梦初醒。

但是，他已经无能为力了。

"眼前这位武夫，你是哪里人，竟敢来这里作乱？你的妻子、儿女还在北方吗？"面对凶神恶煞的小混混，萧衍似假亦真、恍恍惚惚地质问道。

"臣景的妻子和儿女都被高氏杀了，现在只有一人归顺陛下。"听到老领导这样一问，不可一世的侯景竟然满脸羞愧，不知如何回答，好在身旁的部下替他回道。当初，侯景从东魏叛逃时，其妻儿均遭权臣高澄屠戮。

"你过江时有多少兵马？"萧衍突然转换话题，又问道。

"千人。"侯景连忙答道。

"你攻城时多少？"

"十万。"

"现在呢？"

"率土之内，莫非己有！"侯景听他问道"现在"时，才仿佛回到了掌控时局的现实世界，于是便高声答道。但他似乎仍然逃离不了老领导所在的高压环境。

"你是忠于朝廷的，应该管束好部下，不要骚扰百姓啊！"萧衍仍然高高在上地嘱咐道，而侯景也连声诺诺答应着，急急退下堂去。

"我多年征战疆场，从没有胆怯过。这次见萧衍竟然有点害怕他，莫非真是天子威严不容侵犯吗？"直到离开萧衍，侯景仍心虚地对亲信王僧贵说。

心虚归心虚，萧衍缔造的大梁江山至此已难逃绝路了。


## 侄子萧正德：引狼入室，自断生路


侯景以区区之身却能够轻易挫败强大的梁国，萧正德功莫大焉。

萧正德本是大梁开国皇帝萧衍的亲侄子，为萧衍三弟萧宏的第三子。早在萧衍大儿子萧统出生前，被萧衍收为养子，萧统出生后，萧正德的"太子"梦破灭，他也因此耿耿于怀。萧衍诞下萧统后，又接连生下七个儿子,分别取名为萧综、萧纲、萧绩、萧续、萧纶、萧绎、萧纪,均以"糸(纟)"命名,很有南朝文学连绵柔美之意味。

萧衍旺盛的造子功能,彻底断了萧正德成为太子的迷梦。或因希望太大,失望至极,此君从此变得荒诞不经,生活极不检点,穷凶极恶,与其弟弟乐山侯萧正则以及纨绔子弟董遏、夏侯洪等,被百姓称为四大恶棍。有两件事情,足以证明此君的品行。

第一件是他与亲妹妹长乐公主私通。长乐公主貌美如花,善弄风情,他们在游乐之余很快勾搭成奸。为了掩人耳目,萧正德故意纵火,将妹妹豪宅点燃后,将一婢女加以美玉装饰后捆绑起来,直接投进火海,然后诈称长乐公主已被烧死,私下里却心安理得地与其交欢,称之为"柳夫人",并与之产下两子。

第二件是私逃北魏。公元525年即梁普通六年(《南史》曰普通三年),萧正德仕途正劲,不但官居皇帝近侍之臣的"黄门侍郎",而且被加封为"轻车将军",集文职与武职于一身。但他并不满足,而是牢骚满腹,大呼不平,私下里北逃北魏。行前,他还赋诗一首曰:"桢干屈曲尽,兰麝氛氲销。欲知怀炭日,正是履冰朝。"表达自己的不满与抱负。他一到北魏,就声称自己是被废的太子,以此希望得到重用。

但是,他并没有得到他所希望的"储君"待遇。当时北魏执政的是孝明帝元诩,北魏也已残破衰败,尤其令萧正德大跌眼镜的是,早在他叛逃之先,南朝齐国宗室萧宝寅在南齐亡国后,提前向北魏投诚报到了。萧宝寅得知南方又来了一位所谓的皇室宗亲,便主动向北魏孝明帝举报说:"哪里有伯父做天子,父亲做扬州刺史,而抛弃骨肉至亲,远投他国的?这样的人不如杀死!"经此一说,北魏对他不加礼遇。为了证明自己的"清白"或"忠诚"，萧正德竟私下杀死一个孩子，声称是自己的儿子，埋在北魏，暂时缓解了北魏人的疑心。

在看到短时间内无法实现自己的目标后，萧正德干脆撂挑子走人，次年便又灰溜溜逃回建康。他一回到京师，便假惺惺来到皇帝所在的文德殿，叩头请罪。当时的萧衍一心向佛，大发慈悲，除了流泪训诫一番外，并没有过多责怪，并恢复了他的封爵，同时任命他为征虏将军。

萧正德没有得到应有处罚，反而颇受礼遇，但这不仅没有让其洗心革面，反助长了他为非作歹的恶劣气焰。

像他这样毫无底线、欲壑难填的恶棍，恰恰是投机分子、具有反骨的侯景所期望拉拢利诱的对象。

中大通四年（532年）之后，萧正德一路高升，先后担任信武将军、吴郡太守，入朝担任侍中、抚军将军，还被册封为临贺王、左卫将军，食邑两千户。他也随着官爵的提升越来越凶残暴虐，四处招罗亡命之徒，歹心毕现。

此时的北方，靠投机军阀起家的侯景正蠢蠢欲动，伺机叛变。当得知萧正德怀有相同的奸心后，他便暗中派人主动联络，以为所用。侯景还给萧正德写了一封颇有感染力和说服力的信，其中说道："现在皇帝年事已高，奸臣乱国，朝纲错乱，政令颠倒，依我侯景看来，其灭亡要不了几天。何况您临贺王本来应是当太子的，却被废受辱，天下义士都替您暗自痛心，像我这样只知道忠心为国的人也更加愤慨不平呀！现在天下豪杰都归心于您临贺王，您难道会因顾及骨肉私情而违背天下万民的心愿吗？我侯景虽然武力不强，还是想奋力一搏，全力辅佐您搭救苍生，请您充分考虑我的诚意！"

"侯景的心思与我不谋而合,这真是天助我啊!"萧正德见信后大喜,立刻回信答应了侯景的"诚意"。

在得到萧正德的回应后,侯景更加肆无忌惮,于公元 548 年八月一路南下,直抵京师。当时的梁武帝并没有重视侯景的野心,他下令让在各地镇守的儿子诸王进行阻击,并让侄儿临贺王萧正德出任平北将军,屯守丹阳(今江苏省南京市西南),领衔护卫京师诸军事。

萧正德不仅不守土尽职,反而主动打开宣阳门,迎接侯景大军入城,侯景因此得以包围武帝居住的台城(即皇城)。但由于台城城高池深,并由名将羊侃顽强防守,一时间难以攻取,侯景只能修筑长围,准备打持久战。与此同时,为安定军心、稳固联盟关系,太清二年(548 年)十一月初一,侯景决定"拥戴"萧正德为帝,改元"正平",自己则为丞相,同时答应萧正德,一旦攻破台城,立刻杀掉武帝萧衍及太子萧纲(两宫)。

在内外勾结,加之羊侃不幸病逝的情况下,侯景很快攻破台城。萧正德听闻台城沦陷的消息后,即刻率军入宫,准备弑杀两宫,但被侯景属下阻拦回去。侯景在攻陷台城后,马上任命自己的亲信把守各个城门,严禁萧正德入内,同时还派重兵监护两宫,以防加害。侯景全面控制时局后,立刻撕毁此前与萧正德达成的约定,废掉萧正德,恢复武帝萧衍的"太清"年号。前后仅做了一百三十二天傀儡皇帝的萧正德被一脚踢开,降职为毫无实权的侍中、大司马,百官皆复旧职,而侯景则成为主宰朝廷的大丞相。

至此,萧正德才恍然大悟,原来自己不过是侯景的一杆破枪,用完则被无情丢弃,其失落与愤怒可想而知。但他还恬不知耻地前往武帝那里痛哭流涕地报到,武帝只送给他一句"啜其泣矣,何嗟及矣"

的惊叹与无奈。

但是，他的命运没有因此终结。被废后，他没有反省，而是成天抱怨，悔恨自己当初上了"贼船"，对侯景恨入骨髓。不仅如此，他还企图东山再起图谋造反，密令鄱阳王萧范（萧衍异母弟鄱阳忠烈王萧恢之子）率军入京，帮助自己复位。没想到密令被侯景截获，后者恼羞成怒，立刻将其缢杀，时在太清三年（549年）六月。

本是皇亲重臣，却行叛变家国之乱，引狼入室，引火烧身，萧正德之死，死有余辜矣。历史学家姚思廉在《梁书》中评价说："萧综、萧正德并悖逆猖狂，自致夷灭，宜矣。"

## 孙婿侯景：百日天子，一朝毙命

侯景本来是一个勤于奋斗、善于钻营，又命运不错的人，在投降南梁后，他不仅娶了梁武帝萧衍的孙女、简文帝萧纲的女儿溧阳公主为妻，甚至还做了一百多天的"汉"国天子。

但是，这个毫无文化底蕴的鲜卑化羯族人实在太无道德底线了，在南北朝时期屡起祸端，造成生灵涂炭，甚至人吃人的悲剧。

侯景自幼相貌狰狞，个子矮小，左右腿不齐，走起路来一瘸一拐，上身长下身短，宽额头高颧骨，讲起话来声音喑哑撕裂，有善相面者指出："此谓豺狼之声，故能食人，亦当为人所食。"

但侯景智力非常，善于骑射，骁勇好斗，在烽烟连绵的北魏末年，很快显示出非凡实力。当时，北魏境内地方军阀纷争不断，贺拔岳、尔朱荣、高欢、宇文泰等家族势力不断坐大，直接威胁到北魏政权。侯景最初就投于尔朱荣门下，向尔朱荣部将慕容绍宗学习兵法，但不久,慕容绍宗就教不下去了,反而向侯景求教。公元 528 年,尔朱荣与河北农民起义军首领葛荣大战于滏口(今河北省邯郸市),侯景大显神威,一举大败起义军,并俘虏葛荣,他也因此升为定州刺史。

不久,高欢消灭了尔朱荣家族,成为北魏的实际统治者,侯景遂又率众投降了高欢,高欢提升他为吏部尚书,不久封他为濮阳郡公,紧接着又封他为司徒,兼定州刺史,拥兵十万,统治河南地区。

当时与高欢实力不差上下者为鲜卑族首领宇文泰,高欢虽然已经看出地位日高的侯景为人并不可靠,但为了制衡宇文泰,便竭力拉拢,并告诫儿子高澄要时刻警惕侯景。但志得意满又年轻气盛的高澄根本瞧不起侯景,在父亲高欢死后立刻着手削夺侯景的兵权。

善于察言观色、洞悉局势的侯景马上感到压力,于是便主动向宇文泰投去橄榄枝,但宇文泰也对他心存戒备,不得已,他便于梁武帝太清元年(547 年)果断率部投降了南朝梁。

他的这次投诚立刻引发了南北大动荡。当时的南梁朝廷中不少大臣反对,但梁武帝希望借助侯景的力量进行北伐,以收复失地,所以就非常慷慨地接受了,并给了他很高的待遇,封之为河南王、大将军、持节。继高欢之后掌权的大公子高澄立刻发兵讨伐,派大将慕容绍宗追击侯景,梁武帝也派自己的侄儿——时任贞阳侯的萧渊明领兵支援侯景,结果侯景及南梁军大败,萧渊明被俘。萧渊明后来成为北齐挟制南梁的人质和棋子,此为后话。

虽然战败了,但梁武帝仍然给了侯景很高的待遇。当时,南梁朝野对侯景均颇多不满,南方有句谶语形容侯景南降曰:"乱世就要来了!"

或许信佛的萧衍也隐隐约约感觉到侯景的不祥之兆,于是私下里派人与高澄讲和,前提即是向东魏遣送侯景。侯景得知后大怒,于是以"清君侧"、诛杀朝中弄权的朱异等为借口,发动叛乱。叛军长驱直入,最后兵临建康、围困台城。虽然萧衍已经号召各地军马驰援,但由于各路援军心志各异,在攻打叛军几次不利后便按兵不动,坐观成败,于是叛军在萧正德的策应下得以进城,549年三月十二日,台城沦陷。

侯景掌控京师局势后,废掉萧正德,仍尊年迈的萧衍为帝,但在他的残酷围困下,梁武帝很快便被活活饿死,台城内甚至一度出现人吃人的惨状。侯景在武帝死后,立太子萧纲为帝,并强行娶年仅十四岁的溧阳公主为妻。但不久,萧氏家族萧绎、萧纶等纷纷起兵,正式开启了反侯模式。551年,即萧纲为帝的第二年,侯景便废掉萧纲,并残忍杀害了萧纲家族皇太子萧大器、寻阳王萧大心、西阳王萧大钧、武宁王萧大威、建安王萧大球、义安王萧大昕以及寻阳王诸子二十余人。此后,他还假造皇帝诏令,要求萧纲禅位于正嫡昭明太子萧统的孙子——豫章王萧栋。

而早在侯景进城后,萧氏宗亲包括萧栋、萧桥、萧樛等就被软禁起来。侯景派人来接萧栋时,他正在地里种菜。虽然他情知皇帝不好当,但在侯景的魔掌下,只有顺从。551年八月二十一日,萧栋被挟持着升临武德殿,登基为帝,改元"天正",追尊祖父昭明太子萧统为昭明皇帝,父亲萧欢为安皇帝。

侯景肆意玩弄朝政,一手遮天,要说应该满足了。但仅仅三个月之后,他便在佞臣的劝说下,再命萧栋禅让,自己登基为帝,国号为汉,改元"太始"。

侯景如此明目张胆,彻底激怒了萧氏宗亲和梁国旧臣,萧绎、萧纪先后在江陵、成都称帝,王僧辩、陈霸先等猛将率大军迅速向京师集结,侯景最终兵败遭戮。

早在台城失陷后,据名士颜之推(《颜氏家训》的作者)回忆,梁武帝就认定侯景他日必称帝于建康,并在独坐时对近侍说,从"侯景"二字来分析,大概是"小人百日天子"的意思。

而具有讽刺意义的是,当侯景的传国玉玺辗转传到北齐皇帝高洋手中时,这位文宣皇帝竟也得意扬扬地对大臣们宣称:"为什么侯景得到了传国玉玺却保不住天子的位置呢?我曾经跟部下说过,侯景的'侯'字的人字旁不能作人看,而应作人主看,但是如果名字连起来的话是'小人百日天子',侯景只能做一百天皇帝啊。"

事实上,侯景从大宝二年(551年)十一月十九日僭称天子,到次年(552年)三月十九日弃城而逃,首尾共计一百一十九天。而他离开宫殿是在三月一日,住在宫殿的日子满打满算刚好一百零一天。

时间长短并不重要,重要的是他的悲惨结局。

梁元帝萧绎承圣元年即552年,侯景被陈霸先、王僧辩击败。侯景企图逃亡,被部下所杀。

多行不义必自毙。著名历史学家吕思勉先生还不忘"褒奖"侯景一番,说:"虽然野蛮粗鲁,在是时北方诸将中,已经算是狡黠的了。"

## 儿子萧绎:文艺青年,政治侏儒

南梁承圣三年即公元554年,西魏政权的实际控制者宇文泰敏感地觉察到偏安一隅的南梁气数已尽,在收到梁元帝萧绎要求归还旧土、重新划界的言辞激烈的信件后,立刻下令命柱国常山公于谨、大将军中山公杨忠率领大军从长安出发,一路凯歌,直捣京城江陵,前不久还意气风发、傲气十足的萧绎被西魏军团团围困。

"我们继续学习吧。"面对强敌和心神不宁的臣下,萧绎一脸严肃地吩咐道。长期以来,他始终保持良好的学习习惯,因视力较差,他每天必命专人为他读书。《颜氏家训》的作者颜之推对他推崇备至,往往以他为勤学榜样教育子女。而在眼下,他自知这样的学习机会不多了,便再次把群臣召集起来。

"今天,我来给大家讲讲《老子》。"萧绎说着,便非常儒雅地娓娓道来。

但是,大堂之内委婉悠扬的讲解声并没有阻断城外的喊杀声,萧绎的淡定没为他赢得多少喘息的机会。不久,敌军便破门直入,这位堪称文艺翘楚的帝王在焚毁十四万卷珍贵图书后,自杀未遂最终身死敌手,终年四十七岁。

临终前,他还口占为诗,并将自己的失败归结于读书太多:"读书万卷,犹有今日。""文武之道,今夜尽矣!"

萧绎的一声长叹,道不尽南梁萧衍家族的喋血旧梦。

南朝梁虽然只存在了半个多世纪,在文学史上却留下浓墨重彩的一笔,其中最耀眼的当数萧衍和他的几个儿子。萧衍、萧统、萧纲、萧绎并称"四萧",一度领军文坛,与曹操、曹丕、曹植并称的"三曹"相媲美,书写了中国古代文学史上的绚丽篇章。

萧衍一共有八个儿子,长子为大名鼎鼎的萧统,《昭明文选》的编纂者,次子萧综据说是南齐废帝的遗腹子,三子萧纲即萧衍之后的皇位继承人(简文帝),四子南康简王萧绩英年早逝,五子庐陵威王萧续在侯景之乱前病逝,六子邵陵携王萧纶在七子萧绎的打击下逃亡北齐、殒身敌手,八子武陵王萧纪最有成就,一度将成都平原等西南地区经营得风生水起,甚是富庶,可惜最终在与萧绎的争斗中失地亡身。

在八个儿子中,萧绎的成就最高,实际统治时间也最长。著名文献《四库全书》"子部"文库中《金楼子》一书便出自他手,据清代史学家赵翼考证,萧绎是古往今来帝王中著作最丰富者,达到677卷。不仅如此,他还精通音律、书法、绘画,甚至精《周易》和兵法。他创作的绘画作品《朝贡图》生动描绘了外国使者来南梁朝贡的场景,成为研究中国古代朝贡史的珍贵资料。

但是,这位才华横溢的帝王并没有赢得史家的过多赞誉,相反他却因为对家族至亲的戕害而备受指责。王夫之评价他说:"父子兄弟之恩,可谓绝矣。"

萧绎出生时,父亲萧衍缔造的大梁国已经建立并渐呈鼎盛之势。526年,十八岁的他出任荆州刺史、镇西将军,都督九州诸军事,已经在诸多皇亲中展示出不可替代的影响力,尤其是在大哥萧统去世后,他成为父亲萧衍的重要倚仗和大梁的股肱。所以,在侯景之乱时,梁武帝对他寄予厚望,派人赶赴荆州,授萧绎为侍中、假黄钺、都督中外诸军事、司徒,应该是皇帝之下的最高文武职位了。

但是,父亲的良苦用心并没有激发他杀敌救国的斗志。在接到任命后,他并没有直接发兵救驾,保全大梁江山。或许在这位"文曲星"心中,侯景之流根本撼动不了大梁江山,而他首先要考量自己应该扮演何种角色,如何获得个人利益最大化。在这种思想的催生下,他首先把矛头指向自己的宗亲——武帝之后可能的皇位竞争者。于是,他也像其他宗亲一样象征性地出兵,让儿子萧方等和王僧辩前往讨伐，稍一遇挫便按兵不动，静观其变。等到武帝饿死台城后，他才集中兵力抢夺战机。

但这次他要讨伐的对象不是叛军侯景，而是自己的亲侄儿、时任河东王萧誉和襄阳都督萧詧，而萧誉和萧詧均为昭明太子萧统的嫡子，与萧栋一样是皇位的法定顺序接班人。当时的萧詧自感势单力薄，于是主动邀请西魏军帮忙。宇文泰掌控的西魏政权早就对荆襄膏腴之地垂涎三尺，于是很快发兵占领襄阳，而萧詧也直接向西魏投诚。

在攻灭萧誉、击退萧詧之后，萧绎仍然没有直接进军京师，而是考虑如何灭亡西蜀强大的弟弟萧纪。

武陵王萧纪经营益州多年，实力强劲，在得知父亲梁武帝驾崩后，准备从成都出兵。萧绎担心八弟萧纪势力坐大，于是写信劝阻说，贤弟你好好管理难管的西蜀吧，灭贼的事情我来做："蜀人勇悍，易动难安，弟可镇之，吾自当灭贼。"随后又给萧纪写信说"地拟孙、刘，各安境界；情深鲁、卫，书信恒通"，大意是说，我们可以像三国的东吴和蜀汉各守一方，互不干涉；我们兄弟俩感情深厚，应当经常书信相往。

但是，这种"友好"局面很快被打破。公元552年，萧纪在儿子萧圆照和其他大臣的鼓动下，于成都称帝，年号"天正"，而萧绎随后也在江陵称帝，年号"承圣"。这样一来，两兄弟直接唱起对台戏，开始正面厮杀。可笑的是，萧纪虽然强大，但也是一位文艺青年。当时，萧绎为了更多胜算，面对弟弟浩浩荡荡的讨伐大军，不惜向西魏求救，西魏乘机袭取了萧纪的老巢成都。萧纪的西蜀将领得知故土遭袭，斗志全无，纷纷要求回兵卫家。为了激励将士，萧纪将他在蜀地经营多年积攒下来的金银财宝全都拿了出来,命人铸成一斤重的金饼一万个,银饼五万个,每一百个装一箱,共装了金饼一百箱、银饼五百箱,用以奖励有功将士。但在取得胜利后,他毫无赏赐的诚意,将士顿生受骗上当之感,斗志随之锐减。而就在此时又传来消息说,西魏军队已拿下汉中,就要打到成都了,将士们更加失落,家乡失陷,人人思归。在这种情况下,萧纪无奈派度支尚书(财政部长)乐奉业赴江陵向萧绎求和。但是,乐奉业这位部长大人也对萧纪的所作所为颇感不齿,竟然向萧绎交了实底,说我们西蜀军人心涣散,一击即溃,千万不要同他讲和。于是,萧绎果断拒绝,并以《又与武陵王纪书》一文正式回复弟弟称:"兄肥弟瘦,无复相代之期;让枣推梨,长罢欢愉之日。"先前的兄弟之盟、弟兄之情荡然无存。

公元553年七月,萧绎一举夺取了弟弟的三个城堡,其余城堡的守军一见也纷纷逃亡、投诚,萧纪的大军转瞬就分崩离析,兵败如山倒。萧绎手下大将樊猛率军截断了萧纪的退路,用战船连成环形阵,把萧纪的龙船围在中心。这时萧绎派人过来传话:"如果让萧纪生还,那就是不成功。"樊猛心领神会,带人跳上龙船,闯进萧纪的卧室,挺长矛直奔萧纪。萧纪心惊胆战,边绕着床跑,边从床旁的箱子里掏出一袋金饼扔给樊猛,请求说:"这袋金饼赠给将军。只求你送我去见见七哥萧绎。"樊猛冷笑着说:"天子是你想见就见的吗?只要杀了你,这些金饼还不都是我的?"说罢,一矛将萧纪刺死在舱板上。萧纪的儿子萧圆满见父亲被围,驾船赶来援救,也死于乱刀之下,而萧纪经营多年的益州全境很快被西魏占领。

萧绎还在弟弟死后将其从萧家族谱上除名,将萧纪父子改姓为饕餮,萧纪二子萧圆照、萧圆正被活活饿死。

至此，萧绎已经剪除了几乎所有皇位竞争者，于是开始集中兵力讨伐真正的敌人侯景。其手下大将王僧辩和陈霸先很快挥师直捣大梁旧都建康，侯景在坐了百日皇位后也如丧家之犬，惶惶不可终日。

或许是文人先天的浪漫情怀催发的权力欲望，萧绎的终极梦想便是至高无上的皇位，而且是绝对的主宰。而在这种思想的蛊惑下，任何挑战，哪怕仅仅是潜在的或者毫无根据的，都难以容忍。而侯景的做法恰恰刺激了他敏感的神经。

侯景当年废掉萧纲的理由之一便是他"不是正统的皇位继承人"，因为萧纲排行老三，不应该继位。老二萧综据说是前朝废帝的遗腹子，更不应该。老大萧统才是真正的嫡系接班人，萧统死后应该由他的儿子，即皇太孙继位。所以，侯景选择了萧统的孙子萧栋登基，替代萧纲。

萧栋在皇帝位置上仅三个来月，侯景便又将其赶走，亲自称帝，并将萧栋连同两个弟弟萧桥、萧樛一起紧锁在密室中。四个月后，萧绎大军来袭，侯景兵败逃亡，萧栋兄弟三人才得以走出密室。

但是，他们刚出狼窝，便遇猛虎。这次面对的不是敌人，而是自己的七爷萧绎。早在兵发江陵之初，大将王僧辩就询问萧绎，一旦攻破京师，将如何处置被废的萧纲和萧栋，萧绎毫不犹豫地告诉他"不留活口！"王僧辩不忍，他便另选猛将朱买臣去执行杀害"二萧"的任务，此时简文帝萧纲早已被侯景杀害多时。当萧栋三兄弟十分庆幸逃离囚室，准备迎接萧家大军重回春天时，仅仅几天时间便遭遇正在苦苦寻找他们的朱买臣。朱买臣当即热情邀请他们上船饮酒，压惊庆贺，之后便趁其不备，命人将三兄弟推入滔滔江水。可怜三个小兄弟到死也不会想到，其背后推手正是自己的亲七爷萧绎。

但是，这位绝父子兄弟之情的偏执文人也未得善终。他生前因病造成一只眼睛失明，其夫人即民间所说的"半老徐娘"一再出轨，甚至以"半面妆"来对他进行讥讽。在西魏军攻破江陵、萧绎无奈请降后，西魏士兵仍然对他进行凌辱，将之羁押到于谨面前跪拜，而此前受他攻击、早已投降西魏的梁王萧詧更是大报私仇，命铁甲骑兵将萧绎拉进军营，单独进行大肆羞辱，最后竟用千斤土袋将其活活压死。其亲属连同江陵"阖城老幼被虏入关"。

"碧玉小家女，来嫁汝南王。莲花乱脸色，荷叶杂衣香。因持荐君子，愿袭芙蓉裳。"《采莲赋》依然浪漫曼妙，但绝情的萧绎也只能在文艺的梦幻中寻找归依了。

# 南朝陈陈:"难兄难弟"裔布天下

南朝陈文帝天康元年,即公元 566 年,陈国第二任皇帝、陈霸先的堂侄文帝陈蒨已经病入膏肓。面对年幼的太子和大陈国的未来,他思来想去,难以合眼,最终将在扬州任职的弟弟安成王陈顼召到宫里来,与朝中重臣尚书仆射到仲举、五兵尚书孔奂、吏部尚书袁枢、中书舍人刘师知等一同商议皇位继承人问题。

"我想把皇位传给弟弟你,就像当年的吴太伯一样。"在征求完其他人意见后,陈蒨握住弟弟陈顼的手,语重心长地说。

陈蒨所说的"吴太伯"就是当年(约公元前 1123 年)周部落首领古公亶父的长子泰伯,他还有两个弟弟仲雍和季历。论资历,泰伯应该继位,但父亲更倾向于贤明的季历及其儿子姬昌。泰伯得知后没有申辩,而是主动带领弟弟仲雍避让于江东,最终建立勾吴国,成为吴国的第一任君主。后来,吴太伯死后,让弟弟仲雍继位。

"陛下您倘若如此,"陈顼一听,马上痛哭流涕,"我情愿去死!"言毕即以头抢地,要自寻短见。孔奂急忙劝陈文帝道:"安成王是您的兄弟,必定会效仿周公辅政。他若有废立之心,臣等虽然愚钝,也不敢听命啊。"

"弟弟起身吧。"陈蒨见状,立刻叫停,"既然你们都愿意辅佐犬子伯宗,我也就放心了。"于是,陈蒨颁下遗诏,由太子陈伯宗继位,陈顼同时被任命为司徒,进号骠骑大将军,总领尚书职,都督中外诸军事,给予班剑三十人,期望其全力辅佐年仅十三岁的侄儿陈伯宗。

但是,仅仅两年之后,陈顼便废黜了侄儿陈伯宗,自立为帝,之后又令人将陈伯宗杀害。

当时,陈顼因为长期在扬州任刺史,朝中大事均由刘师知和到仲举参与决定,而陈顼入主尚书省后,权力日盛,这自然引起了二人的不满。于是,刘师知便利用职务之便,假称皇帝诏令,要将陈顼外调至东府扬州。陈顼那时并没有太大野心,就准备离开。但其手下秘书、时任中记室(南北朝时公府及藩王设有中记室,专管表章书记工作)的毛喜得知后,立刻驱车前往王府对陈顼说:"大陈刚刚立国不久,国内外祸患危机不断。皇太后经过深思熟虑才令您来到中枢共同处决政务。而如今调您出去,一定不是太后的意思。愿您为宗庙社稷考虑,不要听那些小人的话语。"他最后强调说,"今天您一旦离开京师,就要受制于人,恐怕就像当年的曹爽,连做一个无权势的富家翁也不可能呀!"

陈顼一听,顿时惊出一身冷汗。他马上感觉到来自周围的巨大威胁,于是一边称病不出,一边令毛喜打探消息。毛喜先后到皇太后沈妙容和陈伯宗那里进行咨询,询问诏令的真伪,得到的答复均为"这(外调陈顼)不是我的意思"。在这种情况下,陈顼求见皇帝和皇太后,极力陈说刘师知的过失。在太后和皇帝的支持下果断囚禁了刘师知,并于当晚将其赐死。

此后,朝中政事无论大小,皆由陈顼决断,幼帝陈伯宗渐生不满。

但这位没有从政经验的小皇帝却毫无办法,而是四处散播谣言,说安成王准备废黜当今圣上。光大二年即公元568年,已经晋位太傅、可以佩剑穿履上殿的陈顼,一不做二不休,干脆直接以陈伯宗个性太软弱、难以当大任为由发动政变,用皇太后沈妙容的名义下诏废黜陈伯宗的帝位,将其降封为临海王并迁往藩地居住,同时派遣刺客在车内将其杀掉。

自光大二年(568年)至太建十四年(582年),陈顼一共在位十五年之久,而南朝陈自公元557年陈霸先开国到589年大隋灭陈,一共只存在了三十余载。

## 从"梁上君子"到"难兄难弟"

开国皇帝陈霸先始终以汉太丘陈寔之后自居,而遍布海内外的陈氏后裔皆称为陈霸先之后。

关于汉太丘陈寔的故事,南朝刘义庆的《世说新语》中多有描述。我们在中学语文课本都学习过《陈太丘与友期》一文。此文中,陈太丘陈寔之子、年幼的陈元方对失约而振振有词的父亲的朋友毫不客气,大声指责:"日中不至,则是无信;对子骂父,则是无礼。"生动表现出维护父亲尊严的责任感和无畏精神。

而在《陈寔遗盗》一文中,面对入室盗窃的"梁上君子",陈寔并未喊人捉拿,而是把子孙们叫到面前训示道:"今后你们每个人都应该努力上进,勿走邪路做'梁上君子';做坏事的人并不是生来就坏,只是平常不学好,慢慢养成了坏习惯,本来也可以是正人君子的却变成了小人。"小偷听到后羞愧难当,主动从房梁上下地叩头请罪。

在陈寔良好的家教下，其子孙自然聪明伶俐。在《难兄难弟》一文中，陈元方的儿子长文和季方的儿子孝先争吵，各自夸耀自己的父亲功业德品高，吵了很久也争不出胜负，这两个娃娃于是就跑到爷爷陈太丘那里辩理，要老爷子下结论。陈太丘不紧不慢地回答说："论学识品行，元方和季方各有所长，互为兄长，难以分出高下优劣啊！"——"元方难为兄，季方难为弟。"（见《德行》之八）

"难兄难弟"本义为旗鼓相当、不分伯仲，后来竟异化为"落难兄弟"。而陈寔之后，到南朝陈霸先一代，其子孙确实一度落了难。

陈霸先贵为一国之君，其后代却一度绝嗣。据正史上所载，陈霸先弟兄三人，长兄陈道谭，亦为陈谈先，育有陈蒨和陈顼二子；弟弟陈休先生育一子南康愍王陈昙朗。他本人一共六个儿子，其中三个早夭，另外两个生平待考证，公元559年驾崩前只有一个儿子陈昌，还作为人质被扣押在北周。

其实，最先落难的还有陈蒨。早在548年侯景之乱时，陈氏宗亲就遭到囚禁。此前，陈霸先受梁武帝之命南征叛乱的李贲，为了确保家人安全，他让部下护送妻子章要儿与儿子陈昌回到老家吴兴。侯景之乱后，陈霸先又奉命进行讨伐，侯景于是将章要儿和陈昌母子，连同陈蒨一起囚禁。侯景之乱平定之后，梁元帝萧绎为了褒奖激励大将陈霸先，就任命其子陈昌为吴兴太守，当时陈昌已经十六岁。陈蒨也顺利脱离虎口。

此后不久，陈顼也落了难。当时，萧绎看到京师建康被侯景糟蹋得满目疮痍，遂于江陵称帝。陈霸先为了取信于梁元帝，就将陈昌和陈顼一同送往荆州，受到梁元帝的礼遇，陈昌还被任命为"员外散骑常侍"。但是好景不长，梁元帝被西魏攻灭，荆州陷落后，陈顼、陈昌被俘虏至关右长安。

梁元帝死后,陈霸先与王僧辩决定辅佐萧绎之子萧方智为帝,但北齐也想趁火打劫,将投诚东魏的萧衍的侄子萧渊明送还,并发兵南下,王僧辩被迫拥立萧渊明,陈霸先因此大怒,在击败王僧辩、强推萧方智之后,自立为帝,建立陈国。

陈霸先称帝后,一直遣使北上,要求北周送还陈昌和陈顼,北周口头答应但迟迟未予兑现。

而就在陈昌仍被北周扣留之际,陈蒨就已经被扶上帝位。永定三年即559年,陈武帝霸先去世。当时的陈国外有强敌压境,内无重臣辅佐,武帝夫人宣皇后章要儿便与中书舍人蔡景历等人商议,决定秘不发丧,急速征召身为临川王的陈蒨入宫,住在中书省。但他多次推辞不肯继位,宣皇后又因儿子陈昌的缘故不肯下令,群臣犹豫不决。镇西将军、南豫州刺史侯安都说:"如今天下未定,哪有时间让我们犹豫不决?临川王对社稷有功,应当共同推举他即位!"说完按剑上殿,逼迫宣皇后交出玉玺,陈蒨于是在太极前殿即皇帝位,是为陈文帝。

文帝陈蒨刚刚继位,北周就迫不及待地伸手添乱,主动将身为太子的陈昌送还。但当他南下时,遇到了梁国旧将陈琳。陈琳始终不服陈国,在陈霸先称帝后即发动叛乱。陈霸先直到去世也未将其征服,陈昌因此被迫滞留于湖北安陆。

陈文帝陈蒨征服陈琳后,陈昌才得以顺利南归。天嘉元年即560年2月陈昌从安陆出发,准备回国。这位刚刚脱离牢笼的青年,马上感觉又回归到了"太子"位置,他踌躇满志,在途中即给陈文帝修书一封,言辞激烈地要求堂兄让位于己。

陈文帝得书后，十分不满，但又碍于情面，只对拥立有功的心腹大臣侯安都发牢骚说："太子马上就要回来了，我只能让贤，找个地方做个藩王养老去了。"侯安都一听，好不容易坐上皇帝宝座，岂能随意丢弃？

"自古以来，哪有被替代的天子？"侯安都愤愤不平地说，"陛下您不用担心，此事我一人即可办理。"

在陈蒨的授意下，侯安都带领文帝舍人缘道一同前去迎接陈昌。见到陈昌时，他已抵达陈国境内的汉水。双方互致问候，侯安都就在船上为陈昌摆宴接风"压惊"，就在酒酣耳热、周围无人之际，侯安都猛然发力，陈昌被推下滚滚江水，一命呜呼。

侯安都回国后，对外声称陈昌因船坏溺亡，自己则因功晋爵为清远郡公，后文帝迫于舆论压力，又改封其为桂阳郡公。

陈昌死了，曾经的"难兄难弟"陈顼却胜利回归，为其下一步篡位称孤埋下伏笔。

而陈昌死时已经二十有三，这个年龄段的男子，尤其是身为皇亲贵胄，在那个年代早该生儿育女，留下后嗣，而史料中偏偏对此没有记载。另外，陈霸先还有两个儿子未予考证。

这些会不会是后来的陈氏宗亲纷纷声称为陈霸先之后的缘由呢？

## 从亡国故我到裔布天下

陈霸先建立陈国之际，北方的北魏政权早已分崩离析，东、西魏也相继灭亡，取而代之的北齐、北周相互厮杀不断，陈国因此得以休养生息。经过数年争斗,北周最终灭掉北齐,独霸北方。

　　而就在陈宣帝陈顼之子陈叔宝继位时,杨坚领衔的大隋政权荣耀出世,偏安江东、奢靡无度的陈后主因此很快陷入失土亡国的危险境地。

　　但这位沉迷于"后庭花"的艳词高手,只知道红墙深宅内纸醉金迷的温雅与享乐,怎管他金戈铁马踏江来? 直到杨广大军已经逼近京师,他才慌忙出击,急令鲁广达、任忠、萧摩诃等手下大将沿江陈兵,南北连亘二十余里,煞有介事地摆出"一字长蛇阵"。但他仓促间炮制的这种首尾不能相顾的所谓"阵法"很快溃不成军。大将萧摩诃因后主曾淫其妻,心怀愤懑,拥兵不战,为隋军俘获;任忠先战后降,并带领隋将韩擒虎直奔皇城朱雀门,陈军见状一哄而散,陈后主的文武百官也纷纷逃遁。最后,大臣袁宪劝陈后主仿照当年梁武帝会见侯景故事,在正殿处正襟危坐"接待"隋将,但他哪里有萧衍的胆量与气魄?

　　就在被俘之前,他仍牛气哄哄地吹嘘道:"锋刃之下,未可与争,我自有计!"而他所谓的计策,就是躲藏。当隋军进入皇宫时,果然找不到他,原来他已经非常麻利地与张贵妃、孔贵嫔躲进后堂景阳殿的一口枯井中。当隋兵扬言要"落井下石"时,方才听到有人求救,于是士兵往井中抛下绳索,往上拉人时觉得非常沉重,本来以为后主体胖,等到把人拉上来,才吃惊地发现,原来一根绳索上竟穿着陈后主、张贵妃以及孔贵嫔三人!

　　俗语说,傻人有傻福。这位恬不知耻的陈后主在家国失陷之后,并没有被处死。隋文帝还赐予豪宅美酒,任其逍遥自在,醉生梦死。

　　这位当年险些在父亲病榻前被兄弟陈叔陵击杀的浪荡文人,也的确够有"雅量",甚至一度因赦免兄弟陈叔坚而备受赞誉。就在他仍在皇位上的583年,兄弟长沙王陈叔坚因被其贬黜而十分乖张,甚至用巫术诅咒陈叔宝。陈后主得知后,将其囚禁并准备杀掉。陈叔坚重提当年后主遭陈叔陵击打而自己勇敢上前救助的故事,捎话给后主说:"臣的本心并不是为了其他,只是想亲近陛下而已。如今我既然已经冒犯了皇帝,罪当万死。我死之后,必会见到陈叔陵,希望陛下再下一道旨意,让我在九泉之下责备陈叔陵。"此招果然管用,陈后主想到当年的危急时刻,当即赦免了兄弟。

陈后主的"雅量"在他身陷图圄之后更加突出。隋文帝杨坚对他极为优待,准许他以三品官员身份上朝,还经常邀请他参加宴会,甚至在宴会中不允许演奏江南音乐,害怕引起他的失国之痛。但他却毫不在意,不仅"乐不思蜀",而且在酒酣耳热之际,伸手向隋文帝索要"官号",以更方便其出入宫阙。隋文帝无奈叹息道:"此君全无心肝呀!"

这位陈后主还极尽阿谀奉承之能事,全无失国身陷图圄之耻。隋文帝带他东巡邙山时,他特别引以为豪,甚至诗兴大发,在宴会上赋诗说:"日月光天德,山川壮帝居,太平无以报,愿上东封书。"在赞誉文帝丰功伟业的同时,上表请求文帝封禅,隋文帝在否决其"善意"的同时,深有感触地说:"陈叔宝的失败皆与饮酒有关,如果他能将作诗饮酒的功夫用在国事上,岂能落此下场!当年我大隋将领贺若弼围攻建康附近的京口时,边人告急,而他却正在饮酒,不予理会;高颍攻克陈朝宫殿时,发现告急文书还在床下,连封皮都没有拆,此君真是愚蠢可笑到了极点,陈亡也是天意呀!"

国亡了,他依然故我,花天酒地,纸醉金迷,后主刘禅在世也自愧不如。

这位个性不改的亡国之君,在投降隋朝之后又浑浑噩噩地活了十六年之久。

陈霸先虽然后嗣乏力,但其子孙却遍布天下。据史料记载,陈霸先之后,陈文帝陈蒨一共生育十三子,陈宣帝陈顼生育四十一子,而后主陈叔宝也养育了二十二子,陈家后代可谓繁盛矣。鸦片战争时候的陈化成,清末的陈天华,辛亥革命的陈其美,民国元老陈果夫、陈立夫,为新中国立下丰功伟绩的陈独秀、陈云、陈毅等,据说都是陈霸先的后裔。

# 北魏:狂飙突进山河绣,仰天长啸伽蓝阁

从茫茫大漠到滔滔黄河,从横行阴山到迁都洛阳再到饮马长江,从胡服骑射到汉化融合,短短一个半世纪,鲜卑拓跋氏家族在少数民族南下之际,狂飙突进,一路高歌,终结了北方分崩离析的历史,缔造了含英咀华、融合南北的帝国文明。

从苍茫的《敕勒歌》到雄浑的《木兰诗》,从秾丽秀逸的《洛阳伽蓝记》到绚烂清丽的《水经注》,从"中国古代农业百科全书"的《齐民要术》到驰名世界的艺术宝库"摩崖石窟",浸润了华夏文明精华的灿烂文化,至今令人服膺惊叹,默默讲述着北魏悲壮的历史故事。

## 开国道武,命丧犬子

北魏壮阔的历史画卷,是从一个传奇人物身上徐徐展开的。

此前,它仅以"代"国的名义,作为东晋十六国时期中华地图上的一个小点,存在了三十多年。

这个传奇人物的诞生,初步改变了北方游牧民族的组织架构和生活方式,并将国都从塞外迁至山西大同。时至今日,在被列入世界

遗产名录的云冈石窟第20窟，依然可见其伟岸的尊容。

他就是北魏的缔造者，一代枭雄拓跋珪。

作为名门贵胄，其始祖拓跋力微早在曹魏年代就在北方诸多部落中称雄，"控弦上马二十余万"。公元258年，拓跋力微率领拓跋部南迁至盛乐（今内蒙古自治区和林格尔北），在此号令诸部酋长，远近莫不畏服。261年，拓跋力微将长子拓跋沙漠汗送到魏国做人质，向魏国称臣进贡，开始接受汉族文化。

拓跋氏家族从一开始便极不和睦。西晋初期，著名书法家、朝中重臣卫瓘忧虑拓跋部落的崛起，便用计挑拨其家族关系，拓跋力微在其他部落酋长的挑唆下，杀害了长子拓跋沙漠汗。到拓跋珪祖父拓跋什翼犍时期，拓跋部落依然强大，拓跋什翼犍还因战功被西晋愍帝司马邺封为代王。此后他四处用兵，周围诸部莫不归服，其人口达数十万。但拓跋什翼犍也败在家族斗争中。当时，其侄子拓跋斤因继承问题不满，便挑拨其父子关系，私下对拓跋什翼犍的长子拓跋寔君传言说，拓跋什翼犍准备废黜他，而另立拓跋什翼犍与慕容氏所生的次子拓跋寔或三子拓跋翰，于是拓跋寔君在父亲征战途中将其杀害。强大的拓跋部因此遭到重创，代国也旋即为苻坚领导的前秦所灭，时在拓跋什翼犍建国39年即公元376年。

拓跋寔死时，年仅十五岁，他的儿子拓跋珪尚未出生。代国灭亡时，拓跋珪仅仅六岁。

拓跋珪所受到的胎教，便是武力与征伐。他出生时，周围形势极为险恶，前秦苻坚在淝水之战落败后，北方各部落纷纷独立，争战不休。

这位出生于险恶环境，或许因此而早熟的草原枭雄，很快在血雨腥风中成长起来,并以一己之力廓清四方。

公元386年,十六岁的拓跋珪趁前秦四分五裂之际在牛川(今内蒙古自治区呼和浩特市西南)重建代国,自称代王,定都盛乐,年号登国。从登国元年到六年,他采取拉拢分化、打压征服等手段,迅速剪灭四敌,称雄华北。

在打败周围部落势力后,他将矛头直指强大的后燕。登国十年(395年),拓跋珪在参合陂(今内蒙古自治区凉城东北)大败燕军,俘获大量后燕将士及其宗室官员,其中包括汉族才俊如贾闰、贾彝、晁崇等,为其实施改革提供了人才储备。就在参合陂之战中,他听从大臣王建的建议将四万降兵全部坑杀。次年,后燕复仇,后燕武成帝慕容垂亲征,拓跋珪大败而退避于阴山,当燕军经过参合陂,见到积骨如山,残尸遍野,放声大哭,声震山谷。慕容垂也悲从中来,惭愤吐血,死于军中。此役,拓跋珪不仅躲过一劫,而且重创了强敌,其疆域拓展至山西高原与河北平原后燕经营的精华之地。

398年六月,拓跋珪定国号为"魏";七月,迁都平城(今山西省大同市),并效仿长安、洛阳等中原名城的规制,在此营建宫殿、宗庙、社稷;十二月正式即皇帝位,改元天兴。

此时的拓跋珪年近而立,但他并未止步不前,而是在汉化改革中,彰显了部落酋长少有的胆识和格局。

从天兴元年开始,他极力吸纳汉族文化,在汉族官员吏部尚书崔宏的精心策划下完善职官制度,强制解散源于血缘关系的各部落组织,民户重新按居住地组织编制,成为国家的编户;命尚书吏部郎邓渊立官制,仪曹郎董谧制礼仪,三公郎王德定律令;仿照汉制设王、公、侯、伯四等爵,置散官五等,品级自第五到第九,后又命宗室置宗师,州郡也置师,以辨宗党、举人才;始置五经博士,增加国子太学生员共三千人,命郡县大索书籍,汇集京师平城。他还特别重视农业,在战乱之余,倡导与民休养生息。

在他的锐意改革下,鲜卑拓跋部初步实现了从"挂着代国名头的大部落联盟"向"汉制帝国"的历史跨越,也为其逐鹿中原、兼并"并州两赵、关陇两秦、幽冀两燕"六政权,最终终结北方十六国割据,预设了组织架构和文化根基。

拓跋珪在改革的同时,继续拓展疆域,天兴五年(402年)他在魏秦争战中大败后秦,生擒狄伯支等四十多名后秦官员,后秦两万多名士兵亦束手就擒。

就在他雄心勃勃实施统一北方的战略时,来自家族内部的威胁也在向他悄悄逼近。

事实上,他从一出生就面临巨大的生存压力。当时,父亲已死,他在母亲贺氏的庇护下艰难度日。不久,苻坚灭代,作为宗室的拓跋珪本来要被作为俘虏强迁至前秦都城长安,在代国旧臣燕凤的极力劝说下,才得以留下。代国灭亡后,按照苻坚的旨意,其原有地盘被分割给匈奴铁弗部首长刘卫辰和刘库仁,拓跋珪母子就寄居在刘库仁部。刘库仁不久被儿子刘显杀害。刘显掌权后,准备除掉天生威武的拓跋珪。刘显密谋杀害拓跋珪时,其弟媳妇即刘亢埿的妻子提前得知了消息。其弟媳妇是拓跋珪的亲姑姑,她立刻将这消息告诉嫂子贺氏。贺氏于是设计将嗜酒的刘显灌醉,让儿子乘机逃脱,不久,她也设法逃到娘家贺兰部落。但即使在贺兰部,拓跋珪也遭到舅舅贺染干的敌视,一度险些遭到舅舅暗杀,幸亏有母亲的保护,才脱离险境。

拓跋珪成功复国后，刘显更欲置之死地而后快。这次，他的手段更加阴险，竟将拓跋什翼犍的小儿子拓跋窟咄拉拢过来，让其与侄儿拓跋珪争夺领导权，而拓跋部原先也有立小儿子的习俗。于是，拓跋窟咄的强势回归立刻引起内部骚动，拓跋珪的左右也阴谋活捉拓跋珪以响应拓跋窟咄。当时，拓跋珪复国伊始，实力还不够强大，只有北逾阴山暂时依附于贺兰部，并派人向燕主慕容垂求救。慕容垂也够仗义，立刻派兵救援，大败拓跋窟咄，后者逃奔刘卫辰，被刘卫辰处死，其手下部众全部被拓跋珪收编。

在经历诸多生死磨难之后，拓跋珪终于迎来属于自己的春天。此后，他纵横驰骋，一路凯歌，先后灭了世仇铁弗部以及周围部落，又北击柔然，大败悍敌后燕和后秦，称雄华北，问鼎中原。

但是，这位跋扈疆场的一代枭雄，却最终命丧儿子刀下。

而这位儿子的母亲，却正是曾经一直保护、庇佑自己的母亲的妹妹。

当初，拓跋珪母子逃往贺兰部之时，拓跋珪就看上了年轻貌美的姨妈，即后来的贺夫人。拓跋珪母亲很不赞同这门亲事，毕竟他所追求的对象是自己的亲妹妹，而且当时妹妹已经嫁人。于是，她奉劝儿子说："不可以这样。你姨妈长得太美了，娶了她必定会遭殃，况且她已经嫁人，不能强娶呀。"

但是，倔强的拓跋珪怎肯就此善罢甘休？他私下命人将姨夫杀害，然后直接将姨妈纳入后宫，并在登国九年（394年）诞下皇子拓跋绍。

拓跋珪一世英明，却非要忤逆母亲娶姨妈为妻，更为可怕的是，还生了一个儿子，拓跋绍。

母亲深受恩宠,拓跋绍早在九岁就被封为清河王,加任征南大将军。但他自幼便脾气古怪,乖戾凶残,还不服管教,与好意教导他的哥哥拓跋嗣关系不睦。平素不读诗书,闲来无事,竟依仗王爷身份,大白天在大街小巷肆意砍杀牲畜,抢劫行人。一次,他在大街上游荡,突然看到一位挺着肚子的孕妇,竟上前将其剖腹观看胎儿。父亲拓跋珪得知后十分震怒,将其倒悬于井中,待其将死时才命人拉起。此事过后,他对父亲和哥哥拓跋嗣都更加记恨。

　　而征战一生的拓跋珪也变得刚愎自用,猜忌多疑。或许因为过多食用寒食散,抑或早年受到的伤害太多,他仿佛在一夜之间变得昏聩多疑,常因想起昔日的些许不满,就要诛杀大臣。从天赐四年(407年)至天赐六年(409年)间,拓跋珪先后诛杀了朝中重臣司空庾岳、北部大人贺狄干兄弟及高邑公莫题父子,甚至赐死堂弟拓跋仪,大臣们因此惶惶不可终日,社会上的偷窃等行为也十分猖獗。

　　公元409年11月(天赐六年十月),已经失宠的贺夫人因为些许小事惹恼了反复无常的夫君拓跋珪,他下令将曾经的心仪美人幽禁宫中,准备将其处死。或许是顾念旧情,或许是垂死发善,他直到日落西山仍犹豫不决。就在当晚,贺夫人秘密向儿子拓跋绍求救。本来就对父亲心怀不满,又残忍嗜杀的拓跋绍立刻行动,他勾结串通宫中守兵及宦官,带人翻墙入宫。拓跋珪从睡梦中惊醒,面对穷凶极恶的儿子,试图自卫,但没找到武器,拓跋绍飞身上前,一刀结果了父亲的生命。

　　拓跋珪命丧犬子之手时,年仅三十九岁。不久,拓跋绍也被兄长拓跋嗣杀害,死时也年方十五,几乎与爷爷拓跋寔去世时同岁。

　　拓跋珪倒下了,但他苦心缔造的魏帝国却巍然屹立,并在其后嗣的不断开拓经营下,加速演绎出一统北国的历史故事。

## 定国太武,殒身榻下

自道武帝拓跋珪建立魏国迁都平城的 398 年,至明元帝拓跋嗣驾崩的 423 年,北魏战车出阴山、略太行,辘辘远行,北伐南征,一度推进至黄河南岸的虎牢关(今河南省荥阳市)。但周边始终战乱不止,群敌环伺,直到太武帝拓跋焘横空出世,这一局面才得以彻底打破。他统一北方,终结十六国乱象,北魏与南朝宋形成对峙之势。

拓跋焘十六岁继位,三十二岁完成北方统一。在他统治时期,辉煌一时的胡夏、北燕和北凉先后崩塌灭亡,而强大的柔然部落也在拓跋焘十三次连续不断的大规模征讨下被迫北窜,"不敢复南"。北魏遂扩地一千余里,一直震荡不安的北部也因此"边疆息警矣"。统一北方后,他又觊觎江南,与开创"元嘉之治"、同样强大的宋初刘义隆政权展开争夺,一度陈兵瓜步(今南京市六合区东南),"饮马长江"。

二十九年皇位,四十五年寿命。在漫长而短促的帝王生涯中,他"聪明雄断,威豪杰立","廓定四表,混一戎华",其创立的帝王之业"光迈百王"(《魏书》评语),而沈约在《宋书》中更是将他与秦汉时期最著名的北方部落首领冒顿(秦末汉初)和檀石槐(东汉)进行比较,指出"虽冒顿之鸷勇,檀石之骁强,亦不能及也"。

公元 408 年拓跋焘出生时即容貌非常,其爷爷拓跋珪当时就认定:"成吾业者,此子也。"但疼爱他的爷爷仅在一年后就被逆子拓跋绍弑杀,父亲拓跋嗣继位后,在南征北战之余接受了汉族重臣崔浩的建议,开始对皇位继承人着力培养,泰常七年即 422 年,十四岁的拓跋焘即以相国、大将军的身份开始监管国事，当年他还亲统六军出镇塞上，与北方强悍的柔然部落展开较量。在父亲外出征战和生病期间，他总管朝中事务，应付裕如。

公元424年，拓跋焘即位伊始，北方柔然部落首领郁久闾大檀（牟汗纥升盖可汗）就想乘虚而入，亲率六万骑兵进犯北魏故都盛乐，而盘踞于今蒙古和西伯利亚一带的柔然部落自东晋时期就对南方侵扰不断，花木兰代父从军的故事就源于柔然部落对北魏的威胁。拓跋焘虽然刚刚即位，但他力排众议，立刻率轻骑迎战，因敌我实力悬殊，他很快陷入困境，被柔然军包围多达五十重。但是拓跋焘神色刚毅威严，不为所动，他的自信从容和义无反顾很快稳定了军心，并激发了魏军的斗志。在拓跋焘的奋力突击下，柔然大将於陟斤被北魏军射杀，包围圈很快散乱，柔然大军也匆匆撤退。

拓跋焘退敌还朝后并没有就此罢休。他要扫平周围部落小国继而与南朝宋展开争夺，就必须解除北方柔然部落的侵扰。于是，他在返回后，立刻着手整顿兵马，拉开了对柔然部落战略大反攻的序幕。从始光元年（424年）至太平真君十年（449年）的二十五年间，拓跋焘十三次率军进攻柔然，击溃包括高句丽等柔然附属部落，逼迫其"怖威北窜，不敢复南"。这是继汉武帝重创匈奴之后，中原王朝对北方游牧民族的又一次彪炳史册的胜利。从此，北魏解除了柔然的威胁，可以放胆专注于对周边的征服。

担当作为，力挽狂澜。拓跋焘一旦锁定目标，就会不惜一切代价，哪怕身陷不测。其冲锋在前、主动赴难的例子还表现在对胡夏的征战中。胡夏的创立者就是匈奴铁弗部首领刘卫辰，早在北魏前身代国时期，就与拓跋什翼犍厮杀不断，是北魏的世仇死敌。拓跋焘在成功击败柔然之后,开始集中精力解决胡夏问题。

始光四年(427年),拓跋焘率大军直指胡夏首都统万城(今陕西省靖边县白城子)。统万城高大坚固,胡夏首领赫连昌坚守不出。为了弄清城内情况,拓跋焘在击溃小股夏军后,决定换上夏军服装,混入城内。其堂兄拓跋齐担心会遭遇不测,力劝拓跋焘,但后者坚持进城,"不入虎穴,焉得虎子?"于是兄弟俩换装跟随夏军一同混入城中。但他们换装时被夏兵发现,于是,他们刚刚进城,赫连昌立刻下令关闭城门。好在拓跋焘天生虎胆,其淡定从容、若无其事的举动并未引起太多关注。当晚,他们还混进夏国皇宫内,顺手拿走不少女人裙子。在夜色掩护下,他们将裙子系成一条绳索,一端系在槊上,把槊卡在城垛上,沿着这些裙子,顺利地滑下了巍峨高耸的统万城城墙。回到军中后,拓跋焘根据掌握的情况,与崔浩一同商议对策,成功破城并俘虏赫连昌。

神麚三年(430年)拓跋焘再攻胡夏,夺取安定、平凉、长安、临晋、武功等,尽得关中之地。

从神麚四年(431年)到太延五年(439年)的九年中,拓跋焘用兵不断,先后消灭了胡夏、北燕、北凉等小国,同时将柔然、吐谷浑以外的北方诸胡统一于魏朝大旗之下,十六国纷争的混乱局面至此终结。

拓跋焘在进行武力征伐的同时,也极力吸纳汉族先进文化,提升了国家治理能力。就在即位后不久的425年,他开始推行楷式文字,奠定了汉字魏碑体的基础;广召汉族士人,重用汉臣崔浩、高允等人,改革官制,整肃吏治,崇尚儒学,宣传礼义,甚至在征战间隙前往参拜孔庙;休战期间,他常常抚恤孤儿和老人,体察民间疾苦,劝课农桑,减轻赋税,各民族得以融合发展;他还在"国史之狱"之后痛定思痛,确立了死刑复奏制度,并极力推行法制建设,常常提醒说"法者,朕与天下共之,何敢轻也",其法治思想在少数民族统治者当中是极其难能可贵的。

就在拓跋焘强力推行其战略战术并取得突破性胜利之际,南方的宋朝在文帝刘义隆的带领下也正处于"元嘉之治"的鼎盛时期,南北双方的争夺在所难免。

早在拓跋焘专心北部战事之时,刘宋势力范围就推进至黄河南岸的洛阳、虎牢、滑台、碻磝等战略重镇和包括济南、淄博、青州等今山东省的大部分地区。为了进一步拓展疆域,宋文帝刘义隆先后于元嘉七年(430年)、元嘉二十七年(450年)及元嘉二十九年(452年)对北魏发动了三次战争,史称"元嘉北伐"。但北魏太武帝拓跋焘在崔浩等谋臣的辅佐下,屡破宋军,甚至将战场移至长江岸边,逼近宋都,刘宋王朝也因此痛失好局,"元嘉之治"至此终结。后来南宋词人辛弃疾讽刺曰:"元嘉草草,封狼居胥,赢得仓皇北顾。"

王夫之在总结元嘉北伐失败的原因时,明确指出其用人不当,"将非其人也"。而拓跋焘却知人善任、料敌于先。就在第一次北伐过程中,面对北魏大将王慧龙的强力反击,刘宋大将到彦之、檀道济也无可奈何,刘义隆于是使用反间计,说王慧龙没有得到重用,私下与刘宋勾结,准备归降。拓跋焘得知后,亲自修书一封,安慰王慧龙说:"刘义隆害怕将军就如同害怕老虎一般,要用反间计加害于你,我心中自然有分寸。将军可以尽管放心,不要担心外面的风尘之言。"刘义隆反间未果,又令刺客吕玄伯去刺杀王慧龙,但终被识破,王慧龙非但没有杀害刺客,反而指出"你我各为其主,皆是为忠",主动将其释放,后者感其恩德,竟归于王慧龙麾下。此役过后,刘宋痛失金墉、洛阳、虎牢、滑台等地,拓跋焘奖赠王慧龙安南将军、荆州刺史,谥其穆侯。

知人善任,察纳雅言。作为入主中原的鲜卑帝王,拓跋焘不仅有草原雄鹰的大度气量,更有儒家君王的亲民情怀。他重用汉族官员,甚至对崔浩言听计从外,他对古弼的态度,足以彰显其人格魅力和治国风范。

古弼也是鲜卑族,明元帝时就开始辅佐太子拓跋焘,拓跋焘执政后,他又受命辅佐太子拓跋晃,并在攻打胡夏、讨伐北燕、平定仇池(氐族杨氏政权,立国之时政治中心在甘肃省陇南仇池山而得名)等战争中多次立功,一度代表朝廷镇守长安。此人对北魏忠心耿耿,但也固执倔强,甚至敢于挑战太武帝拓跋焘的权威。

或许是出于对中原文化的钟情,拓跋焘曾经在闲暇之时迷恋上下棋。一次,他正与属下(给事中)刘树对弈酣战,古弼匆匆赶来汇报工作。当时,古弼收到首都平城东北上谷地区(今河北省张家口市怀来县)民众来信,反映当地建立的皇家苑囿面积过大,影响到农业生产,要求减少苑囿,还地于民。古弼认为群众的要求应该得到及时满足,不误农时,接济贫农,所以就迫不及待地前来征求皇帝意见。但他等了许久,拓跋焘仍旧旁若无人地与刘树大战。古弼见状,火往上撞,直接起身,在太武帝面前揪住刘树的头发将其拉下床来,手打其耳,拳击其背,并大声呵斥道:“朝廷不理事,实在是你的罪过!”太武帝突见此状,吓了一跳,他立刻放下棋子变色道:“不听取奏事,责任在我,刘树有什么罪? 快放下他!”说完便开始认真阅览古弼奏章,并当场签发,同意他的上奏,将土地还给百姓。事后,古弼也觉自己方式欠妥,主动向太武帝承认错误,脱帽赤脚请求治罪,但拓跋焘却毫不介意,并表扬他说:"你为国效劳,有何罪过?从今以后,如果利于社稷,有益国家便于民众,即使困顿仓促,你也尽管行事,不要有所顾虑。"

在太武帝的信任和鼓励下,古弼工作更加认真负责。一次,太武帝将要离京,到黄河西狩猎。出于信任,他让尚书令古弼留守京师。太武帝出发时,诏令古弼尽量选择肥壮马匹以供骑乘,但古弼竟敢抗旨不遵,命令专挑瘦弱马匹。太武帝得知后大怒道:"尖头奴(指古弼),竟敢限制我!待我回去,首先斩杀这个奴才!"古弼手下官员及时向他通报了皇帝的意思,并提醒他将要遭到惩处,古弼却蛮有把握地说:"侍奉君主游猎不周罪小,不提防敌寇意外来袭罪大。当前北方部族强盛,南方敌寇尚未消灭,他们都在狡猾地窥伺我国边境,所以才挑选肥壮马匹预备军需,以防不测。假如皇帝因此而惩处我,既然有利于国家,我又为何要逃避死亡呢!英明的君主可以用道理劝说,即使劝说不成,这也只是我的罪恶,不是你们的过失。"太武帝闻知古弼的用意后,果然没有进行处罚,反而赞叹说:"像古弼这样的臣子,真是国家之宝啊!"遂对古弼进行了奖赏,赐其衣服一套、马两匹、鹿十头。

此后,太武帝对古弼特别关照,对他下发诏令也尤其谨慎。但在另一次狩猎中,因为收获甚丰,捕获了几千头麋鹿,他在高兴之余向古弼传旨,要古弼派五百辆牛车来运输。诏令刚刚发出,太武帝就后悔了,他对随从的人叹气道:"笔公(指古弼)必定不会给我车,你们还是用马快运吧。"在他们已经行走一百多里后,古弼的奏疏送到,果然回绝说,牛车都在忙着赶运粮食,乞求从缓派车。太武帝于是对随从说:"笔公(指古弼)果然如我所预测,他可以说是国家重臣啊!"

但拓跋焘也有看走眼的时候,比如他一贯信任倚仗的中常侍宗爱。

中常侍又称常侍郎,是皇帝近臣,这一职务肇始于西汉,著名文学家东方朔就曾担任汉武帝的常侍郎。东汉时期,这一官职主要由宦官担任,比如班固的爷爷班稚、曹操的养祖父曹腾、发明造纸术的蔡伦等等。中常侍虽为虚职,但因为常在皇帝身边,其隐性权力巨大,甚至直接影响到封建制中央政权。

宗爱就是这样一位对北魏政权产生重大影响的人物。他曾一度颠覆两任政权,弑杀两位皇帝。

可悲的是,其中一位就是十分信任他的太武帝拓跋焘。

可惜的是,就是这样一位对北魏历史产生颠覆性影响的人物,史书中对他的记载极少,甚至没有介绍其出身、民族或籍贯,只说他曾犯罪被阉割,后送入皇宫。

但是,这位名不见经传的阉人却得到太武帝拓跋焘的特殊关照和信任。太武帝外出打猎时,常常带一批为自己服务的太监,宗爱也在中间。这位太监做事周到,反应敏捷,每次总会把服务工作做得妥妥帖帖,恰到好处,于是拓跋焘便让其常侍左右。或许是过惯了草原民族的粗犷生活,宗爱的周密细致服务总能让太武帝感到别样的舒心。有宗爱在身边,拓跋焘的每个毛孔都被伺候得舒舒服服,而一旦离开宗爱,他马上就会觉得全身不爽,到处疙疙瘩瘩。

因为服侍皇帝有功,宗爱很快得到封赏提拔。正平元年(451年)正月,太武帝在挫败刘宋北伐后,于长江岸边举行盛大集会,奖赏群臣。宗爱虽然并无军功,却也得到特殊奖赏,被封为秦郡公。当时,因为他只是一名宦官服务员而已,所以他的提升并未引起过多重视。

但是,宗爱绝非普通的太监,善于洞察时局、为自己钻营的他早就开始悄悄参与国政了。

为了更好地传承北魏帝业,在崔浩的建议下,太武帝拓跋焘提早让太子拓跋晃参与朝政。每当他外出打仗时,总是将朝中事务委托给拓跋晃管理,而拓跋晃处世精明,洞察细微,对生性阴险、多行不法的宗爱非常不齿,其手下亲信仇尼道盛和任平城等也都对宗爱没有好感。善于察言观色的宗爱很快感受到了来自"太子帮"的威胁。

于是,宗爱便利用自己在皇帝心中的特殊地位,反复编造关于太子近臣仇尼道盛和任平城谋反的罪名。而太子拓跋晃私下扩充东宫卫队,与皇帝后宫妃子来往过密的行为,也的确让太武帝心生疑虑,再加上太武帝晚年脾气暴躁,动辄杀戮,所以他在宗爱的蛊惑怂恿下,果断下令将仇尼道盛等人斩首示众,太子虽未受惩罚,但其东宫被牵连斩首者众多,从此郁郁寡欢,最终忧愤而死。

太子的去世,让身为父亲的拓跋焘在悲愤之余倍感愧伤。他晚年虽然诛戮不断,但往往在事后又追悔痛惜。公元450年,长期受到皇帝宠信的三朝元老、汉族大臣崔浩因为修史问题遭到鲜卑权贵的一致讨伐指责,拓跋焘震怒,下令对崔浩进行族诛,同时被诛杀的还有与崔浩有姻亲关系的范阳卢氏、太原郭氏和河东柳氏等北方大族。"国史之狱"后,太武帝颇感过分,遂下令实行死刑复奏制度,慎用死刑,并允许进行抗辩申诉。

对于始终伴随左右的宗爱来说,拓跋焘的心事他早就摸得一清二楚。太子之死,势必会引起太武帝的反悔与追查,拓跋焘也的确发现了自己的过失。为了保全自己,宗爱暗下狠心,伺机除掉后患。

公元452年3月11日,即太武帝正平二年二月初五深夜,当太武帝酒醉之后沉沉睡去时,服侍一旁的宗爱抄起被枕,将拓跋焘生生闷死。

古人云:"善谋者谋势,不善谋者谋子。"又曰:"君子谋事不谋人。"太武帝拓跋焘征战一生,谋事成事无数,唯独没有充分考虑自己的安危,他没有身死疆场,从未被外人征服,却最终殒身床榻之下,被自己宠信的太监所杀,岂是善谋者?

令人痛惜的是,宗爱的毒手并未收敛,此后他又杀害了继位呼声甚高的拓跋焘第三子拓跋翰和他拥立即位的拓跋余,在北魏皇家历史中掀起巨大逆流狂澜。

令人疑惑的是,掀起如此狂澜的宗爱先生,为何不见史家评说?就连记录北魏正史的《魏书》也闪烁其词,对宗爱弑杀太武帝的过程和缘由只寥寥数语曰:"爱惧诛,遂谋逆。二年春,世祖暴崩,爱所为也。"而《魏书》的作者魏收本身就是北魏大臣,因在文学、史学上颇具造诣,号称"北地三才子",后来还专职修史,对于宗爱炮制的这个重大历史事件,他岂能草草止笔?

袒护耶?疑虑耶?也未可知。

但我们也只能接受这样的结果:雄才大略的太武帝被太监杀死了……

## 祸国太后,大伤"元"气

北魏建国之初就胸怀天下,极力吸收汉族文化,自494年孝文帝迁都洛阳并实施改革之后,民族融合达到顶峰,鲜卑拓跋氏也改姓为

"元"。

作为一国之君,皇帝的个人魅力和才能直接关乎整个王朝的兴衰,而皇帝后宫所发挥的作用也至关重要,尤其当皇权受到干预时。

拓跋珪接受汉武帝的抑制外戚之术,实行"子贵母死"制度,成功限制了后宫的权力扩张,但在宣武帝元恪废除此制后,皇后干政,太后张狂,北魏也因此陷入家国即将沦丧的泥沼。

下面,我们先来对北魏皇帝进行梳理。从386年拓跋珪复代国,至孝武帝元脩逃奔宇文泰,北魏凡十七帝。以下为简要介绍。

1.道武帝拓跋珪(371—409年),386—409年在位,10子,39岁。

2.明元帝拓跋嗣(392—423年),409—423年在位,7子,32岁。

3.太武帝拓跋焘(408—452年),424—452年在位,11子(5早夭),45岁。

4.南安王拓跋余(? —452年),在位232天,10子。

5.文成帝拓跋濬(440—465年),452—465年在位,7子,26岁。

6.献文帝拓跋弘(454—476年),466—471年在位,7子,23岁。

7.孝文帝元宏(467—499年),471—499年在位,7子,33岁。

8.宣武帝元恪(483—515年),500—515年在位,3子(2早夭),33岁。

9.孝明帝元诩(510—528年),516—528年在位,1女(元姑娘),无子,19岁。

10.孝庄帝元子攸(507—531年),528—530年在位,24岁。1子(刚出生便被尔朱荣杀害),24岁。

11.孝武帝元脩(510—535年),532—535年在位,明确记载仅1子,25岁。

元子攸之前,元姑娘、元钊先后称帝共计四十余天;元子攸之后,元颢、元晔、元恭、元朗等傀儡皇帝共计在位一年多(531—532年),末代皇帝孝武帝元脩在532—535年间诚惶诚恐执政两年后出逃,投奔宇文泰,被弑,其有记载的子女仅第四子元光基一人。

从以上数据可见,北魏皇帝年龄普遍偏小,即使执政时间较长的前十位,平均寿命也不足三十岁。随着皇位推移,皇子渐稀,孝文帝元宏之后"太子"即难产生,其太子宣武帝元恪只有元诩一子,而元诩无后,北魏直系皇帝就此断续,只能从旁系中挑选,元子攸就是献文帝拓跋弘之孙、孝文帝元宏之侄。好在孝文帝元宏的其他儿子及时进行了补缺:第三子元愉的次子元宝晖产下元钊,后继位为幼主,元愉的第三子元宝炬后来成为西魏的傀儡皇帝;第四子元怿的孙子元善见后来成为东魏的傀儡皇帝;而元宏第五子元怀的第二子元脩就是北魏末代皇帝。有意味的是,孝文帝元宏不仅将拓跋姓改为"元",其七个儿子均以竖心"忄"取字为名字,分别为元恂、元恪、元愉、元怿、元怀、元悦、元恌,而"忄"即"心",儒家向来以"心"为上,孟子就说"心之官则思",可见孝文帝对汉族儒学之推崇。

在北魏皇帝中还有一个有趣的现象,就是"隔代兴":开国皇帝拓跋珪为代王拓跋什翼犍的孙子,雄才大略的拓跋焘为拓跋珪之孙,而拓跋焘的孙子拓跋濬"养威布德,怀缉中外",颇有"君子之度",拓跋濬的孙子拓跋宏进行的汉化改革最为彻底也最有成效,拓跋宏即元宏的孙子孝明帝元诩为北魏最后一位直系传人,而北魏的末代皇帝元脩也是孝文帝元宏的孙子。

"隔代兴"现象似乎与女人也有些许关联:拓跋氏政权一开始就竭力通过联姻来强化统治力。拓跋珪倚仗贺兰部落起家,并娶后燕慕容氏、前秦刘氏为后；拓跋焘以胡夏赫连氏为后，他后来还向宋文帝刘义隆多次提亲；拓跋濬皇后冯氏也出身于北燕王室，而孝文帝元宏的两任皇后均为祖母冯氏的侄女；末代皇帝元脩也以权臣高欢之女为妻，才得以保全皇位。

纵观北魏后宫，能够对皇权施加重大影响的不多，但一旦发挥作用，则是不可逆转或者是致命的。

对北魏政治影响最大的当数文成帝拓跋濬的冯皇后和宣武帝元恪的胡灵皇后。

下面，我们就对以上两位皇后进行略述。

文明皇后冯氏因孝文帝谥其号为"文明太后"，所以又被称为文明皇太后。她与丈夫拓跋濬一样，都出生于皇族，其祖父冯弘为北燕国君。拓跋濬的祖父拓跋焘灭北燕后，冯氏被收入拓跋焘掖庭即皇帝妃嫔住所，充当奴婢，得以与长她一岁的拓跋濬结识。两人门当户对，英雄配美人，拓跋濬很快便相中了气质非凡的如花少女冯氏。452 年，太武帝及其子拓跋余被太监宗爱先后弑杀后，拓跋濬以"世嫡皇孙"的身份继承帝位，不久便将亭亭玉立的十二岁的冯氏婆入宫中，但其身份还是低于皇后的"贵人"。

婚后，具有相同出身的他们相处和美，聪明灵秀的冯氏十分欣赏拓跋濬的做事风格，尤其是在重用高允等汉族官员上，他们的态度非常一致，这就进一步加深了夫妻感情，而冯氏也对政治产生了浓厚兴趣。456 年，按照拓拔族习俗，冯氏成功手铸金人，被正式册封为中宫皇后。一个月之后，拓跋濬立长子拓跋弘为太子，按照宫中规矩，拓跋弘的母亲李氏被赐死，冯氏于是便专心抚育皇太子，承担起相夫教子的责任。

丈夫拓跋濬在位期间,北魏内部斗争激烈,同时北方柔然部落也常来骚扰偷袭,拓跋濬机智勇猛,对内镇压反叛,对外用兵征服,每次风尘归来,冯氏总是百般温存,悉心照顾,让丈夫颇感欣慰。在拓跋濬时代,他养威布德,息兵养民,北魏在历经前辈多年动荡战乱之后,迎来了难得的休养生息机遇。

但好景不长,公元465年5月,被誉为"有君子之度"的拓跋濬病逝于太华殿,年仅二十六岁。突闻此讯,冯氏悲恸至极,天天以泪洗面,在丈夫葬礼上一度扑进火海,险些丧生。但经历这场丧夫之痛后,她很快振作起来,并以皇太后的身份正式开始参与政治活动,极力辅佐年仅十二岁的献文帝拓跋弘。

拓跋弘继位之初,朝中多有不服,贪权狂傲的太原王、车骑大将军乙浑更是公开欺凌孤儿寡妇,阴谋篡位,北魏面临严重的政治危机。冯太后在丈夫执政期间就注意洞察宫中形势,于是她决定采用霹雳手段,解除危机。在她的谋划下,在拓跋丕(拓跋焘异母弟)、源贺和牛益等人的支持下,迅速将乙浑捕杀,稳住了政局。此后她果断宣布由自己临朝称制。一年之后,由于皇太孙拓跋宏诞生,她又大度地还政于拓跋弘,专心抚养幼孙。

从历史的角度来看,冯太后的经历与西汉窦太后和清朝的孝庄太后颇为类似(都扶持了两代皇帝,培养了一代明君),文明冯太后也在辅助献文帝登基之后,成功教育出著名的孝文帝。

但是,冯太后临朝称制时,献文帝已经长成(婚配),他年轻气盛,有思想,更想有所作为,这就与富有政治才干、意图参政主政的冯太后无形中产生或多或少的重叠与矛盾。

而冯太后施展政治才华之时,刚刚二十五岁,正是女人最黄金的青春年华。

年轻守寡的她很快便相中了容貌俊美、颇有才艺的大臣李奕，常常将其招至后宫，宠爱非常，并封其为安平郡侯。于是，朝廷内外议论纷纷，让身为皇帝和儿子的献文帝颇为羞惭。公元470年，献文帝借审理相州刺史李欣上诉案件之机，果断将李奕等捕杀。

情人被杀，太后颜面尽失，母仪天下的冯太后岂能罢休？就在李奕去世后的第二年，在"不得意"的冯太后的巨大压力下，年仅十八岁的献文帝禅位于不满五岁的太子拓跋宏——《魏书》记载说："上迫于太后，传位太子。"而五年之后，被冯太后软禁的献文帝便突然驾崩于京城（平城）永安殿，时人多疑其为冯太后鸩杀。

献文帝暴卒之后，冯太后再掌朝纲，利用自己的手段和才华，纵横捭阖，排除干扰，对北魏的政治、经济和风俗习惯进行了卓有成效的改革。但在私生活上，她也更加肆无忌惮，与王叡、李冲等多位宠臣勾连私会，同时培养了包括当朝名士、宦官在内的一大批政治雇佣，"中官用事"，形成庞大牢固的政治集团，"人人怀于利欲，至死而不思退"。她的高人之处还在于，她在重用培植亲信势力的同时，也注重抑制其权力扩张，所以并没有出现权臣乱政、宦官专权的政治乱局。

冯太后的另一重大政治成果，便是培养教育了孝文帝元宏。为了皇孙的成长，她亲自创作了《劝诫歌》三百余章和《皇诰》十八篇，作为他学习的指南和行为准则。虽然她也曾因故禁闭毒打幼稚的皇孙，甚至一度要将其废黜，但最终成就了他。在她死后，经过多年历练的孝文帝政治上日益成熟，有力传承了冯太后的为政风范，其推行的"太和改制"（俗称孝文汉化），在中国改革历史上，尤其是民族融合进程中,留下了浓墨重彩的一笔。

就在冯太后去世后不久,另一位改变北魏历史的女人出现了,她就是孝文帝元宏的儿媳妇,宣武灵皇后胡氏。

胡氏的丈夫宣武帝元恪本来不具备继位资格,他是孝文帝的第二子。因为大儿子元恂醉心于鲜卑权贵的旧有生活方式,对父亲迁都洛阳、实施汉化改革极为排斥抵触,被废黜了太子地位,元恪才得以进位为太子,进而继承皇位。

胡氏成为皇后也很有戏剧性。她虽然也出身贵族之家,父亲胡国珍为北魏司徒,但作为地位较低的女性,她并不出众,史料上甚至没有记载她的出生时间和确切大名,野史《北史演义》称她为"胡仙真",又有人说她叫"胡承华",而"承华"只是对后妃品级的称谓,所以正史上多称之为"灵太后"。但是,她的命比较好,其身为尼姑的姑姑善于教授佛经,经常出入皇宫,为宣武帝讲经,并借机向皇帝推荐自己"容貌德行俱佳"的侄女,胡氏于是得以进入后宫,被宣武帝封为"承华世妇"。

与儒雅智慧的冯太后相比,胡氏的野性更足,即使到了皇宫之后,仍放浪形骸,经常在后花园与一大帮侍臣比试箭法。但她的野性也为她不断带来福音。

当时,北魏皇室实行"子贵母死"制度,后妃们都害怕生男孩,更不愿自己的儿子被立为太子,因此宣武帝年近三旬还未得子,中间勉强生了几个又都夭折,令其十分烦恼。面对这种情况,在后宫中地位还很低的胡氏便公开宣称说:"天子怎可独独没有儿子,为什么畏惧自己的死而使皇家不养育嫡长子呢?"她主动请缨,要求侍寝,不久便怀上了。其他妃嫔劝她打掉,以免后患,她却毫无畏惧地发誓说:"但愿所怀的是男孩,即使按次序将成为长子(太子),儿子生下后被处死,我也在所不辞!"

人有善愿天必成之。公元510年三月,胡氏果然在宣光殿诞下皇子,已经二十八岁的宣武帝非常高兴,将胡氏升为"充华",专门挑选良家善养男孩的妇女充当保姆,而杜绝让生母胡氏或其他妃嫔看护,胡氏虽然很不忿,但这是规矩,她也无力反驳。儿子元诩两岁多的512年,宣武帝就将其立为太子。此时,按照陈规,胡氏就当被处死。

但宫廷斗争挽救了她。早在胡氏之前,丈夫宣武帝先以于氏为皇后,于氏暴毙后又以其宠爱的高贵妃为后,而高皇后天性善妒,不允许其他妃子被皇帝召幸,更不能看到有后妃生育,这也正是宣武帝久未得子的原因之一。胡氏诞下皇子元诩后,高皇后自然视之为眼中钉,一直催促杀掉胡氏。而高皇后的哥哥高肇专权滥杀,朝中多有不满。于是,本性善良的宣武帝不仅没有赐死胡氏,反而强行升其为贵妃,这就让高氏更加嫉恨,必欲除之而后快。身为司徒的父亲胡国珍无力保护女儿,无奈只好求助于给事中刘腾。刘腾本来是一个普通宦官,但他在后宫争战中坚决支持皇帝一方,因此得到孝文帝和宣武帝的重用。他对胡贵妃的求救颇为感动,于是慨然应允,联合前任于皇后堂兄于忠和现任太子东宫官员(左庶子)侯刚等,将胡贵妃移居别宫,并派兵加以保护。胡氏才因此得以保全。刘腾还因功被提拔为中常侍。

但不久又生变故。公元515年,年仅三十三岁的宣武帝病逝,领军将军于忠和左庶子侯刚迎立六岁的元诩为帝,并让中常侍刘腾专门保护胡氏。经过一番争斗,在汉族大臣崔光和太尉高阳王元雍、任城王元澄、清河王元怿等有势力的皇族势力的支持下，于忠、侯刚、刘腾等太子派终于打败高皇后以及高肇等外戚派系，高肇本人也畏罪自尽。

胡氏一看形势有利，马上以皇太妃的身份逼令高皇后出家为尼，自己则被尊为皇太后。此后，她遂以皇帝年幼为由临朝听政，总揽朝务，控制了北魏的大权。

胡太后掌权后，对刘腾等一帮有功之臣大加封赏，同时提拔培植包括侄儿胡僧敬等在内的亲族势力。她本人也做出十分亲民的样子，设立申讼车，坐在车上接受百姓投诉，又在朝堂亲自策试孝廉秀才、州郡计簿的官吏，还经常与皇帝和大臣们命题赋诗，好不痛快。

就像冯太后耐不住寂寞一样，胡灵太后在掌管朝政、忙碌一天之后，也难以把持躁动的春心。她利用权力之便，逼令清河王元怿与其同房，纵情淫乱，而元怿则是孝文帝元宏的弟弟，当朝皇帝元诩的亲叔叔。其毫无羞耻的举动，让曾经竭力支持她的一帮重臣都看不下去。孝明帝元诩正光元年即公元 520 年 7 月，刘腾、元叉等人奉迎孝明帝到显阳殿，并将胡太后软禁后杀死元怿。胡太后因为皇子元诩的缘故，才没被杀。但刘腾、元叉等人也不是什么好鸟，他们把持朝政后也胡作非为，养婢蓄妓，逼民为奴，卖官买官，百姓为此怨声载道，而胡太后因此再次迎来机遇。

孝明帝正光四年即公元 523 年，刘腾去世后，元叉也放松了对胡太后的警惕，胡太后利用这段机遇及时与孝明帝和高阳王元雍等谋划，一举解除了元叉的领军职务，她也因此得以翻身，再度临朝听政。

但这一次她仍淫心不改，很快又与郑俨等宠臣勾搭成奸，淫声遍传朝野。除此之外，她还随意加官授爵，我行我素，当朝皇帝也无可奈何,致使文武官员人心涣散,包括北方六镇起义在内的各地叛逆作乱蜂起,国家很快陷入土崩瓦解的困境。就连自己的侄儿胡僧敬也看不下去,但其哭劝换来的却是排挤与冷眼。

孝明帝武泰元年即公元 528 年,已经十九岁的元诩无计可施,只有向晋阳军阀尔朱荣求救,但他的密诏被胡太后截获,后者竟将亲生儿子元诩活活毒杀。

孝明帝元诩一死,刚好给了磨刀霍霍的尔朱荣以机会,他迅速起兵南下京师,炮制了颠覆北魏历史的"河阴之变"。

胡太后虽然在儿子死后先后立元姑娘和元钊为帝,自己又主动剃发为尼,想躲避时难,但最终连同幼主被沉入滔滔黄河。

# 东西魏：如坐针毡委曲求全，同室操戈无奈归去

　　一切都源于那场万恶的"河阴之变"，强大的北魏政权只在朝夕之间便分崩离析。

　　胡灵太后以为杀了碍眼的儿子孝明帝元诩，就可以为所欲为，到头来与其擅立的小皇帝一同被沉入河底；自有"高见"的皇室宗亲元子攸（孝庄帝）自以为尔朱氏进京即可保全帝位，最终被尔朱氏一脚踢开，缢死于佛寺。

　　胡灵太后与元子攸引火烧身，理当自食其果，但不幸的是，他们玩火，不仅自焚，更让一个庞大的拓跋氏家族顷刻间落荒四散，将一个强大的北魏政权带入崩塌的泥潭。

　　公元 528 年的"河阴之变"彻底改变了北魏的统治格局，经过尔朱氏的数年绞杀，高欢、宇文泰等军阀趁机整合各股叛乱势力，迅速崛起，在黄河两岸形成两大割据阵营，并分别拉来北魏旧室，建立合法政权：高欢在孝武帝元脩出逃后于 534 年在邺城（今河北省临漳西、河南省安阳北）扶植孝文帝元宏曾孙元善见为帝，史称东魏，宇文泰则杀害投奔自己的孝武帝元脩，于 535 年在长安（今陕西省西安）另立孝文帝元宏之孙元宝炬为帝，是为西魏。

西魏(535 — 556 年)凡三帝二十二年,后被宇文氏北周政权取代;东魏(534 — 550 年)仅存十七载,为高氏北齐政权覆灭。东魏建立时,元善见年仅十一岁,岳父高欢、大舅哥高澄相继去世后,本来以为熬出头了,结果被二舅哥高洋直接赶下台并毒杀,刚好与东魏共生死,年仅二十八岁,而其在长安的叔父、傀儡皇帝元宝炬本来想借与宇文泰的亲家关系多活几日,轻松养身——"若使朕年五十,便委政储宫,寻山饵药,不能一日万机也。"结果也仅在皇位上小心翼翼干了十七载之后,便驾鹤西去,享年四十五岁。元宝炬死后,其儿子元钦、元廓相继登基,又先后被宇文氏赶走杀害,仅仅五年时间就被宇文周取代。

东、西魏虽是北魏的短暂延续,但除了名分上的意义之外,实际上仅仅是高氏、宇文氏用以装扮门庭的玩偶而已,对于高氏与宇文氏的反复征战、掠杀与蚕食,东、西魏皇帝均毫无主张,只能袖手旁观,任凭一场场战火与悲剧在旧国故土上轮番上演,作为一国之主的皇帝丧失了应有的尊严,甚或安全。

他们也曾为尊严而抗争,但得到的却是一个个悲情的结果。

## 无可奈何花落去

北魏后废帝元朗中兴二年四月二十五日,即公元 532 年 6 月 13 日,经历"河阴之变"灾难的古都洛阳迎来了回光返照的暮春景象。

这一天,成功击败祸乱京师的尔朱氏势力而得意扬扬的高欢将军身蒙黑毡,按照鲜卑族旧制,亲自在洛阳东城外主持盛大的即位典礼。元脩像当年的远祖代王一样神气十足,在铺设一新的毡毯上祈望苍穹、西向拜天,之后便在群臣的簇拥下,自东阳、云龙门浩浩荡荡直入京师皇宫大殿。

从此,他便成了北魏最后一位国君:孝武帝。

而此前的他,也像其他诸王一样,在"河阴之变"中四处逃匿,当高欢派人来迎接他回京时,他正在田舍间耕种。"河阴之变"时,尔朱兆讨伐谋害叔叔尔朱荣的孝庄帝,并以孝文帝元宏之侄元恭为帝,而高欢则以孝文帝另一远房侄子元朗为帝讨伐尔朱兆。在击败尔朱氏之后,高欢将元恭废黜,而元朗也很知趣,他见高欢来势汹汹,祸福难料,便借口自己为远支皇族而主动逊位(元朗为孝文帝元宏堂弟元融之子,元融与元宏的曾祖父为拓跋晃),高欢接受后本来想立皇族近亲、孝文帝元宏之子元悦为帝,但此君辈分虽高却难以服众,在善于察言观色、见风使舵的大臣斛斯椿的建议下,高欢才把目光投向元脩,他是孝文帝元宏之子元怀的第三子。

"你这不会是在出卖我吧?"当心腹好友王思政前来劝进时,元脩放下农活,颇为惊诧地问道。王思政是受斛斯椿委派,前来试探口风的。

"怎么可能?"王思政答道,"高欢将军是真心实意敬重您的。"在得知元脩有意加冕后,高欢又亲自前来陈述诚意,甚至一度泣下沾襟。元脩见状,收拾好行装,即日随之至京。

但是,元脩回京称孤后,并没有获得他想要的至高尊严。

这位自幼沾染皇家贵族习性,形象崇贵,"遍体有鳞文"又"好武事"的年轻帝王,自然不甘屈人之下,而出身行伍、连败悍敌的高欢正志得意满,也绝不愿寄人篱下,更何况元脩还是自己一手扶植起来的。于是,两人在处理君臣关系上必然产生误判和龃龉。

为了缓和矛盾，双方在刚开始也试图相互妥协，元脩与高欢的长女成婚，并封之为永熙皇后。但此女也非善类，夫妻之间关系很不和睦，反而加深了翁婿、君臣之间的矛盾。

高欢虽然是魏"臣"和"岳丈"，但他早已看穿并藐视所谓的皇权。北魏孝文帝进行的太和改制客观上促进了民族融合，有力推进了少数民族政权的汉化进程，但同时加剧了鲜卑贵族之间的矛盾，宣武帝元恪之后由于最高统治集团之间的争斗，这种矛盾更加凸显，而封建政权本身的腐化与堕落，更加深了政权与民众的对立。于是叛乱不断，战火四起，孝武帝元脩出逃，号称出帝，强大的魏国一分为二，东西并立。可悲的是，东、西魏帝均为傀儡，但见同室操戈，东拼西杀，最终同归于尽，贻笑天下。

高欢正是在北魏后期的战乱中逐步胜出的枭雄。他和宇文泰最初均参加底层叛乱起义，宇文泰家族在"六镇起义"、高欢在葛荣起义中失败后，均投奔于成功镇压起义的尔朱荣麾下。尔朱荣被孝庄帝谋杀后，尔朱氏家族又被高欢及时剪灭，宇文泰、贺拔岳兄弟实力也趁机壮大，因此，孝武帝元脩在即位后极力拉拢掌握兵权的宇文泰、贺拔岳兄弟，以此抗衡权相高欢。

就在元脩即位的第二年即533年(孝武帝永熙二年)，他刺破自己心口前的皮肉，取出一些鲜血，派使者送给贺拔岳，并任命他为都督关西二十诸军事、大都督，让其除掉高欢。但不幸的是，高欢利用贺拔岳与另一悍将侯莫陈悦之间的矛盾，借侯莫陈悦女婿之手杀害了贺拔岳，贺拔岳、贺拔胜兄弟苦心经营的、令高欢十分忌惮的关陇集团由此解散，后来被宇文泰收于麾下。

元脩在结党贺拔岳的同时，也极力拉拢朝中重臣。善于逢迎的斛斯椿见到高欢势力坐大,也渐生不满,于是主动与南阳王元宝炬、武卫将军元毗和王思政一同劝说孝武帝除掉高欢。在他们的支持下,元脩多次以出猎为名,与斛斯椿排兵布阵,商议密谋。元脩还向位居三公的司空高乾主动示好,但后者为高欢的死党,他在元脩拉拢自己时竟主动向高欢投诚,示意高欢早做准备,并劝其称帝。但老奸巨猾的高欢认为时机不成熟,不愿称帝,这就让高乾左右为难。元脩为了离间其关系,又先发制人,诏告高欢说高乾曾与自己盟誓,而高欢则将高乾劝自己称帝的事也告知了元脩,高乾于是被赐死,而其手握兵权的弟弟高敖曹、高慎逃归高欢麾下。

永熙三年即534年,双方矛盾爆发,直接兵戎相见。是年,孝武帝自以为准备妥帖,便下诏戒严,对外假称要出兵讨伐南梁,私下安排斛斯椿征发河南诸州兵马,准备进攻高欢盘踞的老巢晋阳(今山西省太原市)。同时,令中书舍人温子升以皇帝的名义给高欢写信,晓以大义,委婉劝降。这位号称"北地三才子"的温子升果然笔力非凡,其洋洋洒洒的信件中,把皇帝一番忧惧无奈、不甘示弱、表面贬损自己实则威逼对方的心迹披露无疑。但高欢丝毫不为所动,也针锋相对上表陈述斛斯椿等人的罪恶,并南下进兵,直逼京师洛阳。

高欢大军南下时,宇文泰和贺拔胜主动接受孝武帝元脩的号令,分别出兵,宇文泰屯军弘农(今河南省灵宝东北),贺拔胜陈兵汝水。为了拉拢宇文泰,孝武帝还将妹妹赐予他为妻,并任命他为关西大行台、尚书左仆射。但出身军阀的宇文泰只想干掉对手高欢,不愿自损实力,只是象征性出兵,并未主动攻击,其盟友贺拔胜亦然,而毫无作战经验的孝武帝面对高欢远途奔袭的疲惫之军,也未及时迎战,其亲率的十万大军屯于河桥(黄河岸边),前锋斛斯椿列阵于邙山之北,眼睁睁看着高欢一路杀来，已经顺利兵渡黄河才慌忙应战。

坐山观虎斗的宇文泰得知情况后，竟对左右笑道："高欢数日内急行军八九百里，疲军迎敌，是兵家大忌，正好乘其疲惫奇袭。当今皇上以万乘之尊御驾亲征，不主动出击渡河决战，反而沿河据守，很是失策。而且长河万里，只要一个地方被突破，必败无疑。"

孝武帝失去战机后，内奸又开始作祟。其朝中大臣贾智、田怙等人暗中约降，助力高欢顺利渡河。而两军尚未交战，朝臣元斌之与斛斯椿争权，从军中跑至孝武帝元脩处，欺骗说高欢军队已经逼近。孝武帝元脩又惊又急，一面派人召斛斯椿还军，一面在中军将军王思政的建议下，急急如丧家之犬，匆匆如过隙之驹，舍弃京师，西投长安宇文泰去了。

高敖曹为兄高乾报仇心切，率劲骑追孝武帝元脩一直到关中，而高欢在孝武帝出逃后也一路追赶，试图拉回孝武帝。此前高欢自晋阳发兵就与孝武帝联络，前后上了四十多封奏表都未得到答复。

当时跟随西逃的包括宗室亲王太尉南阳王元宝炬、清河王元亶（东魏孝静帝元善见父）、大司马广陵王元欣（后为宇文泰政权柱国大将军）、广阳王元湛等，但当晚清河王元亶、广阳王元湛便倒戈东去，逃回到高欢帐下。而远在千里之外的武卫将军独孤信（后亦为宇文泰政权柱国大将军）却主动放弃家眷，一路追随孝武帝，其弃家千里奔主的千古佳话以及孝武帝"乱世识忠臣"的喟叹，至今令人反思。

清河王元亶满心欢喜投奔高欢的目的，是想在孝武帝出逃后，作为皇族宗室的自己能被高欢扶上皇位，过一把皇帝瘾。他到京师洛阳后，高欢的确予以重用，推举他为大司马，居尚书省摄政。而他自己尚未正式即位，出入时就开始摆出皇帝的排场了。但高欢需要的是傀儡皇帝，不需要摆谱的皇帝，于是很快以辈分错乱为名，将元亶踢出，于534年11月建都邺城，另立元亶年仅十一岁的儿子元善见为帝，东魏自此建立。

孝武帝决计逃离孝文帝倾力打造的京师洛阳，远离擅权的高欢，本想另寻一片真正属于自己的土地，但在动乱的时代，麾下无将、手中无兵、徒有皇帝虚名的他怎么可能获得真正的皇权？就在他无奈逃离的漫漫长途中，除了劳顿之苦，他甚至缺衣少食，连饮水都十分困难，堂堂帝王只有靠沿途的村民进行接济，尚不如当初独自躬耕陇亩的生活。

终于，他到了长安。总算见到了他亲爱的宇文泰将军，在宇文泰、王思政的奉迎下，总算摆脱了惊恐落难的日日夜夜，他的幸福生活好像又要开启了。

但是，他很快感受到比高欢更大的精神压力。早在宇文泰刚刚收编关陇将士、平定秦陇之地时，宇文泰的亲信夏州长史于谨（后亦为宇文泰政权柱国大将军）就劝他效仿曹操，上书孝武帝迁都关中，以"挟天子以令诸侯"。而现在，孝武帝主动投奔，宇文泰私下里何其欢喜？

但当初的孝武帝怎知宇文泰的心思？直到他来到长安后，才真正感受到什么才叫"避汤入火"。虽然他仍然高居皇帝宝座，但政令全部取决于宇文泰，于是君臣之间渐生嫌隙，而元脩又不善掩饰，其不满之情常常溢于言表。再加上与高欢女儿的不幸婚姻，他竟继续与一同逃亡长安的三个堂妹姘居淫乱，尤其喜爱堂兄元宝炬的亲妹妹元明月，一时间弄得满城绯闻。这正好给了宇文泰以借口，于是宇文泰便以元脩淫及从姊妹有伤大雅为由，将孝武帝废黜，另立元宝炬为帝,西魏建立。他心爱的元明月被处死后不久,他也被宇文泰的一杯毒酒送上西天。

可怜的孝武帝元脩驾崩时年方二十五岁,正是繁花似锦的青春年华。

他的出逃,毁掉了北魏一个半世纪的锦绣山河,催生出东、西魏两个并立、对立而徒有虚名的军阀政权,成全了高欢、宇文泰两大军阀"挟天子以令诸侯"的狼子野心。

可叹的是,他去世十年之后才得以正式落葬。但不知,此时的他是否悔悟?

## 西魏文帝元宝炬:笃情父子"失乐园"

北魏的辉煌史在"河阴之变"后已经彻底终结,孝武帝元脩之后的拓跋氏(元)帝王即使在东、西魏政治舞台上又苟延残喘了二十余年,其中也多有挣扎和努力,但在高氏、宇文氏的高压下均无济于事。

尤为悲哀的是,他们贵为政权首脑,却连追求自由爱情的权利也被剥夺。

西魏文帝元宝炬追随堂弟元脩来到长安,虽然捡了个便宜,被扶上皇位,一干就是十七年,他的儿子元钦也当了两三年傀儡皇帝,但他们除了政治上没有决断权之外,连心上人的性命也难以保障。

元宝炬无奈地废掉心爱的皇后乙弗氏,后者被逼自尽;元钦终身只娶一妻,可谓帝王中践行"一夫一妻制"的滥觞和楷模,夫人又是权臣宇文泰的长女,但夫妻俩先后被逼身亡。

元宝炬父子的婚姻悲剧其实早在其父祖元愉身上已经显现出来

了。

元宝炬的父亲、元钦的爷爷元愉也是一位十分笃情的郎君。

元愉（488—508年），本来是孝文帝元宏的第三子，大哥元恂与父亲政见不合被废后，二哥元恪继位，是为宣武帝。作为宣武帝的最近嫡亲，元愉备受宣武帝的宠爱，时常出入宫廷，早晚与皇帝哥哥同吃同眠。景明元年（500年），元愉升任相当于宰相的中书监一职。

但是元愉并不自重。因为在皇帝之下，他是兄弟中的老大，常常以"老大"自居，带领弟弟元怿、元怀四处游乐，而元怿就是后来东魏皇帝元善见的祖父，元怀就是北魏末帝元脩的父亲，元怿和元怀也都是纨绔子弟，元愉常常与他们逞强夸富，让身为皇兄的元恪非常作难。正始三年（506年）十月，元愉与弟弟广平王元怀在藩国中公然营私舞弊，纵容属下骄奢无度，宣武帝诏令主管纪律检查的御史中尉崔亮彻底整治，结果获罪而被处死的有三十多人，其余受牵连者全部除名为民，同时亲自将元愉以及清河王元怿、广平王元怀、汝南王元悦等弟弟召集起来，在式乾殿为他们讲授《孝经》。

为进一步感化教育大弟弟元愉，宣武帝元恪还亲自做媒，把皇后于氏的妹妹许配给他。

但是，元愉根本不理解皇帝的苦心，因为他早就情有所属。

采用和亲或联姻的方式是解决政治军事等问题的捷径，早在北魏复代建国的初期就已经开始，直到北魏分裂为东、西魏，这个传统仍然传承延续下来。

但这种目的性、功利性很强的婚姻方式大多以悲剧收场，倔强固执的元愉可不喜欢这种"包办婚姻"。他对皇兄的妻妹、自己的妃子于氏毫无兴趣，而是钟情于自己的小妾李氏。

早在徐州任刺史时,元愉夜间游玩时突然听到远处传来一缕缕动听的歌声,如痴如醉,循声访问,原来出自东郡华阴人士杨婉瀀之口。于是约见,两人一见倾心,双双坠入爱河。元愉回京后,也将之带到府上。为了提高杨氏的地位以便纳为正妻,元愉就拜托中郎将李恃显做她的养父,将她改姓李,然后从李恃显家名正言顺地以礼迎娶。夫妇俩情投意合,李氏不久还为元愉生下长子元宝月。

　　元愉与李氏美滋滋生活,将于氏夫人放在一边,让皇嫂兼妻姐的宣武皇后大为震怒。她在李氏诞下儿子后,立刻将李氏召至宫中,大肆诽谤打击,并强迫她削发为尼,儿子元宝月交给其他妃子哺育。直到一年后,因为宣武皇后一直没有生育,其父亲于劲将军上奏劝说皇帝多纳后妃,并让宣武皇后大发慈悲,放还李氏,李氏才得以回到丈夫元愉身边,小别之后,两人感情更为深厚。

　　但是,元愉很快又回归到自我放纵、自我膨胀的泥沼。在权臣高肇的唆使下,元愉与几个兄弟间矛盾加剧,永平元年即公元508年,元愉愤然起事,在冀州发兵谋反,自立为帝,改元建平。但这位好逸恶劳的王爷很快兵败被擒,朝中大臣均请求将他绳之以法,就地处决,但宣武帝不忍,要求将他押送京师洛阳,以家法训责。

　　直到此时,元愉才猛然醒悟,感到大祸临头。在回京师的途中,每到驿站休息时,牵手身边的爱人李氏,他总是装出毫无畏惧的神色,饮食如常。但快到京师的野王(今河南省沁阳市)时,他再也抑制不住内心的羞愧与难舍之情,痛悔地叹息道:"主上待我如此仁慈深情,他念手足之情不忍杀我,但我又有何面目去见圣上!"不久即断气身亡(另一说,实为高肇秘密命人杀害)。次年,其爱人李氏也被处死。

至此,这对情投意合的恋人终于可以自由团圆了。

但他们子女的爱情悲剧也接踵而至。

元愉与李氏育有四子一女,长子元宝月世袭临洮王,次子元宝晖在524年大哥去世后再袭位临洮王,元宝晖的儿子元钊在孝明帝元诩突然去世后一度被胡灵太后立为皇帝,但旋即在河阴之变中被沉入黄河;三子即后来的西魏皇帝元宝炬。

公元534年,孝武帝元脩仓皇出奔长安时,堂兄元宝炬、堂妹元明月一同跟随,他们的父辈元怀、元愉以及叔叔元怿等也曾在孝文帝元宏、宣武帝元恪的旗帜下和谐相处,虽然也会因为权力的大小而颇多龃龉,但总体上还维系着族亲的关系。当他们的父辈相继离去、北魏江山日渐衰败时,他们理应走得更近。同样多情的元脩这一次干脆将已为人妇的堂姐元明月纳入后宫,宇文泰正是以此为借口将之废黜,改立元宝炬为帝。

元宝炬刚刚一岁时,父亲就在叛乱中丧生,他也和其他兄弟一起遭到禁锢,直到八年后的515年,伯父元恪去世,他才得以恢复自由,并重新编入拓跋氏族谱。534年,堂弟孝武帝元脩与权臣高欢决裂时,他被任命为中军四面大都督,但无力与高欢抗衡,最后兵败逃亡关中。

宇文泰在长安废掉元脩后,大臣们都劝他效仿高欢立幼主为帝,但他反其道而行之,坚持立已经二十八岁的元宝炬为帝,西魏遂立,时535年,年号大统。

元宝炬称帝时,没有忘记失意的父母,追尊父亲元愉为文景皇帝,母亲李氏为文静顺皇后。紧接着又立妃乙弗氏为皇后,长子元钦为太子。为了缓和君臣关系,不久又立宇文泰的长女为太子妃。

元宝炬自以为安排得天衣无缝,他也尽量维系与时任丞相、大行台、安定郡公的实际掌权者宇文泰微妙的君臣关系,已近而立之年的他十分清楚自己的处境,堂弟元脩的下场就活生生摆在面前,好在他与宇文泰在名不副实的君臣关系之外,又多了一层儿女亲家关系。

　　他原本以为这层关系可能修补他在关中的不利政治地位,至少可以与恩爱妻子一起过上正常的家庭生活。但很快,他的生活便被打破。

　　当时,北方强大的柔然部落在北魏败亡后,再度南下,对西魏构成极大威胁。宇文泰为减轻压力,减轻来自北方柔然和东方高欢的双重攻击,就力劝元宝炬与柔然和亲,废黜乙弗皇后。

　　乙弗皇后与元宝炬可谓青梅竹马,她的母亲就是元愉的妹妹淮阳公主,也就是说,元宝炬父亲元愉是乙弗氏的亲舅舅,或者说,乙弗氏的母亲淮阳公主是元宝炬的亲姑姑,他们俩为姑表亲。乙弗氏虽说出身名门,但没有一点架子,她生性节俭,贵为皇后仍崇尚旧衣粗食,从不奢侈饰配。她还心地善良,从不嫉妒任何后宫佳丽,帝后二人情爱甚笃。

　　但政治斗争是残酷的,亲情一旦遭遇政治便显得苍白无力。面对柔然强大的军事压力和宇文泰的反复苦劝,公元 538 年,文帝元宝炬无奈废黜仅仅当了四年皇后的乙弗氏,并将其安置在后宫之外,令其削发为尼。此后,文帝元宝炬与柔然正式结亲,立柔然公主郁久闾氏为皇后。

　　与乙弗氏相反,这位郁久闾氏皇后性情善妒,甚至不能看到已经离开后宫、削发为尼的前任皇后,霸道地要求她离开京都。文帝元宝炬迫于无奈,只好让儿子武都王元戊离开都城到秦州(今甘肃省天水市)任刺史,这样就可以顺便将其母亲一同带离京师。

乙弗氏一走,元宝炬十分牵挂,他在无奈的同时更平添了些许愧疚与痛楚。夜深人静之时,时常想起当年男欢女爱的朝朝暮暮,私下里令亲信前往秦州探视,并密令乙弗氏蓄养头发,待时机成熟时再迎回京师,还俗为后。

嫉妒心极强的郁久闾氏皇后善于察言观色,丈夫元宝炬的一举一动尽在她的掌控之中。当她得知文帝仍然不忘前妻的恩情之时,悄悄告知了娘家。大统六年即公元 540 年,柔然再次大举南侵,西魏朝臣议论纷纷,都认为柔然的进攻缘于现任皇后与原任皇后的争风吃醋。虽然文帝公开申辩说:"哪有为了一个女子而征发百万人的事情呢?"但是在宇文泰等众大臣的劝谏下,他也深切感受到自己的无奈与无力:"虽然如此,可是让人说出这样的话,我还有什么面目见将帅?"最后不得不忍痛赐令乙弗氏自尽。

乙弗氏本来已经开始蓄发,当皇帝的诏令到来时,她还以为是丈夫召她回宫呢。当她闻听刺耳的赐死诏令时,顿时泪雨滂沱,大声高呼道:"但愿皇上能够千秋万岁,愿天下得以平安,如果这一切都能实现,我死了也没有什么怨恨!"言毕即以被子自压而死,时年三十一岁。

十年之后的 551 年,四十五岁的文帝元宝炬也撒手尘寰,继位的儿子元钦将其与母亲合葬于永陵(今陕西省富平县留古乡何家村大冢堡北)。

终于,他们团聚了。但他们的儿子又开始延续他们的悲情故事。

元钦继位时,西魏江山已被宇文氏家族牢牢把控,元氏皇权完全丧失。当时,东边的东魏已经被宇文泰灭掉,宇文泰在集中进行改革的同时全力南伐,与南梁展开争夺,并在萧梁宗族内斗激烈的背景下取得绝对政治军事优势。

但是,没有政治经验的元钦根本看不清形势。他七岁时就被父亲交给宇文泰教养,而后来又成为宇文泰的长女婿。或许过于亲近的缘故,他根本不了解岳丈的政治野心和险恶程度。当尚书元烈劝他谋杀宇文泰,及时夺回皇权时,他竟欣然应允,但他们尚未动手,即走漏风声,元烈被宇文泰当即处死。

元烈死后,元钦仍然没有觉悟,而是试图报仇雪恨,再次准备谋杀岳丈宇文泰。这一次,他更加愚蠢,竟与其连襟清河公李基、义城公李晖、常山公于翼等商议谋杀之策,后者分掌京师禁卫军,均为宇文泰女婿、死党,结果可想而知,在事情败露后,宇文泰立刻废黜了元钦的皇位。

元钦的夫人宇文氏皇后一直在背后默默支持着夫君。她虽然是宇文泰的长女,但嫁鸡随鸡嫁狗随狗,她始终恪守妇道,与元钦夫唱妇随。她"幼有风神,好陈列女图,置之左右"。其父亲也常常夸赞说:"每见此女,良慰人意。"她志操明秀,品行端淑,"帝深重之",与丈夫十分亲爱,元钦当上皇帝后也没有再立任何妃嫔。

但是,现实是残酷的。公元554年4月,元钦被废后又遭到宇文泰鸩杀。宇文氏皇后在丈夫死后,立刻与当权的父亲分道扬镳,毅然决然追随丈夫,饮鸩而亡。

从自立为帝旋即败亡的元愉,到孤悬长安的文帝元宝炬,再到不置嫔御的元钦,元氏一家三代虽然贵为皇帝,但权臣称霸,任人摆布耳。更有甚者,其情其爱,亦不得自专矣。岂不痛哉!

## 东魏孝静帝元善见:从容沉雅"狗脚朕"

他仪表瑰丽,心怀大志,十一岁称帝,坐十七年皇位。

他是文武全才,赋诗骑射无所不专,行文处众人称赞,御猎时驰逐如飞,甚至能够挟石狮子翻越高墙,《魏书》《北史》一致赞美他:"从容沉雅,有孝文风。"

你一定会以为他是一位了不起的帝王,但很可惜,他二十八载青春年华并没有为家国增添些许荣光,相反却延长了拓跋(元)氏家族的耻辱历史。

如果可以倒过来赞誉的话,那么,他唯一的价值就是,他曾催生了北魏之后的另一个帝国:东魏,并成为东魏自始至终的唯一皇帝——孝静帝元善见。

但是,巍峨的皇宫掩盖不住内心的痛楚,就连普通百姓也看得一清二楚。

公元 534 年,权臣高欢在北魏孝武帝出逃长安后拥立元善见为帝,并胁迫其迁都邺城,一时间四十万户民众狼狈就道,自北魏孝文帝迁都洛阳以来,四十年苦心经营的繁华都城就此一派落寞。当时,邺城百姓也深有感触地传唱民谣曰:

可怜青雀子,飞来邺城里。羽翮垂欲成,化作鹦鹉子。

事实上,年仅十一岁的元善见在被推上皇位的一刹那也曾豪情满怀,志得意满,毕竟自己登上了"普天之下,莫非王土;率土之滨,莫非王臣"的至尊皇位。而在他之前,其父亲元亶早就对这一位置垂涎三尺,并且已经提前预备好皇帝的礼仪了——"出入已称警跸"。

但是,元亶完全误判了形势,错估了高欢。

高欢可不喜欢他这样成熟的皇帝,虽然高欢的确已经推荐他为大司马,并居尚书省摄政。

高欢先前扶植的孝武帝元脩,就是太成熟,太渴望独立行使皇权,才落得悻悻而去,闹得大丞相高欢也很没有面子。

高欢改立元亶儿子元善见为帝的借口,就是他们的辈分错乱,皇位传承辈分次序混乱,元脩、元亶都是孝文帝的孙子,所以要往下延续,把皇位传给曾孙元善见。

当时年仅十一岁的元善见并不十分清楚自己家族的历史,而提起家史,元亶更加恼怒:他的父亲元怿就是被爷爷辈的宗族元叉(元义)擅杀的,死时年仅三十四岁,而自己在父亲死后又遭到亲叔叔元悦的无端毒打,险些丧命。等到高欢当权时,他终于受到"重用",可以重见天日了,却突然遭到罢免。他一气之下,也顾不上称帝的年幼儿子,纵马再次西逃长安,好在又被高欢及时追回。但经此巨变,他身心受到沉重打击,仅三年之后(537年)便绝尘而去。

元善见称帝时虽然年幼,但也颇为聪明。他主动要求娶高欢二女儿为妻,并许以正妻皇后,但高欢并没有立刻同意。或许,高欢也考虑到这门亲事的"错位"了:他的大女儿已经嫁给了孝武帝元脩,而论辈分,元脩是元善见的叔叔。父亲死后,元善见愈加孤独,在他的一再请求下,直到兴和元年即公元539年,十六岁的元善见才得以正式娶高氏为妻,并册封其为皇后。

元善见刚刚称帝时,一则年幼,二则高欢势头正盛,权倾朝野,三则自己初来乍到，周围遍布高氏耳目，所以他整日如坐针毡，郁郁寡欢，只能隐忍退让，一切听命于高欢。

还有一个令他惊心动魄的事情，就是连绵不断的东西战争。

战争初期，高欢在国土面积、人口数量、军事实力等各个方面均占有绝对优势，他急于速战速决，尽快吞掉黄河以西的宇文泰政权。自535年至543年的八年间，双方进行了四次大规模战争。

第一次发生在西魏刚刚建立的535年，一直持续到两年后的537年，史称"小关（今陕西省潼关县）之战"。此役东魏兵多将广，取胜心切，而西魏精心策划，兵贵神速，在东魏军会合之前迅速击溃其一部，其他两部于是士气骤降，最终无功而返。537年十月东魏再伐西魏，高欢亲率二十万大军挥师西进，宇文泰迎头痛击，在"沙苑（今陕西省大荔县）之战"中大败高欢，东魏丧甲士八万人，弃铠仗十八万，实力大减。第三次发生在538年的洛阳及其周边，高欢大将侯景和高敖曹包围洛阳金墉城，宇文泰率军驰援，双方互有胜负。此后几年双方未有战事。第四次交锋发生在543年三月，史称"邙山之战"。是役，高欢获胜，东魏收复北豫州和洛州，西魏伤亡六万人以上。

令人哭笑不得的是，东、西魏在经过前三次激烈对抗后，都有所收敛，特别是西魏正集中进行体制改革，但"邙山之战"却倏忽而至，直接导火索来自高欢的大公子高澄。高澄政治天赋很高，自幼受到宠爱，但他十分贪色，一度与父亲的后妃郑氏通奸，险些被父亲杀掉。这一次，他竟又看上了高仲密的夫人李氏。李氏不从，向高仲密哭诉。高仲密是高欢大将高敖曹的哥哥，当时正因为外派北豫州而恼怒，得此消息，他一气之下献城投降了西魏，宇文泰前去接应，高欢也亲自带兵列阵邙山，双方由此大战。

高欢在"邙山之战"取胜后,气焰更加嚣张,而此时的元善见已经成人,正是年轻气盛干事业的青葱岁月,却无力改变有名无实的残酷现实,只有在心底默默祈祷权臣岳丈早点归天。

不久,机会来了。公元546年10月,五十多岁的高欢决心在有生之年灭亡西魏,率领重兵攻打西魏军事战略要地、汾河南岸的玉璧城(今山西省运城市稷山县),"玉璧之战"由此展开。高欢重兵围困玉璧长达五十多天,死伤七万余人,但其各种攻城策略均被守将韦孝宽挫败,难以攻克,最终因病撤回。撤离之前,军中传言高欢已经病死,为此,他强作镇定,公开在帐前设宴,会见幕僚,令大将斛律金用鲜卑语高唱《敕勒歌》:

敕勒川,阴山下。天似穹庐,笼盖四野。天苍苍,野茫茫。风吹草低见牛羊。

高欢在悲凉的歌声中不觉潸然泪下,病情加重,回去后不久便抱憾而终,享年五十二岁。

高欢终于死了。孝静帝元善见暗自欣喜,这回他有希望独掌政权了。

但他再次错判了形势,接替父亲职位的大公子高澄更加威猛。按照关系来说,他们俩更近:高澄不仅是元善见的大舅哥,他还是元善见的妹夫,高澄十二岁时就娶元善见的妹妹元仲华为妻。高欢在世时,他们的关系维系得不错,至少没有正面冲突。但当高澄承袭父职成为当朝大宰相后,其矛盾骤然迸发。

客观上讲,颇有政治潜质和能力的高澄对东魏政权的稳定是做出了巨大贡献的。早在 536 年，父亲忙于战事，十六岁的他主动请缨，入朝辅政，处理政务妥帖得当，展示了自己的胆略、气度和才华，令朝廷上下心悦诚服。538 年，兼任吏部尚书时，他在选人用人时抛开以前论资排辈的做法，以实际才德选拔重用人才，务使各尽其长，各得其所，同时将治国政策张榜公布，主动接受群众意见，深受称赞，其威望也与日俱增。547 年父亲去世后，野心勃勃的侯景企图拥兵自固，之后又投降西魏，高澄带兵平叛，侯景最终南逃南朝梁，炮制了灭亡南梁的"侯景之乱"。

高欢去世的当年七月，高澄升任大丞相、都督中外诸军、录尚书事、大行台、渤海王，而其弟太原公高洋则摄理国事，高氏兄弟牢牢地控制了东魏朝政。548 年高澄走马上任后，更加彰显出其治国理政才能。当年他就强力推行新的货币改革，所铸造的"悬秤五铢"（永安五铢）号称"重如其文"，是一种足重货币。它的铸造，被认为是整个魏晋南北朝货币史上由乱到治的转折点。他同时还及时对户籍、税收、盐务等涉及国计民生的旧有弊制进行了适当调整和革新，受到百姓拥护，东魏政治经济开始走上正轨，勋贵势力受到抑制，而其作为高欢继承人，从此地位愈加稳固。

高澄这位政治明星的横空出世，让当朝皇帝元善见更加无所适从，而高澄飞扬跋扈的性格，更加剧了君臣之间的矛盾冲突。

东魏武定七年即 549 年，高澄趁"侯景之乱"南伐，不到一年时间共攻取南梁二十多个州，并攻陷淮南重镇寿阳，将疆域从淮河以北一直拓展到长江沿线，这是东魏在"玉璧之战"中失败以来的最大胜利，朝廷上下一片欢呼。孝静帝元善见被迫对高澄进行表彰，升其为相国，封齐王，并敕令其"参拜不名，入朝不趋，剑履上殿"的专有特权，高澄也因此更加张狂。

高澄地位和威望的迅速攀升，直接威胁到孝静帝元善见本来就徒有虚名的"皇权"。他也根本就没把拥有"皇权"的元善见当回事儿。孝静帝日常生活也要照顾到高澄的感受，《魏书·孝静纪》中记载说：帝尝与猎于邺东，驰逐如飞。监卫都督乌那罗受工伐从后呼帝曰："天子莫走马，大将军怒。"

更有甚者，高澄直接对元善见进行羞辱。他们在一起饮酒作乐时，高澄高举酒杯来到皇帝面前强行劝酒说："臣高澄劝陛下喝酒！"同样年轻气盛的孝静帝对于朝臣的霸道非常不满，他立即抱怨反击道："自古以来没有永不灭亡之国，朕此生也无能为力！"高澄一听，小妹夫竟敢在自己面前摆谱称"朕"，也立即讥讽道："朕！朕！狗脚朕！"同时命令亲信崔季舒当场殴打元善见三拳，然后拂袖而去。

经此正面冲突之后，孝静帝开始谋划如何除掉高澄这位"叛子逆臣"。他常常以谢灵运的诗为自己壮胆，高声诵咏曰："韩亡子房奋，秦帝鲁连耻。本自江海人，忠义感君子。"同时与荀济等亲近大臣密谋讨伐高澄，但高澄耳目甚多，荀济等人很快被高澄烹杀，元善见处境更加险恶。

就在高澄磨刀霍霍，准备弑杀孝静帝时，他却在549年9月提前死于厨师兰京的屠刀之下。

高澄死了。高澄终于死了。

"真是天意啊，"孝静帝元善见长出一口恶气，他对左右喃喃道，"是该朕掌权的时候了。"

但是，他再次失算了。

高澄死后，其弟高洋袭丞相、齐王位。这位其貌不扬、寡言深沉而又刚断雄才的年轻王臣更加野蛮激烈。就在上任不足一年的武定八年五月，高洋即以十万大军相威逼，可怜兮兮的孝静帝元善见无奈交出皇权，禅位于高洋，东魏大旗在元善见诚惶诚恐的十七年皇帝生涯之后凄然落幕，取而代之的是趾高气扬的高洋的北齐。

但是，元善见的悲剧尚未结束。他在高洋称帝后，被高洋封为中山王，食邑一万户。高洋在刚刚称帝、地位尚不稳固的初期，还给了元善见特殊的待遇，他可以在封地悬挂天子旌旗，用天子年号，上书可以不称臣，三个儿子也都封官食邑。他在自己的"独立王国"里整日与妻子饮酒、赋诗，聊以自慰。但仅仅一年之后，高洋便在设宴款待元善见时，悄无声息地将其毒死。随后，他的三个儿子也被高洋杀害。

孝静帝元善见死时年仅二十八岁，正是干事创业的青春年华。

就在他溘然辞世之前，黄河以西的长安西魏政权傀儡皇帝、自己的亲叔叔元宝炬也凄然病逝。

# 北朝北齐北周:为大隋统一大业打工的忠实领班

公元581年,北周悍将杨坚废黜亲外孙周静帝,成功接受禅位建立隋政权时,偏居一隅的南朝陈国后主正在《玉树后庭花》的亡国之曲中嗷嗷待"捕"。直到这时,人们才突然发现,曾经辉煌一时的南北朝政权已经轰然崩塌,一个一统华夷的崭新时代正悄然降临。

而曾经不遗余力打拼的北魏旧臣高欢、宇文泰将军,不过是在延续北魏垂垂老矣的余生,他们的后代高洋、宇文觉并不满足于为东魏、西魏卖命,及时祭出了北齐、北周政权。可惜的是,他们的后来者们并不争气,高氏宗亲声色犬马,宇文氏宗亲相互残杀,两者均享国二十余载即拱手相让。

悲乎哉,不悲也,天下大势矣。

## 北齐5+1=0:从"英雄天子"到"无愁天子"的自我戕杀

倘若高澄不死,或许北齐又是一番景象。

倘若高洋不暴,或许北齐能够创造奇迹。

倘若高纬不色,或许北齐还能多挺数日。

但是,历史不会给人以"倘若""或许","死""暴""色"是现实,过去了便是真真切切的历史。

北齐实际的创立者和奠基者高欢,怎么也想象不到自己壮年而崩,更难以瞑目的是,自己多达十五个儿子当中没人能够继承自己的霸业,最后全部在孙子辈的高纬的挥霍下,连同北齐政权一同化为云烟。

从 550 年建国到 577 年亡国,北齐历经六帝二十八载即匆匆谢幕。

高欢掌权的东魏,包括建国前期的北齐,与西魏或南朝齐梁相比,无论国土面积、社会资源,还是军事实力和社会影响,各个方面均占有巨大优势。早在 548 年东、西魏和南梁并立之时,东魏就在高欢长子高澄的率领之下,吞并两淮,将势力范围推进到长江沿线。但天不假时,雄心勃勃的高澄仅在一年之后的 549 年,便在将篡未篡之时被膳奴兰京一刀结果了性命,年仅二十九岁。虽然闻讯赶来的二公子高洋及时诛灭了兰京等人,为哥哥报了仇,但北齐从此失去了像晋景帝司马师一样的人才。

高洋上台后,立刻撕去面纱,废杀东魏孝静帝元善见,于 550 年五月称帝建齐,年号"天保"。高洋在位初期,重用杨愔等汉族人才,对内厉行改革,劝农兴学,肃清吏治,注重法治,编制齐律,对外四方征伐,西挫宇文泰,南侵萧梁,北败柔然、突厥和契丹,威震戎夏,一时间,齐帝高洋声名远播,"投杯而西人震恐,负甲而北胡惊慌",具有圣主气度和风范的他一度被称为"英雄天子"。

但是,他的英雄气度很快便被自我陶醉后的无度酒色所吞没。自天保六年即 555 年开始,他完全改变了"圣君"形象,纵欲酗酒,残暴滥杀，大兴土木，赏费无度，人性之恶全然爆发。大街上到处是他赤裸的身影，甚至涂脂抹粉，一身妇人装扮招摇过市。其猖獗之态让世人心惊肉跳，就连自己的后宫他也毫不怜惜。一次，他在酩酊大醉之时，突然抽出匕首将十分宠爱的薛嫔杀死，还似假亦真地流泪歌唱道："佳人难再得，甚可惜也。"

对于他的荒诞，朝廷上下很是无奈，即使是亲生母亲娄太后（娄昭君）的规劝，他也完全听不进去。酒醉之后，他甚至一度威胁要将母亲嫁给胡人，还一把将母亲推翻在地。酒醒之后，他也有实现东汉光武帝中兴大业的梦想，为此，他竟把铲除北魏拓跋（元）氏后裔作为突破口，前后杀害前朝宗室七百二十一人，连婴儿也不放过，尸首遍布都城旁边的漳河。

作孽者必自灭。天保十年即 559 年，自损酒色的"英雄天子"终于暴亡，时年三十四岁。

高洋驾崩得太过突然，以至于后事都未来得及安排妥帖，只在弥留之际诏令尚书令杨愔、侍中燕子献、黄门侍郎郑子默等汉族官员以及高欢的族弟高归彦等远亲辅佐太子高殷，以防篡位之患，同时也口头安排比较强势的六弟高演等近亲帮助高殷处理朝政。

但是，高洋的仓促决策，为整个王朝埋下隐患。或许因为没有充分考量一帮弟兄的感受和利益，高殷登基不久便引来杀身之祸。高演在母亲娄太后的支持下废黜并杀害了高殷，自立为帝。鉴于自己杀侄自立的教训，高演为了保护儿子高百年，临终前直接把皇位交给九弟高湛，并反复交代他不要加害自己的儿子，高湛流涕答应，但称帝不久就将高百年戕害。高湛在位时，高氏宗亲已经衰败，社会矛盾日益凸显，国难频发，等到他提前把皇位传给太子高纬时，北齐政权全面陷入混乱。高纬执政后期也效仿父亲,将皇位传给年仅八岁的太子高恒,而此时北周军队已经兵临城下,高恒也不愿揽责,干脆将皇帝玉玺传给高欢十五个儿子当中唯一尚存的高湝。以下为北齐皇序(含在位时间):

文宣皇帝高洋(550—559 年)——废帝高殷(559—560 年)——孝昭帝高演(560—561 年)——武成帝高湛(561—565 年)——高纬(565—577 年)——高恒(577 年,仅 21 天)

北齐六位皇帝并非没有闪光点。除了高洋前期的耀眼成就外,高殷和高演也颇有作为,可惜时间太短了。

高殷(545—561 年)从父亲高洋手中接到皇位接力棒时年方十五,可谓少年天子。他自幼博览群书,颇有儒家君子风范。因为汉族气息太浓,鲜卑味十足的高洋一度要废掉他的太子之位。他还因为不忍亲手诛杀囚犯,被残暴的父亲打成口吃。他在位时,重用汉族宰相杨愔进行全方位改革,整顿吏治,加强皇权。但其改革触动了大批既得利益者,他们于是转身投靠高演、高湛。高氏兄弟与母亲娄昭君实际掌控军政大权,他们利用朝中反对声浪一举击败改革派,娄太后下令废黜孙儿高殷,立高演为帝。

高演(535—561 年)为高欢第六子,相貌堂堂,少时即仪表瑰丽,风度高爽,为高欢器重,年仅四岁便被封为常山郡公,二哥高洋称帝后晋升为常山王、尚书令。高洋后期酗酒荒政,他苦苦相劝,结果被打得遍体鳞伤。他在如愿登基后,注重民生,广设粮仓,弘扬汉文化,又北出长城却敌千里,可谓文武兼修天下大治。可惜的是,仅仅在位一年余便因病驾崩,时年二十七岁。

高演死后,继位者为高湛。此君谥号为"武成皇帝","成"者非成,历史上以"成"为号者往往无成而混。他荒淫无度,逼奸皇嫂,将二哥文宣帝高洋的皇后强行娶回,还用刀环击杀其试图保护的儿子高绍德。他宠信奸佞,与奸臣和士开狼狈为奸、沆瀣一气,甚至纵容和士开与自己的夫人即胡皇后公开通奸,而和士开本是胡商之后,善于"握槊"之戏,与喜好此戏的高湛臭味相投,才得以重用。大宋朝的高俅不知与高湛是否同宗,或者为以游戏起家的和士开的徒子徒孙乎?——高湛还肆意滥杀同宗,因不满高湛的乱政荒淫,大哥高澄的儿子高孝瑜、高孝琬即高湛的亲侄子也被其残杀。而早在高洋为帝时,他就怂恿高洋强行将亲兄弟永安王高浚与上党王高涣杀害。

好在此君命运不济,酒色过度的他在禅位于子四年后(569年)即寿终正寝,时年三十二岁。

而在他去世前的河清四年即565年,他借口有彗星出现,乃除旧布新之象,传位于太子高纬,自己则以太上皇的名义大肆取乐。

倘若他委以重任的儿子高纬是个成器的明君,或许可以洗刷其部分罪责,但很可惜,高纬有过之而无不及,天下昏君所做之醒齷勾当,他几乎无所不为。

更为可悲的是,他整整当了十三年皇帝,而北齐统共只存在了区区二十八年。

高纬(556—577年)七岁便被立为皇太子,十岁便成为君临天下的少年天子。他本来"幼而令善",还喜爱文学,但是生长在污秽不堪的皇家大院,耳闻目睹父亲高湛的狂野、母亲胡氏的淫乱以及朝士鲜卑化的粗俗,很快便成长为远离传统儒家文化的昏聩"尤物"。

他刚刚即位时，军政大权仍掌握在太上皇父亲手中，不需要他过多操心，而父亲死时也对后事做出具体安排，前朝遗老们仍身居高位，劣习难改，和士开依然故我，与母亲胡氏尽情鱼水欢乐，号称朝中"三贵"的韩凤、穆提婆与高阿那肱或奸或贪或佞，韩凤虽为汉族却特别排斥打压汉人，后两者最后皆投敌叛国，而身为太尉的段韶则好色无比，看上去内敛威武，为北齐的"定海神针"，实则各啬贪色，连寡妇也不放过。

高纬在父亲驾崩正式继位后，马上大赦天下，加官封爵，朝廷内外百官全部自然晋级，就连奴婢、宦官甚至倡妓也受到封赏。仅位高权重的"开府"一职就有一千多名官员，"开府"之下的"仪同"更是不计其数，而同时代的北周只有八大柱国、二十四开府。不仅如此，其后宫五百多名宫女也都赐以郡官，每个宫女都赏赐给一条价值万金的裙子和价值连城的镜台。他所拥有的牛马鸡狗也被授予与大臣们一样的地位，马被封为赤彪仪同、逍遥郡君、凌霄郡君，斗鸡则授爵为开府斗鸡、郡君斗鸡等，典故"齐鸡开府"即源于此。

高纬在政治上少有作为，但在游玩方面可谓天才。他喜好琵琶，经常召开盛大的演唱会，命人演奏《无愁之曲》，还能自弹自唱，被誉为"无愁天子"。他还特别喜爱傀儡戏，因此被称为"郭公"，而"郭公"本来是布谷鸟的俗称，又因为他曾在邯郸大造宫室，所以雅称为"邯郸郭公"。当时有一首民歌曰《郭公歌》：

　　邯郸郭公九十九（末日），伎俩渐尽入滕口（即高纬被俘时的邓村）。大儿（指周武帝宇文邕）缘高冈（即高纬），雉子东南走。不信吾言时，当看岁在酉（北齐亡国时的577年）。

此民歌还被收录于郭茂倩所编的《乐府诗集》，生动预示了高纬的亡国末路。但是，民歌并未影响高纬的顽劣本性。他的同父异母兄弟南阳王高绰也是条恶棍，有人举报他纵狗撕咬妇幼，残暴地将妇人撕裂食尽，而接到举报的高纬不但没有处罚兄弟，反而和他一起观看人蝎大战的血腥游戏。后来，属下争宠，诬告高绰谋反，高纬才令人与高绰玩相扑游戏，借机将其摔倒掐死，"相扑"一词由此传出。

或许是过腻了浮华生活，高纬还特意打造下层百姓的生活场景。他在后花园专门辟出场地，营建一所"贫穷村庄"，自己亲自穿着破衣装扮成乞丐住在里面；又设置穷人市场，专门跑去进行买卖交易。

除此之外，他还热衷于攻城略地游戏，仿照西部边境城邑建造城池，让卫士穿着黑衣扮成羌兵，摆成阵势，呐喊着进攻，表演攻城，自己则亲自率领近侍进行"抵御"，有时兴起还用真箭射人，有时从晋阳出发往东巡幸，一个人单马驱驰，袒胸露乳、披散头发而归。

或许是过惯了游戏人生，高纬把真正的战场也当成儿戏。就在北齐行将灭亡的公元576年，北齐和北周大战于平阳（今山西省临汾市），本来北齐大军已经将平阳牢牢包围，守将梁士彦陷入绝境。当时北齐将士已经通过挖地道找到了攻城的突破口，但高纬听说地下有圣人古迹，邀请爱妃冯氏前来观看，并令将士造桥观战。但冯氏忙于在闺房中涂脂擦粉、梳妆打扮，姗姗来迟，梁士彦趁机堵住缺口，成功化解危机。而后周武帝领兵来援，高纬大败，逃亡晋阳。而在此之前，周军攻城正急时，高纬却与爱妃冯氏在天池优哉游哉地围猎。当告急的文书三番五次传来时，冯妃仍余兴未尽，要求再猎一围，高纬竟也欣然应允。如此荒唐糗事，屡屡被传为历史"佳话"，唐代大诗人李商隐就曾在诗中讽刺曰：

> 一笑相倾国便亡，何劳荆棘始堪伤。
>
> 小怜玉体横陈夜，已报周师入晋阳。
>
> 巧笑知堪敌万几，倾城最在著戎衣。
>
> 晋阳已陷休回顾，更请君王猎一围。

北齐在高演当政时即已岌岌可危，加之如此荒唐之主的胡乱折腾，何国不灭？

令人哭笑不得的是，高纬并不愿意承担亡国的历史责任。在他自毁长城，先后诛杀北齐军国柱石斛律光和高长恭之后，北周再无忌惮，长驱东进，如入无人之境。而当其军事重镇和老巢平阳、晋阳相继失守后，他不顾群臣劝谏，丢下誓死守卫的高延宗、高孝珩等忠臣，带领妻小一路狂奔至首都邺城，并传位于年仅八岁的儿子高恒，自己则渡过黄河出逃济州（今山东省聊城市茌平区）。都城沦陷后，高恒也甩手而逃，委托斛律孝卿将皇帝玉玺交给驻守瀛洲（今河北省沧州市）的高湝，但斛律孝卿拿着玉玺直接投降了北周。高纬父子连同一帮家眷又狂逃至青州（今山东省潍坊市），不久在准备南投陈国的途中被俘。高纬在亡国成为北周的阶下囚之后，还恬不知耻地提出唯一的要求，就是归还冯妃。而冯妃更加无耻，最后与高纬的母亲胡氏一起在成都开了所私家妓院，婆媳二人何其欢乐。

高纬在北周过了一段奴颜卑骨的生活后，便被周武帝果断处死。他死时二十有二，而北齐皇帝以及高欢的十五个儿子均未活过四十岁。

北齐一共六位皇帝,其实只需要高纬一人就足以亡国了。

## 北周5-1=0:两头祸乱祸满朝　独木难支难回天

倘若宇文邕不死,或许北周会取代大隋而统一天下。

倘若后来者给力,或许北周能够提早创造伟大皇朝。

但是,相同的机会,只会被善于把控者把握。杨坚把控住了,遂(隋)拥天下;后周世宗柴荣不幸驾崩后,赵匡胤把控住了机会,遂缔造大宋。历史上东周分裂让位大秦,而北周和后周亦将机会拱手相让,却也终结了战乱不休的割据格局,成就了强大的统一帝国。

浸润于包容厚重的华夏文化,统一实乃天下大势矣。

但对当年的宇文氏家族来说,其最终丧国亡身,实在是鸿篇巨制中一个小小的惊叹号。

在北周短短的二十四年历史中,前三年基本都在宇文护的导演下折腾,后三年则在宇文赟的暴虐中乱象横生,中间的周武帝宇文邕倾其所能,力推新政,一统北方,国势渐盛,可惜壮年而崩,其苦心经营的鼎新格局被不肖子孙迅速生吞活剥,北周黯然出局。以下为北周皇序(含在位时间):

> 孝闵帝宇文觉(557年)——明帝宇文毓(557—560年)——武帝宇文邕(561—578年)——宣帝宇文赟(579年)——静帝宇文阐(579—581年)

北周的可叹历史故事,还要从宇文护开始。

宇文护(513—572年)为西魏的实际创立者宇文泰之侄,少有大志,早年曾与父辈一起参加葛荣的起义军,起义失败后宇文泰入关投奔贺拔岳,宇文护因为年幼而留在家中。当时,宇文泰的孩子都还幼小,他就委托仅比自己小五岁的宇文护看管家小。宇文护将家务管理得井井有条,受到宇文泰的器重。宇文泰常常夸奖侄儿有气度,很像自己。也就是从那时起,宇文护就承担了本不该承担的管理责任。

　　公元534年,贺拔岳被侯莫陈悦杀害后,宇文泰委任宇文护为平凉都督,一同讨伐诛杀了侯莫陈悦。从此宇文护便跟随宇文泰征战四方,屡建战功,历任都督、征虏将军、骠骑大将军等职。西魏恭帝三年(556年),宇文泰在北巡途中染疾病重,急招宇文护前去商议后事。鉴于自己的儿子较小,尚不足以委以重任,宇文泰就将军国大权交给了侄儿宇文护,并反复交代说:"目前,我的儿子们都还年轻,国家内外尚未平定,我把国家大事托付给你,希望你尽力而为,完成我的志愿。"宇文泰去世,宇文护在接过权力棒的同时,扶植宇文泰的嫡长子宇文觉,嗣位为太师、大冢宰。

　　事实上,宇文泰去世时,其子也已成人。当时,侄子宇文护四十四岁,其庶长子宇文毓二十三岁,三子宇文觉和四子宇文邕分别为十五岁、十四岁,而其次子宇文震早在六年前的550年就已经病逝。因此,宇文泰以年龄为由将权力交给侄子,似乎难以服众,但无论是军政资历,还是能力水平以及影响力来说,宇文护无疑都是最佳人选。他在宇文泰去世后,通过自己强有力的管理手段,很快就稳定了局势,同时也在悄悄催生一个崭新的政权。

　　公元557年,在宇文护的强大压力下,西魏恭帝拓跋廓被迫禅位于宇文觉,西魏灭亡,北周建立。当时的宇文觉称为"天王",因国号为"大周"，所以又称"周天王"，而宇文护则成为实际掌控军政大权的"大冢宰"。

宇文泰终其一生也没有废旧立新，而侄儿刚一上台便将旧帝一脚踢开，扶植宇文觉建立新政权，也算完成了宇文泰临终前交给的任务和遗愿。但不幸的是，宇文护的废立之功并未得到新立者的足够尊重，这位年轻的天王并不甘心受制于人，而宇文护的专横跋扈也引起了朝中重臣，包括宇文泰时代的"八柱国"大将军赵贵、独孤信等的不满。于是，太傅赵贵主动联系太保独孤信，试图劝说他共同谋杀宇文护，后者觉得事情重大，不宜贸然行事，及时进行了劝阻，也未予以告发。但耳目众多的宇文护很快得到消息，果断以谋反罪杀害了赵贵，独孤信被罢官，不久也被赐死。

身经百战的宇文护用霹雳手段迅速制止了针对自己的谋杀计划，但可惜的是，柱国大将军的死并未引起宇文觉的警觉，反而让其态度更加坚定，竟召集武士在皇家花园内公开演练，试图再造杀机。但他太过年轻，其行动早被宇文护探知，参与行动的李植、孙恒等人被贬谪后，他仍不死心。宇文护于是直面苦谏道："天下至亲莫如兄弟，若是兄弟互相猜疑，那世间还有可信之人吗？叔父嘱托我帮陛下治理国家，如果陛下能独立料理朝政，名扬天下，为兄也就死而无憾了。可是陛下现在年纪尚小，我担心我被害后大权落到奸臣手中，那时候非但对陛下不利，连国家也将灭亡，叫我有何面目去见地下的叔父！我既是陛下的长兄，又是朝中宰相，还能有什么想法！望陛下三思，切勿听信谗言，疏远骨肉！"

幼稚的宇文觉被宇文护的"真情"所打动，停止了刺杀行动，而宇文护则加紧了废黜步伐。他召集掌握军权的柱国贺兰祥、领军尉迟纲等人商议对策,撤换宫廷宿卫,当年就逼迫宇文觉退位,一个月后将其杀害。可怜的宇文觉在"天王"位置上不足一年,死时年仅十六岁。

宇文觉死后,宇文护又祭出了宇文毓。此君本是宇文泰长子,但非嫡长子(其母亲非正妻),时称"庶出",因此没有被列为第一顺序继承人。但宇文毓有胆有识,深孚众望,就连宇文护也高看他一眼,敬重三分,他在推荐宇文毓为帝时对朝臣们宣称:"宁都公宇文毓年轻而有德操,仁慈孝悌,为天下人所仰慕。"但是,从内心来说,宇文护并不真心扶植宇文毓,他深知此君有才有德,更难以对付,让其继位不过为废黜宇文觉而临时打出的旗号而已。

不同于宇文觉的轻狂浮躁,宇文毓果然有大哥风范。他表面上温和平雅,实则深沉明敏,很有主见。继位后,即励精图治,着手改革,澄清吏治,修撰典籍。他还善待文人名士,曾赋诗赞美当朝名士韦夐,称其为"逍遥公"。其不动声色、富有成效的改革举措,让其威望日隆。公元559年,在成功击败来犯的吐谷浑之后,宇文毓以"称王不足以威天下"为由,正式改称"皇帝",年号"武成"。

宇文毓的作为,引起了宇文护的不安。宇文护于是假意归政,没想到宇文毓竟答应了他的"请求",借机收回了部分权力。他正是借助这些权力来推行自己的治国主张,但军事大权仍被宇文护牢牢把控。尽管如此,宇文护还是甚为忌惮,《周书》记载说:"武成元年,护上表归政,帝许之。军国大事尚委于护。帝性聪睿,有识量,护深惮之。"于是就开始谋划如何除掉这位敢于与自己"分权"的堂弟。

因为前面已经废黜了一个宇文觉,而宇文毓又是在自己的推荐下继位的,所以宇文护不好直接对宇文毓痛下狠手。公元560年,宇文护破例提拔御膳房厨师李安为"膳部下大夫"，暗地里指使李安在食物中下毒，宇文毓在毫无察觉中凄然辞世，年仅二十七岁。就在毒性发作、行将驾崩之际，他口授遗诏传位于四弟鲁国公宇文邕。

宇文邕的才德和能力更高，而且更为成熟老到，这让宇文护也更加寝食难安。宇文护一度想直接拿下宇文邕，就像当年拿下西魏恭帝一样，但在太史庚季才的劝谏下，他很快放弃了篡逆之谋，而是专心当他的辅弼之"周公"，拥立宇文邕。宇文邕也对他格外敬重，公元563年，他下诏说："大冢宰晋国公宇文护助朕完成帝业，安养天下百姓，功勋无比。从今以后，诏诰及官方文书一律不准直称他的名字。"这个待遇也暂时化解了君臣矛盾，但沉稳的宇文邕已经开始谋划如何彻底清除这位专横的宰相。

宇文护虽然专横，但懂得自律，而其儿子们则倚仗父亲的权势，个个贪婪无度，又肆意放纵属下，欺上瞒下，为非作歹，残害百姓，极大地败坏了宇文护的声誉。公元563年，掌控军事大权的宇文护命令大将军杨忠出兵，联合突厥兵共同东征北齐，但最终无功而返，使其威望大减。572年，已经掌握不少政治军事资源的宇文邕利用宇文护拜见皇太后之机，联合六弟宇文直，一举将宇文护当庭击杀。

从西魏恭帝三年（556年）到北周建德元年（572年），宇文护前后当权长达十五年之久，其间先后弑杀三位皇帝，而最终被周武帝所灭。其妻小以及李安等党羽也一并被诛杀。《周书》在评价他时，明确指出："护寡于学术，昵近群小，威福在己，征伐自出。有人臣无君之心，为人主不堪之事。忠孝大节也，违之而不疑；废弑至逆也，行之而无悔。终于身首横分，妻孥为戮，不亦宜乎。"

周武帝宇文邕终于拔掉了宇文护这颗"有人臣无君之心，为人主不堪之事"的专横的钉子,但他并没有对其进行彻底否定,而是在诏书中批评他"志在无君,义违臣节,专任群小"的同时,仍不忘表扬他"任总朝权,寄深国命"的功劳,此后又恢复了宇文护的晋国公爵位,谥其号为"荡"。既彰显了浩荡皇恩,展示了包容大度的胸襟,也及时缓解了君臣矛盾,安稳了朝政。

雄才大略的周武帝在铲除宇文护残余势力的同时,全力实施自己的政治抱负,强力推行政治、军事、经济改革。政治上不断强化以皇权为中心的中央集权,削弱大冢宰的权力,打击世族和豪族势力,册封柱国齐国公宇文宪、卫国公宇文直、赵国公宇文招、越国公宇文盛、滕国公宇文逌等亲兄弟为王爵,推行法制建设,在"六条诏书"的基础上,制定了"刑书要制";军事上推行府兵制,取消兵员的种族限制,境内包括均田上的汉族农民凡男均可充当府兵,"改军士为侍官,募百姓充之,除其县籍。是后,夏人半为兵矣",大大扩充了军力;经济上,颁发了统一的度量衡,便利于商业交往,又释放奴婢,推行灭佛政策,寺院原来占有的大量人口也开始向国家纳税服役,大大增加了国家编户和财政收入,同时还注重广辟农田,兴修水利,农业生产日益发展。其改革举措不仅有效推进了经济社会发展,增强了军事实力和综合国力,同时也为后来统一的隋朝提供了丰厚的管理经验。

就在周武帝实施改革强国战略之际,东边的北齐则日益腐化没落。建德四年即公元575年,他瞅准时机,力排众议,亲率大军直扑洛阳金墉城。周军纪律严明,在北齐境内禁伐树木、禁止践踏庄稼,颇得民心,但此次进军终因周武帝宇文邕生病无功而返。此后两年内,周武帝决心"死中求生,败中取胜",连续对北齐用兵,先后攻克北齐老巢晋阳,攻陷都城邺城,北齐灭亡,北周从此统一黄河流域和长江上游,也为后来隋朝的大一统奠定了基础。

在灭亡北齐之后,周武帝又把目光瞄准北方的突厥和南部小朝廷陈国,准备一统华夷,但可惜的是,宣政元年即 578 年在北征突厥的途中,他突然病倒,不久便在回到洛阳的当天病逝,年仅三十六岁。著名历史学家白寿彝在评价周武帝宇文邕时,不无遗憾地说,周武帝不愧为南北朝时期的一代英主,可惜正当他打算"平突厥,定江南",实现统一全国的理想时,不幸于出征前夕病逝。

周武帝的英年早逝,让其精心打造的大周江山在其不肖子孙的糟蹋下很快便轰然崩塌。

周武帝驾崩后,太子宇文赟继位。但这位在父亲生前备受管教之苦的年轻皇帝(时年十九岁),对父亲苦心经营的帝王大业毫不在意,而是醉心于声色犬马。在父亲下葬仅十天之后,便脱掉孝服,举杯庆贺履新之喜。为了更方便专心满足其酒色之欲,不到一年,他就下诏传位于年仅七岁的长子宇文衍(宇文阐),他本人则自称天元皇帝,并一口气封了五位皇后,一度打破了前赵皇帝刘聪"三后并立"的纪录,创造了历史之最,其中就有隋国公杨坚的女儿杨丽华,为外戚专权篡位提供了便利。

宇文赟自毁江山,在继位的当年就残酷地杀害了皇叔齐王宇文宪,致使唯一可以倚仗的宗室势力衰落,杨坚等外戚势力乘机崛起。由于酒色过度,宇文赟两年之后即匆匆病逝,丢下年仅八岁的儿子危坐龙椅。仅一年之后,虎视眈眈的外祖父杨坚即果断出击,逼迫幼弱的末帝禅位于己,继而又将其杀害,而他本人则从"隋国公"摇身一变,成为大隋天子,中国也从此开启了大一统的崭新时代。

对于北周的灭亡,后来者多归咎于宣帝宇文赟。唐代名相魏徵就曾指出:"天元性凶而强,威福在己。亡国之事,皆在其身。"虞世南评价得更为露骨:"太山之将崩,必因拔壤。树之将折,皆由蝎蠹。国之将亡,必有妖孽。若夫天元,周之妖孽也,其诡谲奇怪,岂足怪乎?"而事实上,即使宇文赟不为"妖孽",也很难阻止一个更为强大的王朝的诞生,杨坚及其大隋政权的横空出世,不过是分久必合的历史大势而已。

只不过因为周武帝的过早辞世,将统一大业的历史机遇拱手让给了杨坚而已。

令人称奇的是,北周五位皇帝中只有周武帝宇文邕(543—578年)活过三十,最小的静帝宇文阐(573—581年)只有九岁;北齐六位皇帝中也只有武成帝高湛(537—569年)刚过三十,最小的少帝高恒(570—577年)只有八岁;而两国的亡国之君周宣帝宇文赟(559—580年)和齐后主高纬(556—577年)均为二十二岁。

更让人扼腕的是,北周的实际创立者宇文泰共有十三个儿子,杨坚杀其五,而他们在创建北周过程中战功赫赫。周武帝在征灭北齐中一度将高欢子孙灭绝,但当杨坚建立隋朝时,宇文氏子孙也被灭绝。北齐的实际创立者高欢的十五个儿子死于自残者众多,且没有一个活过四十岁;而杨坚的五个儿子也没有一个得以善终,其子孙中又多死于宇文氏(宇文化及)之手。

纵观南北朝诸帝,自宋武帝刘裕擅开弑杀旧君之先河以降,后来者总会对前朝君主大开杀戒,而最终冤冤相报,遗祸同宗,"子孙无遗类"。

此乃"积善之家必有余庆,积恶之家必有余殃"之训乎?权争之酷,只为当下,善恶不分,则祸长远矣。

# 第二章

# 傲岸的文人

文人的命运最能反映一个时代的风云。像众多传统文人一样，他们既想光宗耀祖，谋取仕宦，装扮门庭，又要保持个性独立，羽化登仙。处在大动荡时期的南北朝文人们，除了要谋生，要固守自己的思想领地之外，还要面临危机四伏的政治环境。动荡给了他们更多的自由与创作空间，而动荡又让他们难以守护其可怜的孤傲。

元嘉三大家

南北朝时期,刘裕建立的宋朝取代东晋,成为南朝宋齐梁陈四个王朝的肇始,也是南朝中统治时间最长、疆域最大、国力最强的王朝。其中宋文帝刘义隆统治时期,社会安定,经济发展,文化繁荣,史称"元嘉之治"。宋文帝以"元嘉"(424—453年)为年号,其间出现的三位著名诗人谢灵运(385—433年)、颜延之(384—456年)、鲍照(约414—466年)并称"元嘉三大家"。

作为我国古代文学史上不可或缺的重要力量,三位诗人注重写景状物,讲究辞藻和对偶。谢灵运诗歌清新精工,颜延之诗歌华美典雅,而鲍照诗则雄恣奔放,他们的诗风又被称为"宋初三体",对后世诗歌创作产生了深远影响。

作为中国传统士大夫文人,他们在进行文学创作的同时,也极力追求政治和社会地位,演绎了一段"诗与远方"的人生传奇。

# "元嘉三大家"之谢灵运:领导无眼,我自开路

茫茫绿海,山林绵延。在今浙江东部四明山、天台山一带的丛林深处,数以百计的随从在一位身着奇装异服的"官人"带领下,兴冲冲披荆斩棘,一路伐木开道,直逼临海地界。周围好奇的村民见如此阵势,以为山贼来袭,急忙上报。临海太守王琇立即亲往查探,原来那队人马并非"山贼",而是远近闻名、标新立异、喜好游玩作诗的谢灵运先生。

王琇早就清楚谢先生的秉性,也就并不在意地离开了。但因为谢先生的动作太大,从始宁县(今浙江省绍兴市上虞区)到临海县一连数日行程几百里,游兴不减,又跑到临近的会稽郡(今浙江省绍兴市、宁波市一带),直接惊动了与他有个人恩怨的会稽太守孟颐。

孟颐本来只是一位地方长官,又信佛,与谢灵运没有什么积怨,但他看不惯谢先生的狂傲。谢先生明知道他信佛,却公开宣称:"成仙得道都是有灵性的文人,孟颐何才何德? 他升天一定在我之前,成佛则必在我之后!"对这位地方长官极为不齿。不仅如此,谢先生利用自己的影响,上疏要求将会稽城东的回踵湖填平改为稻田,很快便得到文帝刘义隆的批准,文帝还下令地方各州郡参照执行,但遭到孟

颧的坚决抵制。此后谢先生转而又要求将始宁县的岥崲湖改做稻田，再次遭到孟颧的抵制。双方因此而结下仇恨。后来，孟颧为报私仇，竟向朝廷状告谢灵运"谋反"，后者得知后方才感到问题的严重性，毕竟"谋反"是要杀头的，况且他本人也的确毛病甚多，《宋书》记载说他"为性偏激，多愆礼度"，他也正是因为自高自大、蔑视法礼，才遭贬谪，闲居家乡。

于是，一向狂傲的谢先生立刻飞骑进京上书，申明自己"抱病归山，三年都未与外界接触"，怎么可能有谋反的"异志"？在痛陈自己是被"冤屈"之后，还不忘表达自己"忧怖弥日，羸疾发动，尸存恍惚，不知所陈"的惶恐心情，请求皇帝为自己做主。

令谢先生没有想到的是，他的一番言辞，竟然真的打动了圣上，推翻了"谋反"罪名，宋文帝刘义隆很快签发了"赦免令"，同时给了个"临川内史"的职务，让其去临川即今江西抚州任职，以远离京师与凡尘。

这是发生在南朝宋文帝元嘉五年，即公元 428 年的事情。

那么，作为南朝明君的刘义隆为何对谢先生如此宽容大度呢？

事实上，谢灵运的性格特征，注定了他在政治上的幼稚与无为，他也并不具备"谋反"的政治野心与实力，刘义隆"赦免"他更为重要的原因，则在于拉拢高门士族，稳定时局，毕竟谢灵运不同于一般的文艺青年，老谢家可是东晋名副其实的"当轴士族"，谢氏子孙门第高贵，才华出众，成为东晋以来的士族领袖。早在公元 383 年，前秦主符坚率领百万大军南下攻晋，东晋太保谢安以侄子谢玄为前敌总指挥，仅以八万之兵即在淝水之战中大败敌军，挽狂澜于既倒，东晋不仅幸存下来，还一度将边界线从长江推至黄河之滨。

而为东晋立下汗马功劳的谢氏重臣，正是谢灵运的亲族，谢玄就是谢灵运的爷爷。

谢灵运出身陈郡谢氏，祖籍陈郡阳夏（今河南省太康县），而陈郡谢氏与琅琊王氏并称"王谢"，为显赫一时的名门望族，唐代诗人刘禹锡曾在游金陵（今南京市）时发出感慨："旧时王谢堂前燕，飞入寻常百姓家。"而谢灵运出生时，谢氏家族仍处在黄金时代（后期）。他的族弟谢晦是南朝宋的开国元勋，官至中书令。

他出生时，谢氏家族已经随东晋王朝南迁至会稽郡始宁县。他的父亲谢瑍官拜秘书郎，袭爵康乐公，曾入谢玄创建的北府军。因为家族原因，谢瑍与另一高门王氏结亲，娶了著名书法家王羲之独生女的女儿为妻，也就是说，王羲之是谢瑍的姥爷，谢灵运的太姥爷。谢瑍虽然世袭了父亲的康乐公爵位，但他生性迟钝，与谢家其他精英全然不同，他生了四个儿子，分别取名为"仁、孝、信、义"，其中的"公义"就是谢灵运。谢灵运天生"灵"秀，一表人才，爷爷谢玄曾对亲友自嘲或夸耀道："我只生了个（傻）谢瑍，谢瑍怎么生了个（如此伶俐的）灵运？"

因为受到爷爷的喜爱，年幼的谢灵运受到特殊照顾，被送到钱塘道士杜炅的道馆中寄养，长到十五岁时才被接回京师建康，而早在他九岁时父亲谢瑍就已离世。谢灵运从小便酷爱读书，博览经史，文章写得特别好，"文章之美，江左莫逮"，江南几乎没人赶得上，堂叔谢混尤其喜欢他。

晋安帝元兴二年（403年），十八岁的谢灵运继承了祖父的爵位，被封为康乐公，享受两千户的税收待遇。朝廷还援引先例，授予他"员外散骑侍郎"的职务。或因此职有名无实，为闲散之职，谢灵运拒绝接受。两年后,他出任琅琊王、大司马司马德文(即晋安帝司马德宗之弟)的行参军,成为东晋末帝的幕僚。不久又成为北府军著名将领刘毅的幕僚(中郎)。

谢氏家族对东晋王朝感情较深。谢灵运的祖上因为门第较高,始终受到东晋皇族的敬重和青睐,他的堂叔谢混还被晋孝武帝司马曜选为女婿。早在372年,东晋简文帝司马昱驾崩后,司马曜年幼,权臣桓温一度要废帝自立,被誉为"风流宰相"的谢安及时出手,挫败了桓温的企图。但是,桓温的儿子桓玄更加猖獗,就在谢灵运袭康乐公爵位的当年,即403年,他直接废黜晋安帝,建立桓楚政权。此后,北府军将领刘裕与刘毅起兵讨伐,次年即剿灭桓玄,晋安帝复位,405年晋安帝从江陵返回首都建康,刘裕把持朝政。

刘裕掌权后,老部下刘毅多有不服,于是联合朝中重臣谢混,于晋安帝义熙八年即412年起兵讨伐刘裕,旋即兵败,刘毅自缢,谢混则被赐死。作为谢混的侄儿和刘毅的长期幕僚,谢灵运并未受到株连,反而被刘裕任命为太尉参军,回到京师建康后,转任秘书丞。此后,他又先后出任中书侍郎、咨议参军、黄门侍郎,并代表朝廷出使彭城(今江苏省徐州市),慰劳奋战在前线的刘骏。刘骏就是刘裕的孙子,刘义隆的第三子,后来的宋孝武帝。

随着刘裕军功和声望的不断攀升,与谢氏家族关系非常的东晋王朝很快灭亡。公元419年,刘裕废杀晋安帝,另立司马德文为帝,次年便逼迫末帝司马德文禅位,东晋结束了偏安东南一百多年的历史,取而代之的是崭新的刘宋政权。

谢灵运的人生也随着新政权的建立,掀开了新的一页。

就在刘裕建宋的当年,朝廷就借口"擅杀门"事件,将谢灵运原有的"公"爵降为"侯",从食邑两千户减为五百户。所谓的"擅杀门"事件,就是名叫桂兴的家奴与谢灵运的一个小妾私通,被谢灵运一气之下处死。主人打死家奴在旧王朝是一件再小不过的事情,何况这个家奴犯了戒。但出身寒门的武将刘裕,向来看不惯豪门士族,他削减谢氏的爵位和俸禄,既是对传统士族的打击,更是为新政权立威。但是,作为新政权的统治者,刘裕在对前朝司马氏进行清洗的同时,也要考虑到士族大户的利益,以保持政权的稳定。

刘宋政权的这种矛盾心理,直接影响到谢灵运及其家族的兴衰。在新政权中,他又先后出任散骑常侍、太子左卫率,虽然近在天子身边,但均为没有实权的虚职。而谢灵运自恃才高,应该得到重用,参与国家大事,"自谓才能宜参权要",却得不到应有的职位,常因此而愤愤不平,"既不见知,常怀愤愤"。

谢灵运以文人之资,欲谋"权要",不知不觉间将自己完全陷入了刘宋王朝初期的权力斗争中,并最终成为牺牲品。他感觉到刘裕对自己的冷落后,又及时向庐陵王刘义真靠近。此君为刘裕的次子,他"仪貌俊美,神情秀彻",颇有文化人风范,与谢灵运、颜延之、慧琳道人等当朝名士均有很深的交情。但富有文人情怀和志向抱负的刘义真同样遭到权臣们的嫉妒和排挤。

422年刘裕驾崩后,刘氏家族立刻在权臣的操弄中陷入权力之争。少帝刘义符居丧无礼,喜好游狎之事,不行天子之道,仅一年多时间即被顾命大臣徐羡之、檀道济、傅亮、谢晦等联合废黜杀害,徐羡之等权臣在皇帝人选上有分歧,各为其主,徐羡之派人将排位第二的刘义真杀害,扶立刘裕第三子刘义隆为帝,是为宋文帝。

而早在少帝继位时的422年,不懂政治的谢灵运看到朝中大权掌握在几位权臣手中，就非常不满，口无遮拦地诽谤当权者，并在其中挑拨离间，惧怕他的徐羡之等人于是将其排挤外放到永嘉郡，任永嘉太守。永嘉郡地域辽阔，山水秀美。当时的首府在永宁，即今浙江温州主城区、永嘉县、乐清市一带，下辖永宁、固安、横阳、松阳。虽然是被排挤而出的，但有如此胜地美景，谢灵运也就从兴而为，跋山涉水，将自己的感怀寄托于山水林湖和吟诗作赋之中，治民、管理之责则全然不顾。因为永嘉就在其家乡，于是他回到老家大造别墅和庄园，就像谢玄当年大规模扩建建康宫城，又另建豪华别墅一样。工程完成后，他还兴致勃勃地撰写了一篇《山居赋》，记述其事，将秀水环抱、山峦巍峨的幽谧景致描摹得无以复加，令人荡气回肠，跃跃欲瞻。

在永嘉郡任上，他除了游玩就是游玩，成就了他旅行家的美誉。

他还与当地的隐士王弘之、孔淳之等结伴出游，吟诗作乐，好不自在！因为诗歌写得好，每一首都是精品，被疯传于京师里巷之间，"贵贱莫不竞写"，一位失意的文人也因此在一夜之间"名动京师"，成为"远近钦慕"的诗人。

就在谢灵运一心游玩吟诗作赋的过程中，京师建康发生了激烈的政治斗争。徐羡之等人除掉刘义符、刘义真兄弟后，景平二年即424 年，刘义隆被迎立为帝。文帝刘义隆雄才大略，很快将徐羡之等权臣剪灭，已经出镇荆州的谢晦为了自保竟起兵反叛，也被文帝消灭。

而谢晦正是谢灵运的堂弟。此前，曾多次写信规劝在永嘉游乐"不务正业"的谢灵运，结果自己反而提前在政治旋涡中倒下。

叔父谢混被刘裕杀害，堂弟谢晦又被刘义隆除掉，相对于养尊处优的东晋政权，敏感灵动的谢灵运先生，到此时应该对崭新的刘宋政权怀揣更多的感悟吧。

但是,刘义隆不同于父亲刘裕,他是在血雨腥风中获得皇位的,他非常需要得到更大更多的支持,对于像谢氏、王氏这样的豪门大族,他尤为重视。元嘉三年即 426 年,在连续剪灭徐羡之等权臣后,文帝刘义隆主动向赋闲在家的谢灵运示好,调任谢灵运为掌管朝廷著作局的秘书监。谢灵运对这一任命毫无兴趣,两次召见都不予理会。后来,文帝又派光禄大夫、学者范泰出面邀请。范泰位高权重,又颇有学者风范,为著名历史学家范晔的父亲。他亲自写信,高度赞扬谢灵运的才华,激发了谢先生久违的自信与"政志",于是方才应召就任。

宋文帝对谢灵运的才华是真心赞赏、钦佩。他让谢灵运整理秘书省的书籍,对其中遗漏的地方进行拾补,并让他专门撰写一本完整记录近代历史的书籍,名曰《晋书》。这是一项名垂青史的重要工程和任务,但高傲的谢灵运回到京师更醉心于国家政(正)事,对此项任务并不热衷,仅粗略列出了晋史提纲便搁置一旁。尽管如此,文帝还是提拔他当了"侍中",这个职位相当于宰相,早晚都被皇帝召见,可谓一人之下万人之上。谢灵运不仅文笔好,字也写得好,每次作文作诗都要亲笔书写,文章、书法相得益彰,被文帝誉为"二宝"。

但文人毕竟是文人。文人总不把自己当文人。文人的悲剧就是认识不到文人的缺憾。

谢灵运与文帝相处久了,才猛然发觉,皇帝只与他谈论诗文,只把自己当文人,而从不涉及过多的政治问题。相反,名气和才华都在他之下的王昙首、殷景仁之流却能够直接参与政治决策,这让自恃甚高的他大为不平。于是,他又开始放纵自己,带领随从出城游玩,一走就是十几天,一天能走一百多里。

因为喜好诗文,他边走边进行创作,诗人和旅行家的雅号遂不胫而走。

但是,他太任性了,走前不请假,回来不报告,全然不把官人当官人。后来,宠爱他的文帝也难以服众,又碍于情面,便暗示他主动请辞。谢灵运于是称病请辞,回到家乡休养。

富有意味的是,他在离开京师前,还非常郑重地给文帝写了一道奏疏,劝文帝进行北伐。而就在他归隐家乡两年后的元嘉七年即430年,宋文帝果然开启了对北魏的北伐战争。

428年,谢灵运带着些许遗憾和落寞回到家乡后,依然故我。为了方便上下山,他还独创了可以灵活拆装的"登山鞋",上山装下"齿"(轮),下山装上"齿"(轮),就是后来被大诗人李白称为"谢公屐"的木鞋。有了这种特殊装备,加上同族兄弟谢惠连、东海人何长瑜、颍川人荀雍、泰山人羊璿之等"四友"的陪伴,整日游山玩水,饮酒作诗,即使被弹劾免除了所有官职,也生活得有滋有味,神仙一般。

但是,当他结怨会稽太守孟顗,并被发落到临川任内史之后,已过不惑之年的谢先生真正感受到生活的残酷,再联想到刘宋王朝对亲族的戕害,一种不祥的预感袭上心头。

在临川内史任上,他生活依旧,随性而为,游走赋诗,于是再次遭到"渎职罪"的弹劾,而且这次弹劾与以前大不相同,朝廷直接派人对他进行搜捕。狂放的谢先生一不做二不休,竟将前来抓他的命官郑望生抓住,并开始有了"兴兵叛逸"的"逆志"。令人难以置信的是,这位率性的诗人还将其心志公开表达出来:

韩亡子房奋,秦帝鲁连耻。本自江海人,忠义感君子。

谢灵运这首借助张良、鲁仲连抗拒新朝的故事,来抒发自己"忠义"情怀的诗,直接将他推上反叛刘宋政权的断头台。

谢灵运最终难以对抗朝廷,他被逮捕送到京师后,本应以聚众反叛罪处以极刑,文帝的弟弟彭城王刘义康更是力主就地正法,但文帝还是坚持网开一面,免去他的死罪,充军流放至偏远的广州。

但是,高傲的谢先生根本不去理会文帝的苦心,作为世代豪门的他,怎么能忍下如此"奇耻大辱"?早在被捕之前,他就做好了最坏打算,私下资助薛道双等乡友,令其聚众打造武器,准备在三江口一带劫救自己,继而像当年的谢混、谢晦一样举兵反叛。但可惜的是,尚未起事便露马脚,赵钦等村民被抓后很快交代了合谋反叛的事实。文帝刘义隆得知后,无奈颁下诏书,将谢灵运斩杀于广州。时在元嘉十年,即 433 年,谢灵运享年四十九岁。

凄凄凌霜叶,惘惘冲风菌。……恨我君子志,不获岩上泯。

一代豪门巨星,山水诗人鼻祖,著名旅行家、佛学家,就这样怀抱"君子志"凄然辞世。

## "元嘉三大家"之颜延之:老子嗜酒,伸展自如

刘宋王朝"元嘉三大家"之中,他最潇洒,喝着酒,骂着人,四任皇帝都敬重他。

他要官有官,在朝廷内外均有一批追随者。刘宋王朝开国时任太子舍人,刘裕驾崩少帝继位时为中书郎,文帝刘义隆元嘉时代更为风光,授勋光禄,刘劭弑父称孤后依然为光禄大夫,孝武帝刘骏即位后则为金紫光禄大夫,领湘东王师,世称"颜光禄"。

他并不在乎被排挤,说走就走。谢灵运被外放永嘉郡时,他则被贬到遥远的广西桂林,任始安太守,好不容易回到朝廷后又因脾性问题得罪人,被外放到老朋友谢灵运曾经落难的永嘉郡。他即使被排挤依然嗜酒咏诗,我行我素。

同为"元嘉三大家"和"元嘉体"的创造者,论年龄,他比鲍照年长两轮有余,比谢灵运还大一岁,比谢先生多活了二十多年,与圣人孔丘先生同庚,寿终七十有三;论文采,他与谢灵运各有千秋,鲍照的评价是:"谢五言如初发芙蓉,自然可爱。君(颜延之)诗若铺锦列绣,亦雕缋满眼。"意思是说,谢灵运的五言诗比较自然,如同初生芙蓉,而颜延之的诗则注重雕琢,像铺展开来的锦绣。

受鲍照评品的影响，时人将颜延之、谢灵运与之前晋代名人潘岳、陆机相提并论，"是时议者以延之、灵运自潘岳、陆机之后，文士莫及，江右称潘、陆，江左称颜、谢焉"。

他就是颜延之，一个文人的传奇。

颜延之的传奇可以延伸至他所在的整个刘宋王朝以及后世文学史。

## 而立之年尚未婚，一旦生育不寻常

颜延之（384—456年），字延年，琅琊临沂（今山东省临沂市）人。从史料记载来看，颜延之的出身也并不低微。他的曾祖父颜含为"右光禄大夫"，祖父颜约为"零陵太守"，父亲颜显则是"护军司马"，至少都是吃皇粮的"圈内人"；从其家族世系来看，他是颜回的第三十世孙，而颜回则为孔子七十二门生中的第一贤，被尊称为"复圣颜子"。

对于有如此光辉门第的颜延之来说，直到三十而立之年尚未结婚成家，简直不可理喻，只能是他个人的性情原因所致。史书上说他年少丧父，"少孤贫，居陋室，好读书，无所不览，文章之美，冠绝当时"，家里较为贫困，但是博览群书，文章写得特别好，与著名诗人陶渊明私交甚笃，陶渊明死后，他还写了一篇著名的诔文，名曰《陶征士诔》。此文情感真挚，气格高迈，较早展现了他非凡的文采和禀赋。他与酷爱自然的陶渊明交好，自然喜好自由，既"嗜酒"，又不在乎细节，"不护细行"，这或许是他"年三十犹未婚娶"的原因吧。

颜延之后来终于婚配，虽是中年得子，但其子都继承了他的特殊基因，特别是老大颜竣，不仅文笔好，政治才华也很突出，孝武帝刘骏起兵讨伐弑父称孤的刘劭时,讨伐檄文就出自颜竣之手。颜竣在孝武帝刘骏朝廷中位高权重,就连刘骏的亲家、时任吏部尚书的何偃也对他畏惧三分,甚至还因为与之"有隙",惶恐不安而得了"悸疾"。

颜延之对子女教育非常严格,他专门写了一篇训诫教育子女的文章《庭诰》。该文结合自己的切身经历,集中阐释了颜氏儒家思想,对后世影响甚大,对颜之推的《颜氏家训》影响尤深。颜延之的几个儿子成就都比较高,据《南史》记载,宋文帝刘义隆曾经问他几个儿子的情况,他毫不谦虚地回答说:"竣得臣笔,测得臣文,𪩘得臣义,跃得臣酒。"意思是说,颜竣继承了我的笔法,散文写得好;颜测继承了我的文法,韵文很棒;颜𪩘传承了我的节义,很讲道义;颜跃则像我一样喜欢饮酒,放浪洒脱。旁边一直对颜延之有看法的中书令何尚之则嘲讽道:"你这么多优秀的儿子中,谁继承了你的张狂呢?"颜延之则随口答道:"论狂妄,他们都不如我!"

颜延之对权倾朝廷的颜竣训诫尤严。颜竣喜好奢华,颜延之很是不齿,他对颇为孝顺的颜竣直言不讳地说:"我平生最不喜欢高官贵人,现在不幸见到了你!"凡是儿子颜竣所供应的资财,颜延之一点也不接受,只喜欢过清淡日子,平时一旦遇到了颜竣的豪华仪仗队,他便悄悄躲到路旁。颜竣建造宅院,他也加以干涉,对儿子劝道:"你要很好地自为,不要让后世人笑你愚蠢。"

一天早晨,颜延之去找颜竣,遇到宾客盈门,可身居高位的颜竣还在睡觉未起,颜延之跑过去,怒斥道:"恭敬自谦是福气的根基,而骄矜傲慢则是灾祸的起点。何况你是出自粪土当中,而升到云霞之上,骄气不可长,你这样难道能持久吗?"

颜延之有个爱姬,十分伶俐,一刻也难以离开。倘若此爱妾不在身边，他便寝食难安。但这个爱妾却不自重，竟凭借颜延之的宠信撒娇轻率，失手将年事已高的颜延之弄下床来，摔伤不起。儿子颜竣为此一怒之下将其杀死。颜延之痛惜至极，常常坐在她灵位前哭诉："爱妾呀，是贵人杀了你，可不是我杀了你呀。"

这年冬天，他在灵位前哭着，忽然看见爱妾从灵位前起身，推倒屏风来压自己，颜延之一阵惊悚，恍惚间倒在地上，从此一病不起，于孝建三年即456年遗憾落幕，享年七十三岁。

## 无论权贵随羞辱，傲气十足称"彪"哥

同为"元嘉三大家"，颜延之的出身介于谢灵运的高贵和鲍照的贫寒之间，但他的傲岸程度似乎更高。无论在位不在位，他总是从心所欲，毫无顾忌，对于周围权贵，他动辄进行讽辱。明代著名文学家张溥在其著作中明确指出："颜延之饮酒祖歌，自云狂不可及……玩世如阮籍，善对如乐广。"

宋文帝上台后曾主动邀请他到朝中做官，但屡次召见，他只顾在酒店里光膀喝酒，"裸袒挽歌，了不应对"，不予理会，最后酒醒后才晃悠悠接旨进京。他到朝廷后，总觉得别人对自己不够尊敬。当时朝中有位青年才俊，名叫袁淑，因为博学多才而受到重用，时人对他推崇备至。颜延之很是不屑，老觉得此人对己不敬，于是他当众怒斥袁淑道："从前有位天才少年陈元方，你知道吧？陈元方与孔圣人之后孔元骏都有文学之长，他们年龄相仿，而孔元骏却谦虚地在陈元方的坐床前下拜。现在，我的年龄可以做你父亲，我的才学可以当你老师，可你为何不来拜我呢？"将年轻气盛的袁淑斥责得无言以对。

对于年长者，颜延之也毫不客气，比如何尚之。何尚之出身名门，父亲何叔度官至紫金光禄大夫，他本人则为侍中、左光禄大夫、中书令，可谓位高权重，受到文帝的赏识。此君饱读诗书，曾聚众讲学，领办"南学"，名噪一时。他与颜延之本为发小，关系很好，两人都生得短小精悍，何尚之年长两岁，常称颜延之为"猿"，颜延之则称何尚之为"猴"。一天，他们同行游览太子西池，颜延之故意问行人道："你说我们俩谁像猴子？"行人指着何尚之说："他像。"颜延之十分满意，但这位"不解风情"的行人却补充道："他像猴子，您却是真猴子！"

颜延之从不把何尚之放在眼里。一天，他醉醺醺跑到正在值班的何尚之那里，准备戏耍他一番。何尚之得知，连忙装睡，不予理睬。颜延之见状，掀开帘子摇头道："朽木难雕也！"他走后何尚之对侍者道："这个家伙醉后更加可怕呀！"

颜延之与何尚之同在朝廷为官，又是发小，但他们却像一对冤家。何尚之的儿子何偃与颜延之的儿子颜竣关系也很不好，何偃还因为颜竣怕出病来。颜延之对何尚之不敬，对何偃更是不屑。在孝武帝刘骏时代，颜延之父子地位上升，颜延之成为紫金光禄大夫，还兼领湘东王师。一次，颜延之与何偃一同随皇帝外出，何偃看见颜延之，很远处便很尊重地打招呼道："颜公！"颜延之闻听，认为这位后生喊得有些轻佻，便斥道："叫什么叫！我既不是三公之公，也不是田舍公之公，更不是你家阿公，为何要叫我公？"弄得何偃满脸羞愧而退。

即使在最不得意的时期，颜延之也傲气十足。434年，他第二次被贬，出任永嘉太守，紧接着又遭弹劾，赋闲在家。两年后的元嘉十三年即436年，东晋恭帝司马德文的皇后褚灵媛（即恭思皇后）去世。

当时东晋王朝早已灭亡,司马德文男性皇族也被刘裕一网打尽,其女儿司马茂英嫁给太子刘义符,褚灵媛遂又成为刘宋皇族的外戚。因为有这层关系,恭思皇后去世时,文帝刘义隆决定对其进行厚葬,专门挑选东晋义熙(405年)年间的旧臣参与葬礼,颜延之被冠以"侍中"的高级职位,由地方官邀请参加丧事活动。当地方官把"邀请函"送至颜延之府上时,他正喝得大醉,一把扔掉书信,斥责道:"我颜延之连活着的人还侍候不了,怎么侍候得了死去的人呢?"

《南史》在总结颜延之时说他"性褊激,兼有酒过,肆意直言,曾无回隐",列举了他的四条"过失":一是为人偏激,二是嗜酒误事,三是口无遮拦,四是不知避让。因为有这四大"毛病",人们都很怕他,所以颜延之又获得一个"颜彪"的雅号。

但是,颜延之为官数十年,死后还被"追赠散骑常侍、特进,金紫光禄大夫如故",并获得"宪子"的谥号,他果真"曾无回隐",不知回避隐藏吗?

## 四任政府受优待,起起伏伏很自如

正史中关于颜延之的记载并不多,尤其对其早年的记录更少,只强调说他好读书,文章堪称翘楚,又好饮酒,不拘小节。但我们从中亦可窥见颜延之非凡的才华和鲜明的个性。

颜延之虽然对婚姻兴致不高,三十了还未结婚,但他对妹妹的婚事却很重视,将妹妹嫁给了刘穆之的儿子刘宪之。刘穆之为汉代开国皇帝刘邦庶长子刘肥的后代,东晋末年的大臣,受到大将刘裕的器重,而刘裕就是南朝宋的开国皇帝。可见,颜延之还是很有眼光和洞察力的。

刘穆之因为儿媳妇的这层关系,再加上颜延之蜚声文坛,所以就主动邀请颜延之出来做官,但矜持的颜延之却拒绝与其见面。不知是否得益于刘穆之的举荐,颜延之不久还是走上官道,先为江州刺史刘柳的后军功曹,继而转为刘裕世子的行军参军,充当幕僚。刘裕当时已因军功权倾朝野,在刘裕北伐胜利时,被东晋朝授爵"宋公",颜延之则代表朝廷前往慰问祝贺。就在颜延之途经古都洛阳时,他睹物伤怀,有感而发,吟咏《诗经》中的"黍离篇",并创作了两首诗歌,被同样有才的谢晦、傅亮所赏识。

刘裕虽为武将,但对文学很感兴趣,在他代晋称帝后,对文人也较为重视。当时有位隐士,名叫周续之,以儒学著称,武帝刘裕便将其请至宫中,开设馆堂,让其讲学。但此君表达能力不是很好,讲课有些啰唆,而颜延之则能简明扼要地把问题讲清楚,因此引起刘裕的高度重视,增补颜延之为太子舍人,成为皇宫第二权力中心的师傅。

在武帝刘裕时代,颜延之像谢灵运一样,与庐陵王刘义真关系不错,而刘义真则不被权臣傅亮、徐羡之等看重。颜延之又自恃才高,不肯屈人之下,所以受到傅亮等人的排斥。

刘裕仅当了两年皇帝便遗憾驾崩,太子刘义符继位,但权力掌握在徐羡之、傅亮等权臣手中。在权臣的操控下,颜延之被外放到始安任太守。始安即今天的广西桂林,在当时属于极为偏远的地区。那时还有一个始平郡,在今天的陕西兴平市,魏晋时期"竹林七贤"之一的阮咸与荀勖不和,曾被外放到此。所以在颜延之离京之前,领军将军谢晦嘲讽道:"过去荀勖忌妒阮咸,排斥他去管理始平郡,现在您又掌管始安郡,这可以称作是'二始'了。"黄门侍郎殷景仁也附和道:

"这就是常说的人们嫌恶俊杰之士,世俗毁谤文雅之人。"颜延之在赶往始安郡的途中经过湖南时,为湘州刺史张邵写了一篇《祭屈原文》,借屈原故事抒发情感。

颜延之走了,他的政敌、文敌们长出一口恶气。但颜延之的外放,恰恰让他躲过了刘宋王朝激烈的政治斗争。少帝刘义符被徐羡之、傅亮等权臣废黜,刘裕第二子刘义真被杀,徐羡之等拥立刘裕第三子刘义隆为帝,是为宋文帝。

宋文帝是在权臣们的谋划下上台的,但他并不甘于做傀儡,而是以迅雷不及掩耳之势,将徐羡之、傅亮等诛灭,谢晦也反叛失败。宋文帝刘义隆为了尽快稳定局势,亟须一批人才为其站台补位,于是将外放的谢灵运、颜延之等名士召回京师。

文人就是文人,颜延之回朝后又与朝廷新贵刘义康、刘湛、殷景仁等产生龃龉。他看不惯这些新贵独立行政,而不把自己放在眼里,经常言辞激烈地公开宣称:"天下事哪是靠一个人的智慧所能做完的!"对于刘湛,他更为不齿,而刘湛的父亲就是刘柳,颜延之最初就是在刘柳军中供职。现在他见到刘湛飞黄腾达,竟对其直言道:"我的名声和职位不上升,应当是因为我曾经做过您家的吏人吧?"让身居要位的刘湛极为难堪。在刘湛的构陷下,经刘义康批示,颜延之再次被外放,成为永嘉太守。但此君不服,专门作了一首诗,名曰《五君咏》,借助"竹林七贤"的旧事抒发自己被贬谪的无奈与不满。该诗传到京师,刘义康和刘湛向文帝建议,要将颜延之流放到更远的地方,文帝委婉地拒绝了,颜延之于是得以留在离京师不远的永嘉,但不再担任职务。他的经济来源,主要靠当时的中书令王球予以支持。

颜延之赋闲在家的六七年间,朝廷正在酝酿一场新的政治风暴。

当时宋文帝刘义隆的弟弟刘义康任宰相,权倾朝野,他大肆培植势力,封官许愿,准备自立为帝。善于观察的刘义隆敏感地觉察出弟弟的意图,于是果断出手,将其羽翼刘湛等先期捕杀,刘义康见状主动提出离京任职,才暂免一死。时在元嘉十七年即 440 年。

刘湛死后,颜延之再次被召进京,担任始兴王刘濬的后军谘议参军、御史中丞,而刘濬则为宋文帝刘义隆的次子,可见颜延之是得到重用的,此后他又先后担任国子祭酒、司徒左长史、秘书监、光禄勋、太常等。但颜延之并未改变其狂傲的性格,甚至在文帝面前也毫不谦虚。当时有位慧琳和尚,很受文帝优待,为其座上宾。颜延之对于慧琳这位"政治和尚"很是不齿,见他受到皇帝如此优待,两人甚至同处一榻,非常嫉恨,于是就在酒醉之后趁着酒劲对文帝建议说:"先前的西汉时期,宦官赵谈(同子)与文帝同车,中郎将袁盎(袁丝)很严肃地劝谏皇帝(不要如此)。现在您却与一个和尚同榻,这是三台之座,怎么可以让受刑之后的人坐在上面?"

颜延之的目的不过是让皇帝不要与和尚过于亲近,但他的劝谏方式太直白,把慧琳和尚说成"刑余"之人,把皇帝看得太轻浮,让文帝十分震怒,脸色突变,从此对颜延之产生反感。

但是,文帝同乘任善待文人的作风是一贯的,颜延之一生的辉煌主要集中在宋文帝元嘉时期(424—453 年)。令人难以理解的是,颜延之恰好在元嘉三十年即 453 年"致事",即正式退休,而正是在这一年中,刘宋王朝风云突变。太子刘劭联合刘濬弑父称孤,而刘濬就是刘义隆的次子,曾经作为颜延之的上司。

刘劭称帝后,颜延之被任命为光禄大夫。但不久,文帝第三子刘骏即起兵反叛,而讨伐檄文正出自颜延之儿子颜竣之笔。当时,檄文传至京师,刘劭问颜延之:"你看这文章像谁写的?"

"犬子颜竣!"颜延之看罢,非常确定地回道。

"你怎么知道是他?"刘劭又问。

"他是臣的儿子,臣不会不认得。"

"既然是你的儿子,你又在朝中为官,他为何写得如此激烈呢?"刘劭怒问道。

"我是他父亲,但颜竣根本不给我面子,他又怎么会考虑到陛下您呢?"颜延之很无奈地回道。刘劭闻听,似乎也有一定道理,就不再追究,颜延之因此免去灾祸。

刘劭最终被三弟刘骏击败,刘骏称帝后,颜延之被任命为金紫光禄大夫,兼任湘东王师,权力达到一生的最高峰。

但就是在权力的最高峰处,他主动提请退休,远离政治中心,这或许正是颜延之较谢灵运、鲍照的高明之处吧。

# "元嘉三大家"之鲍照：跟错一人，误我一生

他拥有包括李白在内的一大批粉丝，其诗歌创作在现实反映、情感表达、格律变通、句式转换等各个方面均有较大创新，彰显出前所未有的广度和深度，有力助推了中国古典诗歌的繁荣发展，被尊为七言诗的开山鼻祖。

他穷其一生都在为美好生活奔波，先后追随刘宋王朝四位宗亲——临川王刘义庆、衡阳王刘义季、始兴王刘濬、临海王刘子顼，怀揣着"诗与远方"，亲历了一个王朝的风雨沉浮，最终只在一个"参军"的名头下，死于乱军之中。

他就是鲍照，"鲍参军"。大诗人杜甫在评品友人李白的诗歌成就时，还不忘以他为标杆，称诗仙李白为"俊逸鲍参军"。

鲍照在南北朝文坛上声名远播，与谢灵运、颜延之并称"元嘉三大家"，与北周"清新派"著名诗人庾信并称"鲍庾"，钟嵘在《诗品》中指出："然（鲍诗）贵尚巧似，不避危仄，颇伤清雅之调。故言险俗者，多以附照。"对其创新之作给予充分肯定。

# 一个美丽的传说:"留一犁"

在湖北、安徽和江西交界的黄梅地区,有一个流传甚广的传说。南北朝时期一位姓宛的农民在耕种时,突然发现自家田地里多出了一座新坟。按照农村习俗,把坟挖在别人地里,一则不礼貌,至少要商量一下才能下葬;二则不吉利,毕竟死了人,葬在自家地里似乎会沾染晦气。但这位农民非常善良大度,他不仅没有责问,反而对逝者非常尊重,犁地时专门离此坟远一些,特意留出一犁的距离。不仅如此,他还特别告诫家人,世代都要理解尊重逝去的先人,把"留一犁"作为家训传承下去。多年之后,隋朝实行科考制度,普通百姓也可以通过科举进入上流社会。于是,这位宛姓农民的后代也尝试参加科举考试。此后生在赶往省城备战"会试"期间,每当遇到难题时,背后总有人为他指点迷津,而转身一看却空无一人。他很奇怪,就乘对方解答问题之机,询问对方姓名,对方留言曰:"刘一雷。"

在"刘一雷"的指导下,此后生如愿考中,成为名列榜首的大秀才。宛家人在热烈庆祝的同时,四处打探这位恩人"刘一雷"的来历。经过反复论证,原来"刘一雷"只是"留一犁"的谐音,是祖上积德行善带来的现实回报而已。

宛家人于是决定重修那座存在多年的无名墓,以示感谢。从这座无名墓中发现不少随葬竹简,经过专家对这些竹简的考证,此墓的主人却是南北朝时期大名鼎鼎的"鲍参军"鲍照。

如今,在湖北黄冈市黄梅县城外的西池岸边,依然矗立着一块历经风雨的墓碑,上刻"南朝宋参篝鲍公照明远之墓",正是清道光年间重修的鲍照墓,而就在不远处的安徽合肥市肥东县境内也曾傲然挺立着一座"明远台",明远即鲍照。据说,那是鲍照先生幼时读书的地方。

## 一段曲折的经历:"苦逼人生"

鲍照虽然文名远播,但正史中对他的记载非常有限,甚至出生时间和地点都有存疑。据后来的专家考证,他大概生于 415 年,祖籍为山西上党郡(今山西省长子县),后迁至山东东海郡(今山东省郯城),他本人则出生在京口,即今江苏镇江。他们家族先前也是并不低微的士族,但时光流转,待到南迁山东、江苏时,地位已经明显低落。

鲍照之所以没有留下过多的"记传",主要缘于他并不高贵的家庭出身。在魏晋南北朝时期,出身是一张不需要解释的硬核名片,只需要看看姓氏便可分辨出高低贵贱。谢灵运一出生便含着金钥匙,颜延之也相对富贵,而鲍照则只能边读书边耕种,完全靠自己的打拼来改变命运。像颜延之一样,他也有一位妹妹,就是非常出名的女才子鲍令晖,但他没有机会或者不齿于将妹妹嫁给达官望族,兄妹之间相依为命,相映生辉。鲍令晖还是南朝宋、齐年间唯一留下著作的女文学家。

鲍照年轻好学,才华出众,自然不安于常年躬耕农亩。宋文帝元嘉十二年即 435 年,一二十岁的鲍照决定离乡创业。他投奔的第一位主人是刘义庆。刘义庆为刘宋开国皇帝刘裕的亲侄子,刘裕弟兄三人:二弟刘道邻(怜),三弟刘道规。刘义庆即刘道邻的次子,因刘道规无子，刘义庆就过继到其名下为嗣。刘裕称帝后，刘道邻被封为长沙王，刘道规被封为临川王，刘道规死后，嗣子刘义庆袭临川王。

作为皇族近亲，刘义庆十五岁就担任朝廷秘书监一职，后来出镇地方，担任荆州刺史。他很有才学，府上招募了一批饱学之士，鲍照就是看中了刘义庆的才德和志向，才跋山涉水前往归附。当时，有人劝他说："你的地位较低，恐怕临川王不会看重。"年轻气盛的鲍照大怒道："千百年来有多少英才淹没江湖，不就是因为没有被伯乐们发现赏识吗？大丈夫就应该心怀鸿鹄之志，主动作为，怎么可以如燕雀之流碌碌无为呢！"

于是，他大胆毛遂自荐，主动向临川王献诗明志，果然得到刘义庆的赏识，被留在府上，担任临川国侍郎。刘义庆本人"为性简素，寡嗜欲，爱好文义"，又不愿卷入刘宋皇室的权力斗争，因此其后期的政治道路并不平坦，元嘉十六年即439年就离开荆州任上，赴江州出镇寻阳（今江西省九江市），次年又改任南兖州刺史，镇广陵（今江苏省镇江市）。作为刘义庆的幕府成员之一，鲍照也一路奔波。他才学较高，无论在临川王府还是山水途中，总能创造出感时伤怀的诸多名篇。

他还在刘义庆麾下时，即与其他门客共同编纂了我国第一部文言小说集《世说新语》。但文人相轻，在名士荟萃的临川王府，他也多次遭到排挤，甚至被限制行动。

元嘉二十一年即444年，刘义庆去世。那时的鲍照因为主人职务的变迁，才有幸回到了老家镇江，但主人的去世，让刚刚获得归属感的他再次陷入低迷和痛楚之中。在为主人守丧多日后，饱尝丧主之痛和失业之苦的他，无奈投奔衡阳王刘义季。

刘义季也是一位很有政治敏感的"文艺青年"。作为武帝刘裕的七子、文帝刘义隆的七弟，他虽然远在衡阳，但对家族的政治斗争耳濡目染，甚为忌惮。当时，文帝较为倚重的四弟刘义康野心勃勃，广聚党羽，与大臣范晔、孔熙先等相互唱和，沆瀣一气。元嘉二十二年，徐湛之告发范晔、孔熙先阴谋拥立彭城王刘义康为帝，文帝遂大开杀戒，刘义康也被废为庶人，六年后被文帝派人暗杀。刘义季在家族的刀光剑影中深感不安，整日借酒浇愁，就在哥哥被废的当年，也被迁往徐州，仅两年后（元嘉二十四年）即死在徐州刺史任上，而追随他的鲍照先生也再次失业。

"学成文武艺，货与帝王家。"十年之内，连续两位主子均因险恶的政治环境而英年早逝，对鲍照心理的刺激可谓深远，失落迷茫、困惑恐惧遂成为鲍照诗歌的主旋律之一，正如他在诗中吟咏的那样："久宦迷远川，川广每多惧。"但是，无论前途如何险阻，官场如何险恶，谋生还是第一位的。就在他第二次失业不久，鲍照又被迫南下江西，投奔了始兴王刘濬，担任始兴国侍郎，成为其麾下幕僚。而刘濬就是文帝刘义隆的次子刘休明，他的哥哥刘休远就是太子刘劭。刘濬是文帝最宠爱的儿子之一，年纪轻轻就担任扬州刺史和南徐州刺史，代表朝廷把守重镇、护卫京师。刘濬喜爱文学，鲍照遂成为其装点门面的文人侍从。

鲍照追随刘濬之时，刘宋王朝正面临内忧外患。在皇族内部，太子刘劭正在与刘濬等密谋，试图弑父称孤，加紧了篡夺皇位的步伐。而在皇朝之外，北魏太武帝拓跋焘正磨刀霍霍，率领大军南侵，以破竹之势一度陈兵瓜步，京师南京受到直接威胁。作为拱卫京师的地方将领，刘濬于元嘉二十八年即 451 年在瓜步筑城防御，鲍照也跟随来到江北。

但是，刘濬当时的心思并不在如何御敌上，而幻想如何与太子刘劭合作，尽快篡夺皇位。他们私下勾连女巫严道育，企图以"巫蛊"之术咒死父亲刘义隆。作为刘濬的幕僚，鲍照虽然没有直接参与，但他目睹真相，感知到山雨欲来风满楼的汹涌险境，于是便以任职届满为由，主动辞职，抽身而去，投奔就在南徐州辖区义兴（今江苏省宜兴市）的老朋友王僧达。

如果说，鲍照前两次对皇族的依附纯属实现个人理想的无奈之举的话，这一次的主动逃离，则完全出于对自身安全的明智选择。此后不久，在京师便上演了一出弑父称君的历史闹剧：太子刘劭及弟弟刘濬在其阴谋行将败露时，联合东宫武将萧斌等人，直接发动宫廷政变，将父亲宋文帝刘义隆杀害。此前，鲍照即已离开刘濬幕府，来到王僧达帐下。王僧达是鲍照第一位主人刘义庆的女婿，与鲍照早有交情，他本人则是刘宋开国元勋王弘的儿子，时任宣城太守，手握兵权。就在"元凶"刘劭冒天下之大不韪弑父篡位之后，皇族上下一片讨伐之声。不受文帝重视、拥兵在外的第三子刘骏（刘休龙）立刻发布檄文，起兵讨伐，王僧达在门客的建议下发兵响应。讨伐军很快占领京师，刘骏夺取皇位，是为孝武帝。

鲍照在经历了诸多坎坷之后，终于逃脱了那场血雨腥风的政治灾难。

### 一顶尴尬的桂冠："鲍参军"

刘骏称帝后，作为功臣之一的王僧达受到重用，被任命为尚书右仆射，而作为王僧达幕僚的鲍照也因祸得福，先被任命为海虞县令，成为名副其实的地方长官，之后又被召回京师，于孝武帝孝建三年即456年被提拔为太学博士，并兼任中书舍人，成为皇帝身边的近臣。流浪半生的鲍照先生，终于安下身来，政治生涯也达到了顶峰。

但是，鲍照的新生活也并不完全如意。新皇帝刘骏也很有文采，公务之余经常舞文弄墨。或许因为夺权之路过于血腥，抑或皇帝之位过于崇危，问鼎后的刘骏特别自负，就连文章也自诩为老子天下第一，这就让以文闻名的鲍照先生十分尴尬。为了迎合新主的自负心理，他不得不隐藏文锋，言辞粗俗，句子重复，给人以"江郎才尽"的错觉。此后，他因病请假，竭力远离是非，而就在他到京师任职的当年，妹妹鲍令晖不幸去世，遂作《请假又启》篇，续假百日。孝建四年（457年）之后，他离开京师，先后担任秣陵令和永安令，虽然贵为地方长官，但出身低微、历经坎坷、年近天命的他却总有一种被抛弃的落寞和壮志未酬的遗憾。他在《代白头吟》一诗中吟道：

> 直如朱丝绳，清如玉壶冰。何惭宿昔意，猜恨坐相仍。人情贱恩旧，世义逐衰兴。毫发一为瑕，丘山不可胜。……心赏犹难恃，貌恭岂易凭。古来共如此，非君独抚膺。

就在永安令任上，他再次因故受到限制行动的处分，解除处罚后，他作诗致谢，即《谢永安令解禁止启》。该诗在表达对朝廷感谢之余，也充分表现了自己"饮冰肃事，怀火毕命"的惶恐情境。孝武帝大明五年即461年，鲍照来到扬州吴兴，成为临海王刘子顼的"参军"，掌书记之任，这也是他人生的最后一个职位。

就是在这个职位上，鲍照走完了他矢志抱憾的一生。

他在文帝后期主动离职，躲过一劫，但这一次，他却没能逃脱残酷的政治陷阱。

刘子顼在刘骏二十八个儿子中排行第七，与三哥刘子勋关系较好。父亲孝武帝刘骏后期怠政乱政，壮年而崩，大明八年即464年太子刘子业继位后愈加淫乱无能，致使天下大乱。当年，刘子业的叔叔，即刘骏的弟弟湘东王刘彧起兵反叛，仅用半年时间即击败昏聩的刘子业，自立为帝，改元泰始，是为宋明帝。

刘彧称帝后，刘骏的众多儿子并不服输，也纷纷起兵讨伐。泰始二年（466年），刘子勋首先发难，在寻阳称帝，年号"义嘉"，并封刘子顼为卫将军、开府仪同三司，作为刘子顼幕僚的鲍照也随府转卫军参军。而此前刘彧就任命刘子顼为平西将军，但刘子顼拒绝受命，主动与哥哥刘子勋站在一起。当年8月，刘彧大军压境，刘子顼、刘子勋先后被杀，鲍照鲍"参军"也死于乱军之中。

> 独处重冥下，忆昔登高台。傲岸平生中，不为物所裁。埏门只复闭，白蚁相将来。生时芳兰体，小虫今为灾。玄鬓无复根，枯髅依青苔。忆昔好饮酒，素盘进青梅。彭韩及廉蔺，畴昔已成灰。壮士皆死尽，余人安在哉。
>
> ——鲍照《代挽歌》

鲍照这位令后世如大诗人李白之类的人物都仰慕推崇的伟大诗人，"不为物裁""傲岸平生"的文学大家，就这样糊里糊涂、不明不白地淹没在尸体横陈的乱军之中。

而此前,他就已认定,在"壮士皆死尽"的时代里,在险恶的政治环境中,"余人安在哉",他是难以逃脱被覆灭的命运的。只是死之来得太快,甚至来不及挽歌一曲就匆匆离世。好在他的《代挽歌》连同其他二百多首诗文得以留存于世,成为历代诗人、创作者竞相传诵的圭臬。

竟陵八友

"竟陵八友"是南朝齐永明年间(齐武帝萧赜年号,483—493年)的文人集团,以齐武帝第二子萧子良为核心,以萧衍、沈约、范云、任昉、谢朓、王融、陆倕、萧琛等八人为代表。萧子良曾被封为竟陵王,竟陵即今天的湖北潜江市西北(湖北天门市下面还有一个竟陵街道办事处,为天门市的市中心),"竟陵八友"因此得名。但该集团的活动中心并不在湖北,而是在京师南京皇城外萧子良所建的"西邸"(即鸡笼山邸)。

永明年间,南朝历经刘宋政权和南齐开国皇帝萧道成的苦心经营后,社会相对安定,经济繁荣,《南齐书·良政传序》介绍说:"永明之世,十许年中,百姓无鸡鸣犬吠之警,都邑之盛,士女富逸,歌声舞节,祛服华妆,桃花绿水之间,秋月春风之下,盖以百数。"史学界将这一时期称为"永明之治"。

文化的繁荣也成为"永明之治"的重要标志,其间产生了众多文人及其作品,李延寿在《南史》中赞誉说:"自江左(东吴)以来,年逾二百,文物之盛,独美于兹。"其中的诗歌更是异军突起,在以杂言和乐府自由体为特征的古体诗基础上,讲求声韵格律,创造出具有近代格律诗特点的"永明体",成为繁荣唐诗的滥觞。

在"竟陵八友"中,有贵为天子的皇帝萧衍,也有出身普通、职务不算太高的陆倕,但他们能够跻身竟陵王王府,除了才学,士族门第也至关重要,基本都是官二代,"王氏""谢氏""萧氏"等更是显赫的名门望族。从职务上来看,除皇帝萧衍外,王融很早就被齐武帝萧赜任命为"中书侍郎",短暂为相;谢朓为齐明帝萧鸾的吏部尚书,为正部级;沈约、范云均为梁武帝萧衍的"尚书仆射",即宰相;任昉为梁武帝萧衍的"黄门侍郎""吏部郎中";萧琛晚年亦被梁武帝萧衍授予正三品的"金紫光禄大夫";而陆倕则为正四品的"吏部郎官",相当于副部长。

从年龄上来看,除了谢朓(464—499年)和王融(466—493年)英年早逝,仅经南朝宋、齐两代外,均生于宋,卒于梁。沈约(441—513年)最长,范云(451—503年)次之,任昉(460—508年)第三,萧琛(480—531年)最幼。从生命的长度来看,萧衍(464—549年)最长,高寿八十六岁;沈约次之,七十三岁;陆倕(470—526年)第三,五十七岁;王融、谢朓最热衷于政治,均在政治风波中早早辞世,分别为二十八岁、三十六岁。

从文学成就上来看,"竟陵八友"在诗歌创作上共同成就了"永明体",成为一个时代的标杆。沈约被誉为"一代辞宗",为文坛领袖,其《宋书》被载入二十四史。他不仅会写诗,而且提出了"四声八病"的诗歌创作声律理论,为"永明体"诗歌创作定下基调。谢朓诗名最望,梁武帝曾言"三日不读谢朓诗,便觉口臭",李白也是他的最大粉丝。任昉善于作方志,其《述异记》超越祖冲之,成为古代志怪小说的代表作之一,其《地记》成为继陆澄《地理书》之后,中国历史上第二部方志学丛书。王融善作辞赋,明代大文学家张溥称其"词涉比偶,而壮气不没",其作品《三月三日曲水诗序》广为传诵,被北魏使者认为可以与司马相如的《封禅书》相媲美,甚至超过被他们奉为文曲星的颜延之的水平。范云和萧琛的文学水平也闻名南北,他们在永明十年即 492 年出使北魏时,受到孝文帝元宏的高度赞扬。陆倕的文学成就主要表现在散文创作上,他的碑铭文和奏疏文名噪一时,其为梁武帝创作的《新漏刻铭》最为有名。梁武帝萧衍的第三子、简文皇帝萧纲曾评价说:"近世谢朓、沈约之诗,任昉、陆倕之笔,斯实文章之冠冕,述作之楷模。"

沈约、任昉还精于收藏,他们与王僧儒并称为梁代三大藏书家。

## "竟陵八友"之萧衍：生活不只为做官

他应该是整个南北朝时期最富传奇色彩的皇帝了。他在皇帝位上一干就是四十八年，享年八十六岁，这两个数字都是南北朝诸多皇帝中最大的。

他的小名叫"练儿"，颇有佛家风味，而他也是最痴心佛教的。就在皇帝位置上，他四次舍身出家，每次都要由朝廷出资亿万钱将其赎回，佛寺因此而"资产丰沃"。他有一个儿子名曰萧综，据说是前朝皇帝萧宝卷（即东昏侯）与宠妃吴景晖的遗腹子。萧梁取代萧齐后，他作为萧梁的开国皇帝，将吴景晖纳入后宫，萧综遂成为萧衍的次子。但等到萧综长大了解自己的身世后，便对"父皇"萧衍十分反感，以至于将门前所有枝繁叶茂的楝树全部砍伐，最后从徐州刺史任上叛逃北魏。

他虽然高寿，却被他一度收留的叛臣侯景关押在皇宫台城，活活饿死，也算"圆寂"了。

他的故事很多。文学、经史、音乐、书法、绘画，他几乎无所不精。他还酷爱下棋，并且棋艺很高。文学家到溉、武将陈庆之等都是他的棋友。一次，到溉陪他下棋至深夜，一局尚未分出胜负，不善熬夜的到溉就低头睡着了。萧衍见状竟作诗嘲讽道："状若丧家狗，又似旋风槌。"到溉被唤醒后，颇为尴尬，但听到萧衍的诗句后，两人则爽朗相视而笑，竟无君臣之别。

萧衍还懂一些"八卦"。早在永明十一年即 493 年，齐武帝萧赜病重时，权臣王融想在武帝驾崩后，拥立竟陵王萧子良为帝，而作为"竟陵八友"之一的萧衍却能提早推算出王融的败局，并没有参与其中，后来王融的计划果然败露，被下狱赐死。同为"竟陵八友"之一的好友范云本来也想支持"盟友"萧子良，但在萧衍的劝说下没有行动，等到结果出来后，他对萧衍倍加钦佩。

齐武帝萧赜死后，继位的皇太孙萧昭业无才无德，贪图享乐，权臣萧鸾准备废掉他。当萧鸾把想法告诉萧衍时，萧衍表示反对，认为时机尚未成熟。萧鸾作为齐武帝萧赜的堂弟，并非皇族直系亲属，所以担心萧赜的第八子萧子隆会抢先称帝。萧子隆时任随王，并在军事重镇荆州驻守，萧鸾认为他文武兼备，堪当大任，但萧衍则不以为然。在萧衍的劝谏下，萧鸾果然挫败了萧子隆，并废杀萧昭业，再立萧昭文，之后才在萧衍的支持下称帝，是为齐明帝，萧衍也因功被提拔为皇帝近臣"黄门侍郎"，他也因此发达起来，逐步走上权力顶峰。

临终前，萧衍遭遇"侯景之乱"，但他不为所动，在气势汹汹的侯景面前表现得十分淡定，竟将气焰嚣张的侯景威吓得直冒虚汗，诺诺而退。萧衍并且推算出侯景只能在位一百天，后来侯景在废立萧纲、萧栋两位皇帝后，自立为帝，果然在百日内即被王僧辩、陈霸先击杀。

众所周知，萧衍后来开创了南齐，成为光耀南北朝时期的显赫帝王。但他可不仅仅是一位皇帝，在学术界也颇有影响。

作为"竟陵八友"之一，萧衍的诗赋文才颇有过人之处。早在齐武帝永明年间(483—493年),诗坛创作风气大盛,很多文人学士都聚集在竟陵王萧子良的周围,萧衍也在其中尽显才华,他的很多诗歌都是在这一时期写的。建梁称帝后,他爱好不减,经常招聚文人学士,以赋诗为乐,在他的助推下,梁代文学风气日益兴盛。

由于萧衍的诗文雅好,大臣们纷纷效仿,就连赳赳武夫也能偶尔吟出几句好诗来。天监六年(507年),梁将曹景宗和韦睿在徐州大败魏军。班师回朝后,萧衍在华光殿举行宴会,为他们庆功。在宴饮中,君臣连句赋诗。鉴于曹景宗不善诗文,怕他赋不出诗来难堪,负责安排诗韵的尚书左仆射沈约便没有分给他诗韵。曹景宗深感不平,坚决要求步韵赋诗。萧衍对曹景宗这种不甘人后的性格早有了解,于是安慰他说:"将军您是一位出众的人才,何必在乎作不作一首小诗呢!"当时曹景宗已经有一些醉意,就乘酒兴再三"固请"。萧衍不愿再扫他的兴,于是便命沈约分给他诗韵。可当时诗韵只剩下难以押韵的"竞""病"二字,但曹将军并不服输,他乘着酒兴只稍稍沉思片刻,便挥笔写道:

去时女儿悲,归来笳鼓竞。借问行路人,何如霍去病!

此诗雅俗共赏,自然流畅,非常契合眼前凯旋庆功的实际。因此此诗一出,即语惊四座,连善弄风雅的文人们也自叹弗如,皇帝萧衍更是感叹不已,特命史官将之记入国史。

萧衍现存诗歌有八十多首,按其内容、题材大致可分为言情、谈禅悟道、宴游赠答、咏物等四类,其乐府言情诗尤为突出,并且在前人基础上独创了平仄互换、抑扬顿挫的七言诗韵。比如其最为著名的

《东飞伯劳歌》：

> 东飞伯劳西飞燕,黄姑织女时相见。谁家女儿对门居,开颜
> 发艳照里闾。南窗北牖挂明光,罗帷绮箔脂粉香。女儿年几十
> 五六,窈窕无双颜如玉。三春已暮花从风,空留可怜与谁同。

但萧衍最有成就的却是其在经学和史学方面的建树。经学方面,他曾撰有《周易讲疏》《春秋答问》《孔子正言》等二百余卷,可惜大都没有流传下来;天监十一年(512年),又制成"吉、凶、军、宾、嘉"五礼,共一千余卷八千零一十九条,在全国颁布施行。史学方面,他不满《汉书》等断代史的写法,亲自主持编撰了六百卷的《通史》,并"躬制赞序",可惜此书到宋朝时即已失传;萧衍最大的著述是"通史"六百卷,"金海"三十卷,"五经义注讲疏"等共二百卷,"赞、序、诏、诰、铭、诔、箴、颂、笺、奏"等文共一百二十卷。他对佛学也颇有研究,著有《涅萃》《大品》《净名》《三慧》等数百卷佛学著作,并结合中国传统道家、儒家学说,将儒家的"礼"、道家的"无"和佛教的"涅槃""因果报应"糅合在一起,创立了儒释道"三教同源说",在中国古代佛教思想史上占有极其重要的地位。

## "竟陵八友"之沈约:君臣恩怨两凄凄

　　同为前朝遗老,沈约与萧衍倘不是改朝换代、地位转换,他们一定是志同道合的一对文人老铁。在南齐政权内,他们的地位都赶不上他们在圈内的名气。萧衍虽然是南齐皇族的近亲,但毕竟不是直系,而且开国皇帝萧道成仅直系儿子就多达十九个,何况身边还有一位更亲近的、虎视眈眈的侄子兼养子萧鸾(即齐明帝)。换句话说,萧衍仅靠关系,无论如何也难以成就帝业。而沈约虽然也门第不菲,但其担任淮南太守的父亲沈璞早在元嘉三十年(453年),就在宫廷政变中被诛杀,十三岁的他不是跑得快,也会成为刀下之鬼。

　　虽然沈约比萧衍年长二十多岁,但他们当年在文学的共同爱好下,结为忘年交,在竟陵王萧子良的门下赋文作诗,好不和睦,但那时他们的政治抱负都远未施展。在萧齐政权里,萧衍因为与萧齐皇族的近亲关系,长期担任雍州刺史,两次参与抵御北魏的战争,他也因功逐步受到尚未称帝的萧鸾的重视,而沈约仅依靠郢州(荆州)刺史蔡兴宗的举荐,成为受南齐太子萧长懋器重的"太子家令"(相当于家庭总管)。武帝萧赜去世后,在萧衍的襄助下,仅仅不到一年时间,萧鸾即禅位称孤,是为明帝。萧衍因为与齐明帝萧鸾的特殊关系,被明帝任命为地位显赫的"中书侍郎"和"黄门侍郎",而沈约也被提拔为"吏部郎"(掌管人事的副部长)和"国子祭酒"(教育部长)。此时,"永明之治"(483—493年)已经结束,齐明帝萧鸾对包括萧昭业、萧昭文等逊位皇帝在内的皇族近亲痛下毒手,屠戮宗室,自剪宗枝,仅四年之后便撒手人寰,南齐彻底陷入孤立和混乱,也为萧衍的崛起迎来了崭新时代。

继位的萧宝卷全然没有一点君主的才德,把整个萧齐政权搞得乌烟瘴气,萧衍趁机加快了夺权称孤的步伐。

富有讽刺意味的是,从498年明帝萧鸾驾崩到502年萧衍建梁,仅仅三年多时间,萧衍便接连废黜萧宝卷、萧宝融两位皇帝,而这两位皇帝的父亲萧鸾当年也在不到一年的时间内,连续废黜齐武帝萧赜的两个皇帝儿子:萧昭业、萧昭文,而帮助萧鸾废杀幼帝的正是萧衍。换句话说,萧衍是终结"永明之治"的重要推手,目的只有一个,就是再造河山,组建南梁新政权。

作为前朝南齐政权齐武帝的太子家总管和齐明帝的教育部部长,已过不惑之年的沈约,目睹了萧齐的败落,也切身感受到"忘年交"萧衍的作为和野心,本来无意参与政治斗争的他,不得不尽早跳出来,为萧衍站队。

早在东昏侯萧宝卷永元二年(500年),沈约就借口母亲年老,请求辞官还乡,次年(501年),老朋友萧衍起兵讨伐东昏侯,很快攻陷京师南京。萧衍在行将入主京师时,没有忘记文名远播的老朋友,任命沈约为骠骑司马,沈约也欣然前往,成为萧衍的直接幕僚。

就像当年他们在西邸以诗会友的美好时节一样,这时的萧衍和沈约仍处在最和睦的时光里。

那时,他们的身份依然是南齐的臣民。

但仅仅一年之后(502年),萧衍便因成功赶跑东昏侯,成为傀儡皇帝萧宝融的"大司马",掌管内外军国大事,亨有"剑履上殿,入朝不趋,赞拜不名"的特殊待遇。但这可不是萧衍的终极目标,沈约最理解他这位老朋友、小兄弟,于是联合另一位文友范云,主动向萧衍劝进。前两次,萧衍碍于情面,担心政局不稳,都委婉地拒绝了。第三次,沈约拿周武王"顺应民意"称孤、曹操"遗名子孙"固辞皇位的历史故事来说事,并将事先拟好的禅位诏书呈上,最终"打动"了萧衍。萧衍在"同意"称帝的同时,对范云说:"以前不觉得沈约有什么不同凡响之处,现在看来他真是才智纵横的高人呀!"并不忘对他们俩进行"联合褒奖":"我从发兵起义到现在已经三年了,有功的臣子和将领不少,然而帮助我完成帝王大业的,功劳全在你们两位呀。"

除了表面上夸赞外,沈约还因功被提拔为萧衍新政权的尚书左仆射(宰相),他与萧衍的关系也迎来了新时代:至高无上的皇帝和一人之下、万人之上的宰相,为地道的君臣关系。

起初,他们这种君臣关系十分牢靠。皇帝也需要有人捧,尤其像沈约这样德高望重的文化人,而沈约更需要仰仗当朝圣上的支持照顾。就在萧衍登基的第二年(503年),沈约的母亲去世,孝顺的沈约立即请假回去,作为皇帝的萧衍亲自前往吊唁,因为沈约当时已经年过六旬,萧衍害怕他年老力衰、难以应酬,还专门安排自己的中书舍人全程帮助料理后事,算是费尽了心思,给足了面子。

沈约也是一个有情有义之人。据《梁书》记载,沈约的父亲去世早,他贫困无依,只有向同宗的族人乞讨,却遭到施舍者的侮辱,后来他富贵了,却并未计较前嫌,受到族人的一致称赞。而就在他随皇帝宴游时,席间遇到一位助兴的女乐师,此人为原来齐武帝时文惠太子萧长懋府上的宫人。皇帝随便问她认不认识在座的人,她立刻指着沈约说:"只认识沈家令。"曾经做过太子家总管的沈约听后,顿生怀旧之情,伏座痛哭,皇帝也悲从中来,宴会因此而中断。

但是情义归情义,一旦遇上残酷的政治,就必须无条件让位。偏偏沈约又有些自负,这在官场上很容易产生龃龉。起初,沈约因为在宰相位置上时间较长,或许是厌倦了,或许是真心想换换岗位,就向皇帝请求去御史台工作。御史台就相当于纪检监察部门,沈约对此职感兴趣,但梁武帝却不赞同,于是沈约便提出辞职,让尚书令徐勉出面讲情,准其告老还乡。但梁武帝还是不同意,还加封沈约为"特进",赏给更多的乐队和乐师,似乎沈约也有更大的野心,就像当年他在大司马的任上一样。

请辞未批只是他们君臣矛盾的一个显性的"端倪"而已。真正的问题还在背后。当时,沈约有一位儿女亲家张稷,曾经帮助萧衍弑杀东昏侯,萧衍称帝后,一度被提拔为尚书左仆射。但此君性格刚烈,后来受到萧衍的排斥,被外放出去。张稷死后,梁武帝仍念念不忘。一天,他与沈约谈起张稷,沈约竟脱口而出:"尚书左仆射外放下去当刺史,都是过去的事了,何必再提呢?"梁武帝一听,以为沈约在为亲家开脱,甚至包庇张稷,便十分恼怒,也脱口怒道:"你这样讲话,还算是忠臣吗?"然后拂袖而去。直到梁武帝起驾走远,沈约仍呆坐在那里。

等沈约回过神来,突然感到一阵战栗。他马上回想起与当今圣上的交往故事,一点一滴均历历在目。他想起与武帝宴游的旧事。一次,他们在皇宫内游玩途中,遇到豫州府进献栗子,该栗子竟然有一寸半之长,是罕见的贡品。梁武帝感到新奇,就与身边的沈约谈论关于栗子的典故,并要沈约写在纸上,好与自己一比高下,结果沈约所写下的典故比梁武帝少了三件。这本是文人们的雕虫小技,娱乐而已,但自负的沈约却在出宫后对人声称:"皇上要面子,我要不让着他,他会感到羞愧的。"此话传到梁武帝那里,自然很不顺耳,沈约被冠以"大不敬"罪名,后来由徐勉出面,才得以化解。

除此之外,就是自己一再请求辞职的事情。沈约在历史上还有一个典故,叫"沈约瘦腰"。南唐后主李煜词中有"沈腰潘鬓消磨"一句,当时沈约给人的印象是"一时以风流见称,而肌腰清癯,时语沈郎腰瘦"。该典故讲的是,沈约屡次请求退休未果,于是就给老朋友徐勉写信说:"我每过一段时间,腰带就要缩紧几个孔,用手握胳膊,臂围大概每个月要瘦半分。按这样推算,怎能支撑得很久呢?"

沈约回想起这些往事来,深感不安。再联想起当年,他一再劝说萧衍称帝,并劝谏梁武帝弑杀东昏侯,如今却受到皇帝的猜忌,于是内心更加忐忑。

就在梁武帝拂袖离去的当天,他竟失足摔倒,从此得病不起,梦中还常常见到东昏侯前来索命复仇。为了排遣不安,他竟请来道士,对天启奏说,当年萧衍禅代的事情其实并不是自己的主意。而他的一举一动都被上报到梁武帝那里,沈约也感受到更大的思想压力,最终忧惧而死。

　　神宫肃肃,天仪穆穆。礼献既同,膺兹厘福。我有馨明,无愧史祝。

　　　　　　　　　　　　　　　　　——沈约《梁雅乐歌·献雅》

沈约死后，按照其待遇级别，朝廷赐钱五万，布百匹，有司将沈约的谥号定为"文"。梁武帝对谥号"文"表示反对，下令说："沈约的才情，还没全部表达出来，应该用'隐'字。"于是又将其谥号改为"隐"。我们不清楚梁武帝赐沈约"隐"谥号的真实用意，但显然有所不满，是否与"袒护"其亲家的所谓"隐情"有关呢？

　　无论如何，面对"肃肃神宫，穆穆天仪"，沈约的一生也算"无愧史祝"了。

## "竟陵八友"之谢朓：告状避祸，反被诬杀

出身高门甲族，天资聪睿慧敏，又勤奋好学，早早就美名远播，文笔清逸流丽，被誉为"永明体"诗歌创作的一面旗帜。

同样为"竟陵八友"之一的沈约赞美其诗"二百年来无此诗"，而萧衍则说："三日不读谢朓诗，便觉口臭。"唐代大诗人李白更是对其推崇备至，将其与建安诗人曹氏父子相媲美："蓬莱文章建安骨，中间小谢又清发。俱怀逸兴壮思飞，欲上青天揽明月。"另外还有"谁念北楼上，临风怀谢公""明发新林浦，空吟谢朓诗"等大约十几首咏赞谢朓的诗句，而清初文坛领袖王士祯则直接将谢朓奉为李白的偶像，他在《论诗绝句》中写道："青莲（李白）才笔九州横，六代淫哇总废声。白纻青山魂魄在，一生低首谢宣城（谢朓）。"

谢朓与谢灵运祖籍均在陈郡阳夏，即今天的河南太康，他们都以文学著称于世，文坛上有"大小谢"之称。可惜的是，他们或因士族高贵，或因才华盖世，都比较高傲，均不懂政治又偏偏极力染指，最终遗憾身亡。

而谢朓被诬陷致死时，年仅三十六岁，正值英年。

早在齐武帝永明元年（483年），刚刚二十岁的谢朓就在家庭出

身和文学才华的双重光环下"解褐入仕",成为豫章王萧子响的太尉行参军(幕僚)。永明五年(487年)追随竟陵王萧子良来到京师西邸,成为"竟陵八友"之一。永明九年(491年)又追随随王萧子隆赶往湖北荆州任职,两年后(493年)回到京师南京,被任命为"骠骑谘议、领记室",掌管中书省诏诰文书事宜。

从其履历上来看,谢朓作为士族贵胄,一直混迹于皇族王子身边,虽然职务不高,但也算是名副其实的"朝臣",在齐武帝永明年间始终过着轻裘肥马、优哉游哉的贵族生活。在齐武帝驾崩后,他没有像好友王融那样,急于参与宫廷斗争,而是有意回避皇族间的政治矛盾和血腥争夺,他也因此得以全身。齐明帝萧鸾夺权成功后的第二年即495年,谢朓出任宣城(今属安徽省)太守,成为镇守一方的地方长官,实现了他既有权又有自由的"凌风翰""恣山泉"的个人追求。

在宣城任上,谢朓将他的诗歌创作推向了数量和艺术的高峰,他也因此留下"谢宣城"的美名。

两年后,他再次获得重用,成为明帝长子萧宝义的镇北谘议,兼南东海太守。当时,北魏不断南侵,明帝除了要应对外敌,还要提防内乱,而他最放心不下的就是齐武帝的心腹大将王敬则。王敬则当年协助萧道成建立南齐政权,是南齐的开国元勋,武帝时代官至司空、太尉,明帝萧鸾慑于其威望,更是拜其为大司马,但对其十分忌惮。就在谢朓辅佐萧宝义之时,王敬则兼任会稽太守,明帝以心腹干将张环为平东将军、吴郡太守,对王敬则进行秘密监视,伺机查办。

王敬则是谢朓的岳父。因为有这一层关系,王敬则私下指派自己的儿子王幼隆前去谢朓处,秘密协商应对策略。但是,他们完全错估了谢朓的价值取向和政治诉求,后者不顾私情,在权衡个人得失利弊之后,竟直接扣押说客,向朝廷告发岳丈大人的"反叛"图谋,明帝因此立刻搜捕了王敬则在京师的子嗣及亲信,此后在经过激烈战斗后,王敬则最终遭遇被灭族的悲剧。

谢朓那时也正血气方刚,怀揣对未来的远大理想,主动向朝廷示好,或许在家和国的取舍问题上,他站得更高,自己不仅成功躲避了政治灾难,而且被朝廷提升为尚书吏部郎,所以除了"谢宣城"之外,他又获得"谢吏部"的官称。

但是,谢朓的日子并不舒心。他的夫人因为家族的悲剧而迁怒于他,整日怀揣利刃,随时准备刺杀丈夫。堂堂朝廷命官、"谢吏部"大人吓得不敢进家门一步。

不仅如此,告发岳父的谢朓很快也被"告发"。明帝死后,其儿子萧宝卷继位。就在东昏侯萧宝卷即位的当年(永元元年即 499 年),庸俗无德的萧宝卷受到朝廷内外的一致反对。作为朝廷"六贵"之一的辅政大臣江祏首先发难。江祏为明帝萧鸾的姑表弟,参与了废黜萧昭业、拥戴萧鸾的全过程,成为萧鸾的心腹和权臣。江祏在萧鸾死后,根本没把萧宝卷放在眼里,而是企图扶植萧鸾的侄子、同为辅政大臣的始安王萧遥光。为了获得更多支持,萧遥光和江祏准备拉拢门第和声望都比较高的谢朓入伙,于是就派遣始安王萧遥光的心腹幕僚(谘议参军)刘沨,前往谢朓府上,私下里劝其一起参与废旧立新之事。但谢朓自以为出身和才华均在人之上,还曾经当面讽刺挖苦过江祏、刘沨,更为重要的是,他"忠"字当头,以为自己受恩于明帝,东昏侯虽然无道,但毕竟为明帝正统子嗣,所以就断然拒绝了刘沨的"好意"。不仅如此,政治经验不足的谢朓还把江祏等人的"私谋"泄露了出去。江祏等人于是先发制人,联合始安王萧遥光恶人先告状,向东昏侯诬告谢朓谋反。昏聩的东昏侯萧宝卷最害怕的就是谋反，于是在接到状书后，立刻将谢朓打入囚牢。不久谢朓便死在狱中。

　　灞涘望长安，河阳视京县。白日丽飞甍，参差皆可见。余霞散成绮，澄江静如练。喧鸟覆春洲，杂英满芳甸。去矣方滞淫，怀哉罢欢宴。佳期怅何许，泪下如流霰。有情知望乡，谁能鬒不变？

　　遥想当年登高望远，"余霞散成绮，澄江静如练"，帝都南京何其繁盛壮美，但家乡的归宿又在哪里呢？谢朓这首独步诗坛的《晚登三山还望京邑》曾经备受推崇，至今令人称奇。但诗中在铺陈京师美妙盛景的同时，也发出"谁能鬒不变"的喟叹，提早预示其未老先衰、"佳期何许""泪如流霰"的人生悲剧。

# "竟陵八友"之任昉：家国中的千里马

梁武帝天监七年（508 年），正在吃西苑绿沉瓜的梁武帝突然悲痛难禁，把瓜扔到盘子里——比他仅大四岁的好友兼爱臣任昉去世了。他无奈地屈指算了算，对身边人说道："任先生年轻时常怕活不到五十，如今四十九，可算是知道自己的气数啊。"当天，梁武帝亲自为任昉举哀，哭得很悲痛，同时追赠任昉为太常卿，谥号"敬子"。任昉是在新安（今属河南省洛阳市新安县）太守的任上去世的。他走前曾留下遗言，不许家人把新安的任何一件东西带回京都。而他离开时，家里只有桃花米二十石，没有钱财安葬，下葬时只用杂木做棺材，用平时的旧衣服做装殓。新安全郡人都很悲痛，百姓们自发在城南为他立了祠堂，以供祭祀。

任昉自幼聪明灵秀，"悟性如神"，四岁能诵诗，八岁即能文。当时著名文臣，历任南朝宋、齐两朝宰相的褚渊（因避李渊讳，唐时改为褚彦回）对任昉父亲任遥说："听说先生有个好儿子，真为你高兴。正所谓有一百不算多，有一个不算少啊。"任昉十二岁时，其善于识人的叔父暠叫着他的小名说："阿堆，你是我们家的千里马啊。"

任昉不仅仅是其家族的"千里马"。在家庭，他对父母兄弟非常孝敬友善,父母生病期间,他总是尽心尽力服侍,人不离床,衣不解带,"言与泪并,汤药饮食必先经口"。父亲去世时,正在"司徒"和竟陵王萧子良的"记室参军"工作岗位上的他立刻请辞,回家守丧。其间,他"泣血三年,杖而后起",守丧三年让本来强壮的他虚弱得靠拐杖方能起身,就连齐武帝萧赜也感到怜惜,他对任昉的伯父任遐说:"听说任昉哀痛过度,超越礼节,使人担忧,如有什么意外,不光你们家会丧失亲人,于公也会损失一位栋梁之材。要好好劝劝他。"任遐劝任昉吃些东西,任昉当面勉强咽下,但等他走后就又吐了出来。他父亲生前喜欢吃槟榔,他也有吃槟榔的喜好,但父亲离世后,他终生不再尝槟榔。为父守丧三年后,母亲又不幸去世,接连的打击让任昉衰弱不堪,每当痛哭就会昏厥,半天才能苏醒过来。尽管如此,他仍按礼行事,在墓旁搭起草屋,守墓以尽丧礼。天长日久,他经常趴着哭泣的地方已经不长草了。等到这次丧期结束时,他则形容枯槁,难以辨认。

对待工作,任昉也是兢兢业业,爱民如子。在朝廷,他历经南朝宋、齐、梁三代,但在前两代,他并未受到足够重视。刘宋王朝时,十六岁的他因才被丹阳尹刘秉聘为主簿。刘秉当时正身居要职(兼任侍中、吏部尚书等职),但年轻气盛的任昉因为赌气得罪了刘秉的儿子,以至于长期得不到提拔。齐武帝永明二年(484年),卫将军王俭任丹阳尹,欣赏任昉的王俭再次聘任他为主簿,之后回到京师,历任司徒刑狱参军事、尚书殿中郎,后又调任为司徒、竟陵王萧子良的记室参军。当时,梁武帝萧衍和他作为"竟陵八友"之一,同在萧子良门下,但地位都不显赫。萧衍曾对任昉开玩笑说:"我要是当了三公,就任命你做记室(负责撰写章表文檄)!"任昉则笑道:"我若当了三公,就任命你做骑兵！"

虽然是开玩笑，但在齐武帝萧鸾驾崩后，他们果然发达起来，萧衍成为手握重兵的大将军，而任昉则成为东昏侯政权的中书郎和司徒右长史。东昏侯永元末年（501年），萧衍发兵攻占京师南京，其战时幕府刚建立，就写信让任昉担任其骠骑记室参军，专门负责起草文书。任昉在回信中写道："昔日太平清静之时，您曾经对我有预言，本意是对我提拔，看起来却像善意的玩笑。谁料我竟如此幸运，昔日之言一点没有落空呀！"

萧衍建立南梁政权时，任昉被任命为黄门侍郎、吏部郎中，同时还兼管朝中文书著作等事务。梁武帝天监二年（503年）和天监六年（507年），任昉两次下去挂职锻炼，先后出任义兴太守和新安太守，成为实力派地方长官。虽在地方，他仍然忠于朝廷，为官清廉，作风正派。

在义兴，他与妻室儿女只吃粗米饭，而将自己的俸米熬粥赈济灾民，救活两千多人。当时因为遇到灾荒，贫困人家即使生下孩子，也无力养活，就随意丢弃，任昉严令制止，提早供给怀孕的妇女食物，受到救济的有几千户之多。他享有的俸禄几乎都用来接济贫民，在他离任时，只有七匹绢、五石米的家当。

在新安，他也特别关心民间疾苦，当地年满八十岁的老人，他都派官员前去看望。新安郡内有蜜岭产杨梅，以前官府每年都要派人去高山峻岭间采摘，以供太守之需。任昉到任后，认为不能为一己之私让百姓冒生命危险，于是就命令停采，受到官民的一致称颂。为了帮助解决实际问题，他常常不修边幅，主动深入群众，独自一人拄着拐杖，走街串巷，往来田间地头，遇到民间有是非官司，随即就地裁决,既省去了烦琐程序,又很接地气,真正成为勤政爱民的表率,百姓的知心人、贴心人。

　　昧旦乘轻风,江湖忽来往。或与归波送,乍逐翻流上。近岸无暇目,远峰更兴想。绿树悬宿根,丹崖颓久壤。

　　　　　　　　　　　　　　　　——任昉《济浙江诗》

　　政治上勤政爱民,生活上忠孝仁义,而在治学方面,任昉也十分严谨朴实。钟嵘在《诗品》中列其诗为"中品",并总结出"文亦遒变、善诠事理、拓体渊雅、得国士之风"等四大优点。除了文学上的成就外,任昉还是著名藏书家。从现有记载来看,私人藏书家当中,他是第一位自编书目者。同为梁代三大藏书家之一的王僧儒对他评价甚高,认为他"乐人之乐,忧人之忧,虚往实归,忘贫去吝,行可以厉风俗,义可以厚人伦,能使贪夫不取,懦夫有立"。他还热衷于地方志的编撰,其所著《地记》是继南朝宋齐年间藏书家陆澄的《地理书》之后,我国历史上第二部方志学丛书,《四库全书总目》称其为"丛书之祖"。

　　"幼而学,壮而行;上致君,下泽民。扬名声,显父母;光于前,裕于后。"南宋王应麟所编《三字经》中的经典语句,或许是对具有"国士之风"的任昉先生最好的注脚。

北地三才

论年龄,温子升(495—547年)最长,生于北魏孝文帝太和十九年,邢邵(496—561年)次之,生于太和二十年,魏收(507—572年)最小,生于北魏宣武帝正始四年。他们都经历了北魏后期王室衰微、"河阴之变"、军阀混战继而分裂的历史悲剧。温子升卒于东魏(534—550年)孝静帝武定五年,享年五十三岁,而邢邵和魏收分别死于北齐(550—577年)孝昭帝(高演)皇建二年和北齐后主(高纬)武平三年,终年均为六十六岁。

从出身来看,三者均为官宦之家,温子升为东晋名将温峤之后,父亲温晖曾任兖州左将军长史;邢邵乃北魏"太常"邢贞之后,而"太常"为朝廷九卿之首,父亲邢虬则为北魏的光禄卿;魏收是汉初高良侯魏无知之后,父亲魏子健为北魏重臣,官至左光禄大夫,兼任散骑常侍、骠骑大将军。因为出身优越,他们都受到良好的教育,温子升早年师从名儒崔恩临、刘兰,勤奋好学,博览百家,文章清婉,早有文名;邢邵十岁便能作文,能够一目五行,日诵万余言,"雅有才思,聪明强记";魏收年少机警,不拘小节,十五岁时就已经熟知文路,以文扬名,据《北史》记载,他还曾一度热衷于骑射武艺,"欲以武艺自达",但在武界高手的调侃下才自愧不如,弃武从文,"折节读书"。

从三者的作为上来看,政治上均获得较高荣誉,温子升官至金紫光禄大夫、散骑常侍、中军大将军,邢邵官至中书监(宰相)、摄国子祭酒(教育部长),授"特进",而魏收亦官拜散骑常侍、中书令、特进(特殊列侯)、尚书右仆射(宰相),死后加"文贞"谥号。他们在文化程度相对滞后的北朝显然受到了特殊礼遇,这与人才济济的南朝诸多文人的待遇形成较大反差。

从文学成就来看,虽然同为"北地三才",但影响各有不同。温子升诗文俱佳,被北朝看作可以与南朝名士媲美的一面旗帜,当时的司空、济阴王元晖业评价说:"我们(北朝)的温子升足以压倒宋梁(南朝)的颜延之、谢灵运,以及沈约、任昉。"而梁武帝萧衍也对温子升的诗文大加赞赏,声称"曹植、陆机复生于北土"。时人也将温子升排在前面,并称温子升、邢邵为"温邢"。邢邵则擅长骈文,"所作诏诰,文体宏丽",《北史》和《颜氏家训》都说他爱慕和仿效南朝梁沈约的文风。他现存的文章多为应用文字,辞藻华丽,讲究对仗。除骈文外,他也能作诗赋。魏收最出名的则是他名垂千古的《魏书》。该书凡一百三十篇,虽因实录或个性较强,一度被贬为"秽史",但因其体格庞大,除传统体例外,还涉及书志、刑法、食货、宗教、姓氏等各种纪传,成为研究北魏历史的鲜活史料。

从结局上来看,魏收最为可悲,他因著史扬名,又因写史得犯众怒,死后竟被掘墓扬骨;温子升一生谨慎,但晚年竟被怀疑参与作乱,打入囚牢后被活活饿死;而相对而言,邢邵则幸运得多,他在朝臣多担任一职的背景下,身兼"太常卿、中书监、国子祭酒"等三职,在北齐文宣帝高洋驾崩后,加授"特进"而卒,可谓善始善终矣。

# "北地三才"之温子升:有难终究躲不过

　　温子升虽然家境殷实,但他完全靠自己的努力和实力赢得朝野的认可。年轻时,他在北魏著名儒生崔恩临、刘兰的指教下,勤奋好学,博览百家,文章清婉华丽,很有南朝文学的风范。二十岁时,他还只是广阳王元渊名下的低级门客,在马坊为王府中的奴仆讲学,其间他所创作的《侯山祠堂碑》被"以文义见宗"的资深作家、北魏名儒常景看重,后者称赞他为"大才士",于是,他声名鹊起。两年后,朝廷举办选官考试,他在八百多考生中脱颖而出,成为王府中的高级幕僚,执掌文翰事务。

　　官场给了温子升更大的发展平台,其文采也得到更多达官贵人的认可和赏识,北魏后期的孝明帝、孝庄帝、孝武帝以及权臣高欢等都对其高看一眼,他的文章甚至被遥远的吐谷浑(今青海一带)国王收藏在自家床头。但是,他不幸遇到了一个混乱的时代。北魏后期,北方六镇以及河北、山东等地叛乱不断,之后又发生"河阴之变",北魏政权遂分崩离析,分裂后的东、西魏政权把持在权臣高欢、宇文泰手中。

　　温子升在这个时代大变局中差点丧命,虽然祸福相依,几度脱险,并一路高升,但最终也未逃离时代的悲剧。

公元 525 年,他的第一位主人元渊受命前去镇压六镇起义,他作为元渊大都督府文人秘书(郎中)一同前往。当时著名文臣、黄门郎徐纥接受四方表启,代表朝廷下达军国诏命,回复自如,传令迅捷,唯独看到温子升为元渊所作的表启时,需要沉思良久才动笔,并对元渊说:"彼有温郎中,才藻可畏。"

但他的才华未能让其主人摆脱厄运。仅一年之后,元渊便被起义军首领葛荣俘杀,温子升也被生擒活捉。好在葛荣手下都督和洛兴是温子升的旧友,在和洛兴的帮助下,他才得以逃脱。经历了这次生死考验后,他开始厌倦仕途,终日闭门读书,励精不已。

两年之后的武泰元年即 528 年,震惊史界的"河阴之变"爆发,不可一世的大都督尔朱荣劫掠京师,小皇帝、诸王以及两千多朝臣惨遭杀戮。当时,温子升等一百多朝士也在被杀之列,尔朱荣令这些文臣作禅文以保命全身,但擅长作文的温子升却"耻是从命,俯伏不应",粗鲁的尔朱荣最终没有狠心对这些文弱书生动粗。

温子升又躲过一劫。

"河阴之变"后,孝庄帝即皇帝位,尔朱荣则成为皇帝岳丈,他或许碍于自己在京师犯下的罪孽不敢久留,安顿完善后事宜即扬长而去,趾高气扬地杀回晋阳老巢。作为著名才子,温子升受到孝庄帝的善待,担任"南主客郎中",负责修撰皇家专属的《起居注》。在平定葛荣之后,孝庄帝改元"永安",温子升也被提拔为中书舍人。

就在温子升负责修《起居注》期间,因为值班未及时到岗,负责考勤、时任录尚书事的上党王元天穆勃然大怒,准备施行鞭打惩罚。温子升早就耳闻元天穆的粗暴,所以赶紧逃跑了事。元天穆想要解除他的职务,但受到刚刚即位的孝庄帝的阻挠,温子升因此才得以保全。

孝庄帝接手的是一个烂摊子,内部朝政不稳,外面起义不断。原本代表朝廷镇压流民起义的邢杲因为没有得到应有的提拔,也举起反叛大旗,拥立孝庄帝的元天穆受命前往镇压。元天穆看重温子升的文采,主动邀请其同行。温子升碍于前情,不敢应召,元天穆却坚持说:"我是真心爱惜他的才华,怎么会再计前嫌呢?除非他南逃越地、北走胡原,否则我一定要让他随行!"温子升无奈,只有同往,被加授为伏波将军,任行台郎中。

就在准备北渡黄河、全力镇压叛乱的途中,京师洛阳又发生变故,已经投降南梁的北魏宗亲元颢在梁将陈庆之的护送下高歌猛进,直入洛阳,孝庄帝也被迫北逃。

温子升的第二位主子元天穆是一个机会主义者,但又胆小怕事。他见自己的宗亲元颢劫掠洛阳,就向谋士温子升问计,温子升深入分析了形势,建议他果断杀回洛阳,及时挫败立足未稳又孤军深入的元颢之流,然后"克复京城,奉迎大驾",便是当年齐桓公、晋文公的功劳了。但元天穆自以为没有胜算,只派温子升前去洛阳试探虚实,自己则按兵不动。元颢赶跑孝庄帝之后,自立为帝,温子升被委以重任,担任新皇帝身边的中书舍人。

正如温子升判断的那样,孤军深入的元颢很快便被带兵南下的尔朱荣打得落花流水,元颢兵败被杀,孝庄帝复位,元颢的旧臣多被废除,而温子升则继续担任中书舍人,元天穆也被任命为太宰,温子升还为元天穆作文祝贺,名曰《上党王元天穆让太宰表》。元天穆愈发感觉到温子升的重要价值,每每对温子升痛悔道:"恨我当初没有采纳爱卿您的计谋行事啊!"

但是,宫廷斗争并未结束。孝庄帝一心要铲除遗患,夺权亲政。于是便私下多次精心谋划,决心除掉权臣尔朱荣,最终他利用自己得子、岳丈尔朱荣"升任"外公的有利时机,将放松警惕、直入皇宫的尔朱荣等人一举屠戮。温子升也积极参与了这次政变,《杀尔朱荣元天穆大赦天下诏》便出自他手。此后,孝庄帝遭到尔朱氏家族的四面包围,尔朱兆当年便攻入皇城,弑杀孝庄帝及其皇子、近臣,而温子升则提前畏罪潜逃。

这已经是他第三次死里逃生了。

此后,大军阀高欢和宇文泰崛起,尔朱兆等势力被剪灭,高欢扶植孝武帝元脩即位,但孝武帝不堪高欢擅权,主动投奔关中地区的宇文泰,终被同样具有狼子野心的宇文泰杀害,高欢遂在邺城另立元善见为帝,是为东魏,宇文泰则在长安立元宝炬为帝,是为西魏。

强大的北魏就这样被分割,在苟延残喘中渐次退出历史舞台。

温子升逃匿之后,并未就此出世,而是利用自己的文采为政治新星鼓吹。在高欢大败尔朱氏于韩陵(今河南省安阳市)之后,他欣然命笔,遂成脍炙人口的《韩陵山寺碑》;高欢拥立孝武帝即位后,他又作《大觉寺碑》;东、西魏邙山大战,高欢取胜后,他又作文以记,是为《印山寺碑》;他还为高欢专题命笔曰《神武碑》。对于这样的文人,当然可以"御用",高欢曾当面表扬温子升说:"您的《印山寺碑》真是绝妙啊!"温子升也被高欢举荐为散骑常侍、中军大将军、西兖州大中正等职,同时又被高欢嫡长子高澄聘用为大将军府谘议参军,政治地位达到顶峰。

但是,他很快便被政治旋涡最终吞噬。高欢死后的东魏孝静帝武定五年即 547 年，东魏宗亲元谨联合苟济、刘思逸等人，谋划弑杀想要篡权自立的高澄，事情败露遭诛。此前，温子升与元谨有过交往，高澄于是怀疑温子升参与了这次谋杀行动，将其打入囚牢，活活饿死。死后还被暴尸街头，籍没全家。

　　长安城中秋夜长，佳人锦石捣流黄。香杵纹砧知近远，传声递响何凄凉。七夕长河烂，中秋明月光。蟏蛸塞边绝候雁，鸳鸯楼上望天狼。

这首凄婉的《捣衣》诗为其扬名立万的同时，也为其落寞的人生悲剧提前做了注脚。

同为"北地三才"的魏收在《魏书》中评价温子升时指出："子升外恬静，与物无竞，言有准的，不妄毁誉，而内深险。事故之际，好预其间，所以终致祸败。"将其最终祸败的原因归结为"好预事故之际"，表面与世无争，其实好耍聪明，干预不该干预的事情。

我们很难妄下结论，但温子升先生的确死得太突然，也似乎有其必然性。

# "北地三才"之邢邵：从心所欲随风去

"北地三才"中，邢邵的结局最好，他在长子邢大宝去世后，无疾而终，此前曾在北魏、东魏以及北齐政权中担任重要职务，文采独步天下，盛名享誉八方。

虽然史学界对其卒年有所争议，认为他活得更长，但无论长短，以他"生死如烛光，烛尽光穷，人死神灭"的人生哲学，他活得坦然而自如，自然而无饰，生命的长度应该是足够了。

更何况他至少卒于北齐武成帝太宁元年（561年），那时他已经六十六岁，除了崇佛的梁武帝，他的岁数几乎远远超越了南北朝时期所有养尊处优的皇帝。

作为朝野倾慕的座上宾，他没有把自己的位置摆得很高，而是近距离与民同乐。他不喜欢独处，公务之外，喜欢与朋友们一起相聚陋室，共享果饵。他在强调出身和威仪的时代，并不合群，甚至在大庭广众、众目睽睽之下，很随意地解开衣服，抓寻身上的虱子。虱子是一种寄生能力很强、又善于跳跃逃跑的小动物。邢邵抓住虱子，即刻放在口中咬死，就像鲁迅先生笔下的阿Q。

但邢邵当年却完全没有阿Q的"精神胜利法"心态，他不过是率性而为之。

作为高官的后代，邢邵早年也顺风顺水。五岁时就被时任吏部郎的名儒崔亮看重，后者见他仪表非常便称赞道："这孩子成人后一定大有作为，声名显达。"十岁时即能作文，雅有才思，族兄邢岱以为他是宗族的希望和荣耀。他经常与当时的名流们一同出入游玩，视野渐宽。他记忆力超强，一次因连天落雨，无法出门，竟在五天里读完《汉书》并记诵有余。还有一次，他与名流们到北海王元昕家饮酒赋诗，几个人共作诗了几十首，由奴仆代为保存，但在奴仆走后，邢邵却能将前一日的几十首诗背诵出来，其他人不服，待到奴仆回来一对照，竟然一字不错。元昕遂将其比作东汉著名文学家王粲，时任吏部尚书的李神隽更是对其高看一眼，厚爱三分。

虽然出道较早，名气很大，但直到二十岁时，他才在宣武帝元恪那里谋得一个"挽郎"（唱挽歌的年轻人）的职位，不久又迁任著作侍郎。但这并不影响他日益高升的文名。北魏孝明帝时，文雅大盛，每逢官员升迁，总喜欢作文感谢，时称"谢表"。邢邵虽然年轻，但很受推崇，其文"雕虫之美，独步当时"，以至于每出一文远近读诵，"京师为之纸贵"。当时文坛老将袁翻名望甚高，又身居要职，人称"先达"。但同处一室，主人却邀请比袁翻年轻二十岁的邢邵作"谢表"，令袁翻十分难看，他每每轻蔑道："邢家小儿当客作章表，自买黄纸，写而送之。"为了远离祸害，邢邵选择主动离开，成为出镇青州的尚书令元罗的府司马。

孝庄帝元子攸在位时，邢邵被召回京师，担任中书侍郎，他为庄帝作诏书，追崇武宣王为文穆皇帝。不久爆发"河阴之变"，邢邵与名士、后来担任北齐宰相的杨愔逃往嵩山避难。

普泰元年即 531 年,邢邵再次回到朝中,任黄门侍郎,加散骑常侍。高欢拥立孝武帝元脩称帝后,任国子祭酒。高欢扶植元善见建立东魏后,邢邵善作表文的特长得到进一步发挥,541 年与温子升合撰《麟趾新制》十五篇,作为国家法令颁行。546 年,因与朝中新权贵崔暹不和,外调京师,出任西兖州(今山东菏泽)刺史。其间,他廉洁善政,执法严明,凡有贪赃枉法之事,都能及时处理。距州府五十里的定陶县县令之妻,挟丈夫之威,强索民财,激起民愤。邢邵得知后前往追查,吓得她连夜逃遁。在他的领导下,辖区社会安定,百姓祥和。

不久,他因才名甚盛,尤其精通古今吉凶礼仪,被复征回朝,担任太常卿、中书监,兼任国子祭酒。550 年,高欢次子高洋逼迫东魏孝静帝元善见禅位建立北齐,邢邵为其专作文书,即《为齐文宣受禅赦诏》。在北齐,他备受皇帝信任,每给大臣授职,都要听取他的意见,但他从不擅权自傲。在经历了人生悲欢和世事风雨之后,公元 561 年,他在丧子之痛中寂然辞世。

三次外放,三次回归。无论是主动离开,还是被迫逃难,他均能淡然处之,而每次复出,均源于他的才华和名望。虽然才高位显,但他并不恃才傲物,无论贤愚都能以诚相待。他对自己的衣食住行要求很低,但对寡嫂和侄儿却能体贴备至,服侍寡嫂极其殷勤,孤儿邢恕患病时,远在兖州的他则忧愁忘食,形容憔悴。其做人处世,被视为时人指南。

盈盈河水侧,朝朝长叹息。不吝渐衰苦,波流讵可测。秋期忽云至,停梭理容色。束衿未解带,回鸾已沾轼。不见眼中人,谁堪机上织。愿逐青鸟去,暂因希羽翼。

——邢邵《七夕》

我们在钦佩邢邵才华的同时,也为其豁达的性格和宽厚的人品而服膺惊叹。正如他在诗歌里感叹的那样:"时事方去矣,抚己独伤怀。"

# "北地三才"之魏收：秉笔直书遭弃骨

"北地三才"中，魏收年龄最小，与北魏孝庄帝元子攸同年出生（507年），对后世影响最大，其编撰的《魏书》自出机杼，自成风骨。作为我国二十四正史之一和研究北魏历史的重要纪传体史书，该书无论在形式和内容创新，还是在思想文化认同等方面，都堪称中华历史文化的鸿篇巨制。

魏收因作《魏书》而闻名，也因写《魏书》而悲剧。在他死后，那些贬《魏书》为"秽史"的仇家，竟将其坟墓掘开，扬弃其遗骨，以泄私愤。

魏收去了，但正如他留下的恢宏篇章一样，其个性化的人生也为后人留下诸多话题和谈资。

在北朝，他的文笔被奉为一个时代的标杆，他本人也被誉为名士中的翘楚，但在拥有众多粉丝的背后，他也曾被无情抛弃，与他同时代的南梁著名文臣徐陵就对他非常不齿。徐陵和魏收作为当年的名士，分别代表南北朝互访，交流不断。相对而言，南朝的文化底蕴更为厚重，魏收对南朝文学也较为倾慕。为了推销自己的文学作品，他在徐陵来访时，将自己苦心创作的文集献给徐陵，希望通过他能够在南朝流传。作为南梁文学界的领军人物之一，徐陵接手后，并没有将这些文集带到江东传阅，而是在渡江的途中就将之无情抛进滚滚长江。同行者很是不解，问起原因，徐陵却不屑地回答道："吾为魏公藏拙矣！"

事实上，魏收的文学功底并没有徐陵想象的那么差，或许是南北文学风格的不同，抑或文人相轻而已。

据《北史》记载，魏收在十五岁时就已经以文采扬名。他的父亲魏子建官至左光禄大夫、骠骑大将军，他应该受到了良好的早期教育。但他当时的理想并不是要成为作家，而是扬威疆场，像父亲一样做一名大将军。当年，他曾跟随父亲奔赴边疆，习武骑射，幻想以武艺建功立业。当时随军的荥阳人郑伯看出了他的想法，但对他的武艺天资并不看好，于是就在年少的魏收耍弄兵器时，调侃他道："魏郎呀，你手中的兵器有多重啊？"让玩弄轻武器（戟）的小魏收十分惭愧。此后，他便主动放弃从武的想法，沉下心来"折节读书"。树荫下、床板上，到处留下他苦读的身影，以至于磨损床板，遂"以文华显"，成为励志读书的典范。

孔子说，学而优则仕。魏收学习上有所成就后，自然要为官。不幸的是，他在官场上也遭遇到北魏后期政治大变局。就在他官拜太常博士不久，尔朱荣带兵劫掠京师，好在他机警睿智，侥幸逃脱，没有被责难。孝庄帝即位后，在吏部尚书李神隽的举荐下，他官授司徒记室参军。此后，军政混战，孝庄帝被杀，尔朱氏先立元晔，再拥元恭为帝，是为节闵帝。节闵帝让魏收起草封禅书，他则一挥而就，下笔成章。时任黄门郎的贾思同就在节闵帝身旁，作为北魏"双凤"（贾思伯、贾思同兄弟）的贾思同十分欣赏魏收的文笔，对皇帝夸赞道："魏收好才华呀,就连当年七步作诗的曹植也难以超越!"于是,节闵帝当场表态,升任魏收为散骑侍郎,不久又让其专修皇家《起居注》,参与国史的编纂工作。

这是魏收第一次直接参与修撰国史,为其后来全身心投入修史工作打下基础。当时,他只有二十六岁。

节闵帝元恭仅在皇帝位上一年多时间便被高欢废黜,出帝(即孝武帝)元脩继位。由于文名较盛,魏收并未被新皇帝元脩罢免职务,令其专门处理朝廷堆积如山的诰命文书,魏收则处理得井井有条,让元脩非常满意。

处理这些朝廷文书,也为魏收编纂国史提供了借鉴。但魏收错估了自己的价值,他本以为元脩像元恭那样欣赏自己,可元脩有他自己的考虑,接下来在处理出帝元脩和权臣高欢的关系上,就很快暴露了自己的弱项。那时,高欢刚刚在军界称王,既没有禅位称孤的资历,也没有做好挟天子以令诸侯的准备,所以对于出帝授予的"天柱大将军"一职感到羞愧,于是便一再请辞。孝武帝元脩就让魏收起草诏书,以顺从高欢的请求,另外加封高欢为"相国"。但当从魏收那里得知"相国"的品秩后,高欢便又作罢。魏收在这件事情中处理不当,引起了皇帝和权臣两方面的不满和猜疑,所以主动请求辞职,得到皇帝诏许,另封其为广平王元赞(元脩兄)的从事中郎(近侍官),后来又让其兼任中书舍人(起草传宣皇帝诏令)。

魏收之所以主动请辞,正如他回答舅父疑问时说的那样:"我是担心献武王(高欢)会从晋阳(高欢老巢)兴兵南下啊!"

魏收的判断没有错,公元534年,孝武帝元脩与权臣高欢之间兵锋相向,元脩出逃长安,高欢另立元善见在邺城建立东魏。次年,宇文泰在长安拥立元宝炬建立西魏,北魏从此一分为二,并成为屈从于军阀的傀儡政权。

东魏建立后,魏收虽然也被召至晋阳,担任掌管文书的主簿一职,但并不受高欢待见,经常受到军政府的嫌弃和斥责,甚至遭遇鞭打。这让一直以文士著称的魏收十分难堪。好在高欢的好友、东魏政权"四贵"之一的司马子如极力抬举,高欢的态度才有所转变。

尽管如此,魏收在官场上还是没有安全感,于是主动请求修撰国史。

那时,高欢的长子高澄位高权重,其喜欢评品人才的同僚崔暹对高澄说:"国家的历史事关重大,你们父子二人建立的霸王的丰功伟业,都需要记载下来,这件事非魏收不能胜任。"就这样,在高澄的推荐下,魏收受命修撰国史,武定二年(544年)再兼任中书侍郎,仍旧负责修撰国史。而此时的魏收已经年近不惑了。

虽然朝廷把任务交给了魏收,但作为朝政的实际控制者和行伍出身的大将军,高欢父子对魏收修史还是心存顾虑。武定四年(546年),高欢就在宴请群臣的席间,对司马子如调侃道:"魏收任史官,写我的善与恶。听说北伐的时候,权贵们常常送给史官吃的东西,司马仆射你是否也曾宴请过史官呢?"两人相视而笑后,高欢直接对魏收警示道:"你不要以为元康这些人在我面前奔走,我就会认为他们很勤劳。我今后的名誉地位就在你手里,不要认为我不明白!"为了拉拢魏收,高欢还加封魏收为著作郎。

相对于高欢,高澄对魏收的态度则较为真诚。当时,孝静帝元善见令群臣赋诗,魏收诗中有"尺书征建业(今江苏省南京市),折简召长安"之句,意思是仅凭文书就能轻易征服南边的梁国和西边的长安政权(即西魏),令野心勃勃的高澄非常钦佩。此后,侯景叛魏,高澄讨伐,檄文就出自魏收,而梁朝的合州刺史、鄱阳王萧范在接到魏收的劝降书信后,也果然弃城而走,高澄赞扬魏收说:"平定一州,你出了大力,但遗憾的是'尺书征建业'还没有实现啊!"

但高澄没有实现征服建业的机会了,他竟被其膳奴刺杀。高澄遇害身死后,弟弟高洋亲往晋阳,安顿完哥哥的后事后,命魏收与黄门郎崔季舒、高德正、吏部郎中尉瑾在相王府参与机密大事,不久魏收又转任秘书监,兼著作郎,同时担任定州大中正(负责考核黜陟地方官员的中央官)。550年,高洋受禅建立北齐后,魏收也得到进一步提拔重用,担任中书令,兼任著作郎,撰写受禅诏书典册。

因为有修史的多年经验,天保二年即551年,魏收受北齐朝廷之命,正式接手撰写《魏史》。为了让其专心著作,天保四年即553年,北齐任他为魏尹,给予优厚的俸禄,令其专门在史馆著述,不再参与其他事务。而在此之前,魏收就在高洋面前陈述自己的志向说:"我只愿在东观秉笔直书,早日写出《魏书》。"所以,高洋命他专任其职,又下诏命平原王高隆之负责监修史书,但仅挂名而已。文宣帝高洋还特意安慰魏收说:"你要好好地直笔写史,我不会像拓跋焘那样诛杀史官。"

在朝野的一致关注下,魏收开始全力著作《魏书》。他在前人搜集的史料的基础上,与房延、辛元植、刁柔、裴昂之、高孝干等人负责总纂,认真辨析,逐条甄别,又搜集博采亡佚的史料,连缀补续缺漏未写的史实,修撰成一部拥有包括纪、传、志等130卷纪传体史书典籍。其中的"35例""25序""94论"以及前后"二表一启",都是由魏收独创的体例。

魏收在创作中也获得了极大的自信，他曾公开对反对者宣称："你是个什么样的小东西，竟敢同我魏收作对！我的史笔要抬举你就能让你上天，要贬低你也能让你入地！"可见，他在写作中注入了较强的个人色彩。过去同他有冤仇的，大多隐去其善政美德，不载入史册，而对其有恩的，则尽量美化，因此，此书一出便招致多方怨言。当时的士族大户人家，比如范阳的卢斐、顿丘的李庶、太原的王松年等人，就直接提出批评意见，贵族子弟众口传扬，直接蔑称《魏书》为"秽史"。

面对汹涌的反对声浪，文宣帝高洋下令进行公开讨论、修改，但仍难平众怒，只好下令停止发行。魏收也难以招架，只好动用公权力，在老朋友、时任尚书省左右仆射的杨愔、高德正的干预和保护下，整个文宣帝时代，都不再议论此事。

文宣帝驾崩后，孝昭帝高演命魏收进一步研讨修改，但修改后的《魏书》只在有限范围内传播发行。随着时间的推移，人们也渐渐淡忘了这部争议颇多的"秽史"。

但魏收还是没有逃脱仇家们的惩罚。武成帝高湛时代，他受尽恩宠，被封为开府，兼任尚书右仆射。面对昏聩的武成帝，作为朝中重臣的他不能匡救时弊，而是畏祸保身，遭到更多诟病。后主高纬武平三年即572年，魏收寿终正寝，仍被追赠为司空、尚书左仆射，谥号文贞。北齐灭亡后，其坟墓被仇家挖掘，遗骨被丢出墓外。其创作的《魏书》成为中国古代二十四史中的精品，流传至今。

# "三萧"与"三裴"：名垂青史因作史

"三萧"是指萧子范（486—550年）、萧子显（487—537年）、萧子云（487—549年），分别为南齐豫章王萧嶷（444—492年）的第六子、第八子、第九子，而萧嶷则是南齐开国皇帝萧道成的次子，齐武帝萧赜之弟，是南齐的正宗皇室。但他们主要生活在南梁武帝天监年间。

萧子范在齐武帝萧赜永明十年（492年）即获得"侯"爵（祁阳县侯），当时仅七岁，拜太子洗马，做太子的老师。短命的南齐（479—502年）亡国后，梁武帝萧衍对前朝遗老遗少多有猜忌，萧子范被降为"子"爵，不久因才气再次担任梁武帝的太子洗马，并被梁武帝的弟弟、时任大司马的南平王萧伟看中，成为萧伟的幕僚文书。在萧伟的赏识和支持下，萧子范一度创作出文辞优美的《千字文》，可惜此文并未传承下来。但他的辞赋作品却得以留存，《家园三月三日赋》《建安城门峡赋》《伤往赋》均被收录入《艺文类聚》，成为文学精品。"扇习习之和风，照迟迟之华晷""水奔湍其如电，声疾烈其如风""彼兰菊之芳茂，及藻槿之荣色"等名句，对仗工整，被后人评价为"工俪而典雅，旷淡而宁稳"。

萧伟死后，萧子范又成为梁武帝侄子、时任丹阳尹的萧正德的藩府秘书,但他一直对自己的官位不满,常常哀叹生不逢时,甚至不如萧子显、萧子云两位弟弟。直到简文帝萧纲继位后,他才受到器重,其为简文帝皇后写的哀文颇受青睐。当时南梁正遭受"侯景之乱",皇后的葬礼也十分简单,但简文帝看到萧子范的祭文后,不禁赞叹道:"现在的葬礼虽然简略,但子范所作的这篇祭文却不减从前啊。"

可惜的是,萧子范生不逢时,在"侯景之乱"中活活饿死在僧房中。

与哥哥萧子范相比,萧子显则平静得多。此君洒脱娴雅,"风神洒落,雍容闲雅,简通宾客,不畏鬼神",虽然贵为吏部尚书,但他非常淡定,即使会见宾客也从不张扬,"见九流宾客,不与交言",最夸张的动作只是举起手中的扇子一挥而已。或许正是因为他太淡定了,竟被理解为是一种内心的倨傲;也或许他真的足够傲慢,"负才气",后来竟被外放,出任吴兴太守,死在任上。他死后的谥号便为"骄"。

萧子显的才气受到大文学家沈约的称赞,梁武帝萧衍也十分看重他,命他为前朝修史。作为南朝齐梁两代宗亲大臣,萧子显为刚刚败亡的前朝修史,却是颇费心机,但最终完稿,即流传至今的《南齐书》,成为二十四史之一。

萧子云的才气更胜一筹。他不仅是南梁的文学家,而且是著名的史学家、书法家。他曾撰《晋书》,可惜已佚。他的过人之处,在于他的书法艺术。多才多艺的梁武帝萧衍也对其草隶兼备的书法大加赞扬,称其书法"笔力骏劲,心手相应",并将其与大书法家钟繇、王羲之相提并论。萧子云的书法在当时就已经声名远播,远在朝鲜半岛的百济国专门派遣使者前来求购:"侍中(即萧子云)尺牍之美,远流海外,今日所求,唯名迹也。"萧子云也不矜持,一连写了三天,书三十纸送给百济使者。

早在"三萧"之前,"三裴"之一的裴松之(372—451年)就已经青史留名,裴松之应该算是史学界的老前辈。裴氏为世代公卿的豪门士族(河东裴氏),祖父裴昧官至光禄大夫,父亲裴珪为正员外郎,母亲庾氏亦为大户人家(颍川庾氏),舅舅庾楷为大将军。裴松之出身于讲究门第的东晋士族,自然也顺风顺水,二十岁时即被提拔为孝武帝司马曜的"殿中将军"。但或许因为酷爱文史,对历史事件较为敏感,他并不热衷于政治,甚至有意回避。公元398年,舅舅庾楷起兵反叛,兵败后投奔权臣桓玄,并举荐裴松之担任新野太守,但裴松之考虑到风险,没有上任。不久军阀火并,庾楷被杀,桓玄操控朝政,继而又禅位建楚,裴松之则避开杀身之祸。

后来东晋大将刘裕诛灭桓玄,晋安帝司马德宗复位,裴松之受到刘裕的礼遇,成为刘裕军阀集团的重要幕僚。刘裕建宋称帝后,对裴松之更加器重,称其为"廊庙之才",任"国子博士"。直到宋文帝时期,裴松之仍在险恶的政治旋涡中立于不败。元嘉三年(426年),宋文帝诛杀徐羡之等朝中大臣,裴松之被宋文帝任命为特使之一,代表朝廷巡行天下,探访吏治民情。他从湖南考察回朝后,写出的调查报告受到朝廷上下的一致认可,进而被提拔为掌管中书省事务的"中书侍郎"和品评地方官员的"大中正"。

裴松之自幼好学,八岁即通晓《论语》《毛诗》,博览群书,又处世简朴,为人低调,所以很受官民待见。为发掘其长,崇文的宋文帝刘义隆命其为陈寿的《三国志》注解。

裴松之一生为官却成就不高,而为《三国志》注解,则让其彪炳千秋。

作为二十四史中的精华，《三国志》叙事精略得当，取舍严慎，是一部记事翔实的断代史，与司马迁的《史记》、班固的《汉书》、范晔的《后汉书》并称为"前四史"，而《三国志》的评价最高。但在体例上《三国志》只有"纪"和"传"，而无"志"和"表"，内容不够全面，而且所记载的史料中也有前后矛盾之处，令阅读者颇为费解。裴松之要为《三国志》作"注"，既要对书中的史料进行梳理、考证、甄别，又要进行补缺和扩充。为此，他尽访遗址和老者，对其中的地名、人物、历史事件一一查阅考证，最终形成裴氏《三国志注》。

关于裴氏《三国志注》一书，虽然史家褒贬不一，但无论从史学还是文学上来看，都具有很高的研究价值。现存最大的传统目录书《四库全书总目提要》指出其六大优点，即："引诸家之论，以辨是非；参诸书之说，以核讹异；传所有之事，详其委曲；传所无之事，补其阙佚；传所有之人，详其生平；一曰传所无之人，附以同类。"

就在裴松之为《三国志》作完注，呈报至文帝手中时，这位开创"元嘉之治"的明君也对其喟叹良久，称赞其为"不朽之作"。清代史学家侯康在《三国志补注续·自叙》中指出："陈承祚（即陈寿）《三国志》，世称良史，裴（松之）《注》尤博赡可观。"中国近现代历史学家缪钺也认为："裴注（即《三国志注》）搜采广博，多存异书，考证辨析，也相当精确。"

因为有为历史作注的成功经验和非凡成就，元嘉十四年（即437年），辞官退休的裴松之被朝廷任命为"中散大夫"，不久又被提拔为"太中大夫"，兼任国子博士，接替何承天撰写国史，可惜尚未来得及动笔，就因病辞世，享年八十岁，时在元嘉二十八年（451年）。

裴松之遗憾落幕，但他的未竟事业在儿孙那里得以继承。他的儿子裴骃接过家学的接力棒，为官之余，博览宏识，为二十四史中前四史之一的《史记》作注，成为被誉为"史家之绝唱，无韵之离骚"的《史记》的最早注本，是为《史记集解》。裴骃也因此书而名垂中国史坛。

更为难得的是，裴骃的孙子裴子野（469—530 年）也有力传承了祖辈的家学和作风，作为朝廷的著作郎，负责监修国史及起居注，先后著有《集注丧服》二卷、《续裴氏家传》二卷、《众僧传》二十卷、《百官九品》二卷、《附益谥法》一卷、《方国使图》一卷、《宋略》二十卷等，而最为出彩的就是《宋略》。

作为南朝宋史专著，大学问家、宰相沈约的《宋书》在当时就引起各方关注。裴子野虽然地位不高，但在阅读完《宋书》后，敢于直面问题，认为其烦琐，于是便动手删繁存简，作《宋略》二十卷。书成之后，各方评价很高，就连位高权重、学识渊博的沈约本人也感叹说："吾弗逮也。"

裴子野不仅继承了家学，与祖父裴骃、曾祖父裴松之并称"史学三裴"，而且传承光大了家风，在做官做人方面也堪称楷模。他的父亲裴昭明为南宋太学博士、南齐大臣，曾代表南朝出使北魏，著有文集八卷。出身于官宦、文史之家，裴子野受到良好的家庭教育，萧梁代齐后，尚书大臣范云特别欣赏他的文才、品行，准备举荐他，可惜突然去世。另一位朝中重臣、"竟陵八友"之一的任昉也对裴子野非常欣赏，他们之间还是堂表兄弟关系，但在很多人通过任昉的举荐得到升迁的情况下，裴子野并未开口求助，从不主动拜访。任昉因此十分恼怒，也从不为裴子野荐言。后来，他最终依靠自身实力进入官场，在掌管国家刑狱的"廷尉"机构中谋得一职，但很快便又丢了官。原因是，廷尉在审理一个案件过程中，裴子野并不在场，但也按照惯例签了名，而此案的审判结果令梁武帝很不满意，结果所有办案人员均被撤职。因为裴子野并未直接参与，所以很多人劝他讲明真相，以复官位，但他却从容答道："丢官固然可惜，我岂能靠诉讼辩解当官呢？"

赋闲很长时间之后，在国子博士、著名无神论者范缜和吏部尚书徐勉的反复推荐下，裴子野终于获得任用，先后担任尚书比部郎、仁威记室参军、诸暨（今浙江省诸暨市）令、著作郎。在诸暨县令任上，他为人正派，做事公道，"百姓称悦，合境无讼"，境内安定祥和。在掌管人事任免的徐勉的赏识下，他又兼任中书通事舍人，掌中书诏诰。当时，西北边界外有两个叫"白题"和"滑国"的小国派使者到梁朝来进贡，但因多年没有交往，朝廷里竟无人知道这两个国家的来历，甚至连这两个国名也并不清楚。就在梁武帝为此而烦恼时，地位并不显眼的裴子野却引经据典道："汉颍阴侯斩胡白题将一人。服虔注云：'白题，胡名也。'又汉定远侯击虏，八滑从之，此其后乎？"梁武帝与众臣听后立刻释然，无不叹服。梁武帝于是命令裴子野撰写《方国使图》，对邻小国家广述"怀来"之盛。在裴子野的努力下，"自要服至于海表，凡二十国"。

梁武帝真正看重裴子野还在于他的文才和品行。武帝普通七年（526 年），梁国准备北伐魏，令裴子野起草北伐檄文。裴子野一挥而就，呈报至梁武帝。为慎重起见，梁武帝将包括徐勉在内的著名文士、写作高手都叫到寿光殿，令其反复斟酌修改，但均表示原文并无瑕疵。梁武帝于是放下心来，他注视着眼前这位地位不高的臣子，深情地佩服道："看你的样子是这样羸弱，文章却写得如此雄壮！"接着又令裴子野给北魏宰相元叉写信，劝其投诚。当时已是深夜，梁武帝担心时间仓促,而裴子野则沉稳操笔,黎明时分即成稿,武帝阅罢,深为叹服。

有了当朝皇帝的信服,裴子野此后一路高升,先后被提拔为中书侍郎、鸿胪卿、领步兵校尉,成为皇帝身边的重臣。虽然地位变了,但裴子野做人做事的秉性和风格并未因此改变。他为官清正廉洁,不谋私利,即使是曾经养育自己的外祖母家遇到困难,他也只用自己的俸禄接济他们,从不擅用公权。他生活俭朴,淡泊自守,因为自己的俸禄大都用来接济亲戚,他本人则"饭麦食蔬",妻子"恒苦饥寒",家里开始连住房都没有,后来借了两亩官地,建了几间茅屋,才得以栖身。不仅如此,他对子女以及近亲的教育十分严格,去世前还反复告诫子女要"俭约,务在节制",子女们对他"奉若严君",十分敬畏。

梁武帝中大通二年(530年),裴子野卒于任上,享年六十二岁。当时,梁武帝得知他的死讯后,泪流满面,下诏即日举哀,赞誉他"文史足用,廉白自居",并破例谥其号为"贞"。

# 大小徐庾：文人气节震寰宇

南北朝文人圈内，少不了徐陵和庾信。徐陵被誉为"天上玉麒麟""当世颜回（孔子七十二弟子之首）"，庾信被尊为北朝文坛宗师，他们俩均善作诗，共同创造了"徐庾体"诗派，对后世文学尤其是唐诗的创作影响深远。

而他们的父亲徐摛和庾肩吾也颇有文名，为南梁简文帝萧纲门下著名学士，并称为"大徐庾"，系"宫体诗"的典型代表。

## 非凡成就

徐陵和庾信均出身豪门士族。徐陵为东海郡郯县（今山东省郯城县）人，而东海徐氏历来"儒以经世""文以传家"，出现了包括南梁中书令徐勉在内的一大批文官、硕儒。庾信则出身于"七世举秀才""五代有文集"的家庭，早在东晋初期就诞生了包括文学家庾阐在内的诸多文士，历史学家范文澜认为庾阐等人为山水诗的开山鼻祖。

徐陵（507—581年）的父亲徐摛（474—551年）以太学博士起家，历任左卫将军司马、记室参军、谘议参军、太子家令兼掌管记等职。

他虽然职务不高,但志向远大,胸怀大局,颇受文士敬仰。在写作上,他不拘旧体,喜欢标新立异,又崇尚雕琢,所谓"情必极貌以写物,辞必穷力而追新",是"宫体诗"的典型代表。

庾信(513—581年)的父亲庾肩吾(487—551年)和徐摛一样,同为梁武帝第三子萧纲的门客和"宫体诗"的代表,在萧纲还在晋安王位上时,他就是晋安王的"常侍",与徐摛等人并称为"高斋学士"。萧纲称帝后,他又被提拔为"进度支尚书"(掌管财务和税收,相当于财政部长)。此人善于作文,著有个人文集十卷,尤擅诗歌,其诗被明代著名学者胡应麟赞誉为"风神秀相,洞合唐规"。不仅如此,庾肩吾还以书法闻名古今,他在文艺界叫得最响的就是他的《书品》。在他之前,钟嵘著有《诗品》,谢赫著有《画品》(即《古画品录》),分别就诗歌和绘画作品进行品评和梳理,而他创作的《书品》则从理论上对书法艺术进行评介,严格依据"九品论人"的方法,将书法家按照品位划分为高、中、低三等,每等又分为上、中、下三级,及时弥补了书法理论的不足。此书也被学者公认为中国书法批评界的第一次高峰。

青出于蓝而胜于蓝。父辈的功勋和作风也深刻影响着子孙后代,徐摛的儿子徐陵,庾肩吾的儿子庾信,更是名噪一时、声震文坛的大家。当时,南朝的徐陵、北朝的庾信分别引领一个时代的文风。徐陵还领衔编撰了一部诗歌总集,名曰《玉台新咏》,被誉为中国古代诗歌"双璧"之一的《孔雀东南飞》即收录于此。隋朝著名思想家王通在《中书》中赞誉说:"徐陵、庾信,古之夸人也,其文诞。"唐代诗人杜甫更是对庾信推崇备至,留下诸如"清新庾开府,俊逸鲍参军""庾信文章老更成,凌云健笔意纵横""庾信平生最萧瑟,暮年诗赋动江关"等名句。毛泽东主席也曾称赞庾信为"妙笔生花者"。

# 恢宏气度

大难之时,方显英雄本色。徐庾父子都曾经历撼动南北朝历史的"侯景之乱"。梁武帝太清二年(548年),东魏叛将侯景以"清君侧"为名,从寿阳起兵,一路杀来直到京师南京,炮制了"太清之难"。549年,侯景攻入京师台城后,京师将士一哄而散,而职位不高的徐摛却能从容应对。面对杀气腾腾的侯景,他岿然不动,厉声责问侯景道:"侯公当以礼见,何得如此?"徐摛的义正词严,竟让不可一世的侯景气短心虚,"凶威遂折",对徐摛顿生敬畏之心。《南史》评价说:"徐摛贞正,仁者信乎有勇。"

而早在侯景劫掠京师之前的548年,徐陵奉命出使东魏。负责接待的是魏收,此君颇负文名,是"北地三才"之一。他对徐陵极为倨傲。是日,天气炎热,魏收竟公开声称天热源于徐陵的造访。面对魏收的取笑,徐陵从容答道:"从前王肃(东晋丞相王导之后,曾任北魏尚书令,顾命大臣)到了这里,为贵国制定礼仪;现在我来,再让你们重新知道什么叫寒热!"简短回答,令魏收等人大为惭愧。

侯景叛乱后,身在北国的徐陵得不到父亲的消息,便开始吃素,穿粗布衣服,宛如居服父丧。而父亲徐摛在侯景软禁简文帝萧纲的551年,果然抑郁而终。

就在父亲去世前,徐陵所在的东魏政权被高洋的北齐禅代(550年),此后南梁政权也被侯景篡夺,梁武帝的第七子萧绎在湖北江陵(荆州)称帝,是为梁元帝。萧绎称帝之初,为稳住政权,与北面的西魏和北齐交好,于是身为南梁使者的徐陵借机请求回国复命,但未被批准。他在反复请求无果后,又写信求助于有儒学底蕴的汉族宰相杨愔(杨遵彦),但依然未得回复。承圣三年即554年,梁元帝与西魏因争夺地盘反目成仇,西魏大军南下,梁元帝覆亡,南梁旧臣王僧辩和大将陈霸先准备迎立扶植梁元帝第九子萧方智到南京称帝,而想要趁火打劫的北齐政权却强行护送萧渊明南下称帝。萧渊明为梁武帝萧衍的侄子,曾在抗击东魏的战争中被俘,成为东魏和北齐的人质。

在北齐护送萧渊明南下称帝的过程中,徐陵才得以跟随回国。

徐陵回国后,被任命为尚书吏部郎,掌管诏诰。但不久,陈霸先与王僧辩在皇帝人选上发生争执,王僧辩最终被诛灭,陈霸先以萧方智为帝,自己则掌控军国大权。徐陵虽为王僧辩旧友旧臣,但未被追责,担任尚书左丞。556年再次出使北齐回国后,还被任命为给事黄门侍郎、秘书监。557年陈霸先建立陈国后,徐陵因才德出众,先后担任散骑常侍、太府卿、五兵尚书兼大著作等职,陈文帝(世祖陈蒨)天嘉六年即565年,他被任命为掌管国家监察的御史中丞。就是在这个位置上,更加彰显了他的凛然正气。

当时,陈文帝陈蒨以武帝陈霸先侄子的身份继位,因为非嫡传,所以多少有些非议。陈蒨为加强中央集权,对弟弟陈顼委以重任。陈顼不仅被封为安成王,而且司职大司空,他也常以皇弟之尊,势倾朝野。安成王王府有位属官名唤鲍僧睿,借助安成王的权势,常常压抑、堵塞诉讼,大臣们无人敢言。作为御史中丞的徐陵得知后,决心进行反制。他向陈文帝上奏弹劾,并带着奏案和相关官员直接进殿向皇帝汇报。徐陵进殿时身着朝服,表情严肃,一副凛然不可侵犯的森严神态,令大殿之上的陈文帝也深受感染,为之"敛容正坐",而侍立于旁的安成王也颇为惊悚。徐陵按照程序,向皇帝朗声汇报弹劾奏章时,安成王仰视皇兄,边听边流汗,脸色为之骤变。由于徐陵证据确凿,态度坚定,在文帝的默许下,一向自傲的安成王竟被徐陵手下的"殿中御史"引下殿来,其"侍中""中书监"之职也被成功免除。从此,朝廷纲纪肃然。

徐陵以浩然之气涤荡官场歪风,既是尽职尽忠之官员责任,也是匡正驱邪之社会担当,虽然让权贵很丢面子,但明智的安成王并没有因此而耿耿于怀,文帝天康元年(566年),徐陵被提拔为吏部尚书,兼任大著作,在选官用人方面做了很多务实的改革,为"天嘉之治"做出贡献。文帝驾崩后,其子陈伯宗继位,安成王为宰相。在安成王的举荐下,徐陵也参与重大决策,并在废黜废帝陈伯宗、拥立安成王为帝中贡献了才智。安成王陈顼称帝后,徐陵先后晋封为建昌县侯、尚书右仆射、尚书左仆射、右光禄大夫、丹阳尹等职,官阶达到人生顶峰。但他并不以此自倨,而是专心履职尽责,不计私利。在北伐战争中,他力排众议,举荐大将吴明彻为统帅,攻克收复了淮南数十州之地。

徐陵为官为文十分严谨,而个人生活却极其简朴。他将自己的俸禄大多施与贫穷匮乏者,周济他人不遗余力,甚至为此而造成自己家几乎断炊。手下人不理解,问他为何要跟自己过不去,他则欣然答道:"我还有车、牛和衣裳可以卖,穷人家可没有能够卖的东西呀。"

后主陈叔宝至德元年(583年),泽被芸生、光耀文坛的徐陵先生坦然辞世,享年七十七岁。

# 家国情怀

与徐陵相比,庾信在时代大变局的风云际会中则显得更为落寞。徐陵也曾被东魏和北齐政权扣留,但他最终幸运地回到故乡,并为自己的国家效力尽忠,而庾信一路奔波,最终却远离故土,客死他乡。

这一切,也都源于那场突如其来的"侯景之乱"。

梁武帝太清二年即 548 年侯景反动叛乱,兵峰直指京师建康。当时,梁武帝已是年过八旬的"老佛爷",作为梁武帝接班人的太子萧纲十分着急,竟下令让毫无作战经验的亲近门客庾信前往应战。庾信在仓促之间,受命率领宫中文武百官千余人来到城外的朱雀航北沿江安营待战。但等来势汹汹的侯景军赶来时,毫无战斗力的守军不战而散,庾信也沿长江西逃。

侯景进入京师后,囚禁梁武帝,后者不久便被活活饿死。太子萧纲被暂时扶上皇位,是为简文帝。庾信出逃后,其父庾肩吾被任命为度支尚书。侯景作乱后,梁氏宗亲纷纷起兵勤王,侯景假传圣旨,令庾肩吾亲写诏书,劝降萧纲的儿子、寻阳郡王萧大心。萧大心收到"诏书"后果然举州投降,而庾肩吾则借机逃离被乱军控制的京师。但在逃亡途中被俘,贼将宋子山要求他作诗,否则便被处死。庾肩吾于是吟道:

> 发与年俱暮,愁将罪共深。聊持转风烛,暂映广陵琴。

大意是说,我已暮年,愁苦、罪孽都很深了,死就死了,就像风吹残烛一样,死前仅用此诗表达胸臆,算是比照当年的嵇康,最后一次抚琴弹弄一曲《广陵散》吧。该诗不卑不亢,辞采华美,果然打动了武夫宋子山,于是被放行。此后,庾肩吾从会稽出发一路向南,直奔湖北江陵,投靠在那里的湘东王萧绎。

庾信得知父亲到达江陵后,也直奔湖北,就在赴江陵的途中,庾信在江夏(今属湖北省武汉市)遇到了老朋友萧韶。萧韶作为萧氏宗亲,依附萧绎得封郢州(治所亦在湖北省武汉市)刺史。萧韶年幼时家庭困难,衣食均由庾信供给,他们还有"断袖之欢",每遇有客人来访,萧韶还会替庾信为客人传酒。但那已是过去,此时的萧韶贵为一州之长,而庾信却是落难之人。就在萧韶礼貌性为庾信接风洗尘的酒宴上,萧韶高高端坐于青油幕下,面露自负不屑之容,令老朋友坐在别榻。庾信见状十分不满,他借着酒意直接爬上萧韶的坐榻,脚踩饭菜,目视萧韶道:"萧大人您今天的样子可与当年大不一样呀!"一句话勾起多少辛酸记忆,萧韶顿时大惭。

此后,庾信顺利抵达江陵,父子会面。他们受到萧绎的欢迎,庾肩吾被任命为江州刺史,但不久去世,庾信袭其武康侯爵。

庾信父子逃离被侯景劫掠的京师,千里迢迢来到湖北,虽然获得礼遇,但并不如意。萧绎称帝后,北方宇文氏掌控的西魏虎视眈眈,而文人出身的梁元帝萧绎却只有文胆,并无武略,很快便与西魏产生分歧。为化解矛盾,承圣三年(554年),梁元帝派遣作为右卫将军、散骑常侍的庾信出使西魏。就在庾信到达西魏都城长安后不久,西魏便大军南下,攻克江陵,梁元帝萧绎被杀,庾信也彻底断了归途,只能屈节敌国。

昔年种柳，依依汉南。今看摇落，凄怆江潭。树犹如此，人何以堪！

——庾信《枯树赋》

　　庾信初到北国，仅为南梁的使者，并未受到过多重视，等到南梁亡国无家可归时，西魏文士对他更加不屑。但在拜读庾信的《枯树赋》之后，其中表露出来的亡国客居之痛、失家羁旅之恨、人事维艰之叹，令人荡气回肠，从此再无敢轻言庾信者。

　　庾信因其过人才华和品行，在西魏政权中受到重用，先后被任命为使持节、抚军将军、右金紫光禄大夫、大都督、车骑大将军、仪同三司等职，地位显赫。557年，在权臣宇文护的支持下，宇文泰嫡长子宇文觉（实为第三子）废魏建周，从此加快了一统华夷的步伐。在北周新政权，庾信仍然受到重视，除了朝中的官爵之外，还先后出任弘农郡守和洛州刺史，镇守一方，官民安宁，颇受爱戴。

　　当时，北周政权虽然胸怀天下，但主要精力瞄准东部的北齐，对南陈则通商交好，对寄居在北周的南方人士尽量放归故里，南陈也主动请求放还庾信、王褒等名士，但直到周武帝宇文邕时期，也拒不放还庾信。北周明帝宇文毓、武帝宇文邕都非常喜爱文学，自然对文坛宗师庾信倍加尊崇，赵王宇文招、滕王宇文逌等更是与庾信诚挚交往，结为布衣之交。因为文笔出众，北周公卿的墓碑墓志，大多拜托庾信撰写。朝廷也一再提拔重用庾信，以此进行安抚。

　　庾信虽然在历经颠沛流离之后，以其过人的才华在北朝享尽尊崇，但作为受到良好传统儒家教育的他，但见南北分野，身仕敌国，其报国无门之愧、背井离乡之愁，无时不在内心深处撕裂贲张。其晚年所作的《哀江南赋》以史诗般的规模和气魄,极尽华丽流畅的笔触,抒写南梁灭亡和个人流落的经历和情境,兼具南方细腻柔美和北方写实粗犷之文风,成为其"穷南北之胜"的佳作之一。

透过此诗,我们也很容易窥见其难以消释的家国情怀。隋文帝开皇元年(581年),带着对故土的无限眷恋,庾信客死北国,享年六十九岁。

而就在他去世不久,一个强大的大一统帝国——隋帝国横空出世,南北合一,黄泉之下的他或许终于找到了灵魂的归依。

# 江淹:"才尽"只因官"得意"

　　毛泽东主席在评价南北朝作家时曾经说过,妙笔生花者,远不只江淹一人,庾信就是一个。能够进入毛主席的视野,并被誉为"妙笔生花者",可见江淹的文学影响力。但多年来,江淹一直与"江郎才尽"这个成语相关联,似乎早过早聪慧,到后来却如王安石笔下的"方仲永"一样,"泯然众人矣"。

　　其实,在南北朝众多文人中,江淹当是为数不多的官场常青树,虽然经历过一些曲折,但即使在南朝宋、齐、梁三朝变幻莫测的大动荡时期,他亦能顺势而为,一直都处在较为顺遂的亨通官运中。

　　俗话说:"得意走官场,失意写文章。"江淹在文学上的巨大成就,如著名的《恨赋》《别赋》等,几乎都是在被贬外放、壮志难酬的"不得意"时所创作。而当宋朝灭亡,南齐建立时,他仕途上一路高升,从落魄的文人直接晋升为醴陵侯,可谓天壤之别,但此后也鲜有佳作。

　　或许是为其前后文学成就的巨大差异"辩护",或许是确有其事,史学界刻意炮制了一段"江郎才尽"的佳话。

　　钟嵘《诗品》中记载说,江淹曾在宣城太守位置上罢官回家途中,梦见一位自称"郭璞"的男子。郭璞对江淹说:"我有一支笔在你这儿放了多年,请还给我。"江淹从怀里摸出一支五彩笔递给了他,此后就再也写不出好句子了,于是世人便传"江郎才尽"了。

《南史》中也记载了一个"文通残锦"的故事。说的是,江淹"少以文章显,晚节才思微退",据江淹自己解释说,他在做宣城太守罢官回家时,曾停泊在禅灵寺附近的河洲边,夜里梦见一个人自称是张景阳(张协),对他说:"从前我把一匹锦寄放在你这儿,现在请还给我。"江淹就从怀里掏出几尺还给他,张景阳却大怒道:"怎么能裁剩下这么一点儿!"回头看见丘迟(南朝知名文学家)说:"剩下这几尺既然没有什么用了,送给你吧。"从那以后江淹的文章就大不如前了——"自尔淹文章蹩矣"。

两则故事,如出一辙,都在绘声绘色讲述一个遗落在"梦境"中的"传说",试图以此来解释,从小便有文名的大家,为何很快便黯然失色于繁花似锦的南朝文坛。

事实上,只要梳理一下江淹在官场上的风雨起伏,便可见一斑。

江淹(444—505年),字文通,宋州济阳考城(今河南省民权县)人。虽然祖父、父亲均做过地方县令,但其家境并不富有,在十三岁时父亲去世后,家庭更为困难。家贫出贵子,江淹自幼好学,博读诗书,正是得益于出彩的文学造诣,他很快步入政坛,成为历仕宋、齐、梁三朝的政治明星。

南朝宋明帝刘彧(465—472年)时期,二十岁的他开始从文坛步入政坛,先后担任始安王刘子真(孝武帝刘骏第十一子)的老师和新安王刘子鸾(刘骏第八子)的幕僚。明帝泰始二年即466年,投奔喜好收揽人才的建平王刘景素。刘景素是宋文帝刘义隆的孙子,在孝武帝刘骏、前废帝刘子业、明帝刘彧以及后废帝刘昱等四朝为官,很有权势。江淹跟随刘景素长达十一年（466—476年），但其间经历两次劫难。

一次因为受到广陵县令郭彦文的牵连，他被诬陷入狱。在狱中，他给刘景素写了一篇申诉文，即著名的《诣建平王上书》，为自己洗冤，并发誓说："若使下官事非其虚，罪得其实，亦当钳口吞舌，伏匕首以殒身，何以见齐鲁奇节之人，燕赵悲歌之士乎?"刘景素收到该文后，被江淹的文采和情感打动，立刻下令将其释放，并举荐江淹为南徐州秀才、巴陵王国左常侍，继而又将其拉到自己幕下，担任主簿、参军等高级顾问。

另一次则是直接得罪了上司，被贬为吴兴县（今福建省浦城县）令。当时，宋明帝刘彧驾崩（472年）后，其子刘昱继位，是为后废帝。但此君无才无德，上下皆有怨言，于是手握重权的刘景素在手下的蛊惑下，准备率先发难。作为刘景素的高级幕僚，江淹却坚决反对，一口气写了十五首诗进行劝阻，让利令智昏的刘景素大为不满。再加上自己急于高升，向主人刘景素提出要接替东海郡守一职，让主人极为恼怒，一气之下竟将江淹贬为吴兴县令。

江淹虽然遭贬，但正是这次人生遭遇促使他写出千古名篇《恨赋》《别赋》，同时也让他躲过一劫。此后，刘景素叛乱被平，与其关联者或被杀或下狱，而江淹则安然无虞。不仅如此，伴随刘宋王朝的终结，江淹又迎来他官场人生的黄金时代。

后废帝刘昱被杀后，萧道成主政，后者以大丞相的身份掌控军政大局。为了拉拢人才，宋顺帝（即末帝刘準）昇明元年即477年，萧道成将名士江淹请回朝廷担任尚书驾部郎、骠骑参军事，成为丞相府的座上宾。在萧道成篡权称帝后，刘宋旧臣多有不满，荆州刺史沈攸之率先起兵作乱。此君为宋朝名将沈庆之的从子，他们叔侄曾共同辅助孝武帝刘骏讨伐刘劭，进而举刘骏为帝。沈攸之作乱，让萧道成深为忌惮，于是请教江淹。江淹以当年的刘邦和曹操为例，安慰萧道成说："过去项羽强，刘邦弱；袁绍人多，曹操人少；项羽曾分封诸侯，最后还是自杀受辱；袁绍曾统占四州，最后还是成为败军之将。这就说明'有德行就有天下'。您何必忧虑呢？"

萧道成还不放心，继续追问说："这种说法很多，请您再讲得明白些。"

江淹蛮有把握地侃侃而谈："您勇敢又有奇谋，是必胜之一；宽容仁厚，必胜之二；贤能的人都为您尽力，必胜之三；人民的心都向着您，必胜之四；奉天子的命令讨伐叛逆，必胜之五。沈攸之志向大器量小，必败之一；有威权而无恩服，必败之二；士卒无心作战，必败之三；官吏和绅士不喜欢，必败之四；兵力分散在几千里的战线上，不能相互救助、共同克服困难，必败之五。所以说即使有十万叛兵，最终也会被我们擒获！"

经此一说，萧道成士气大振，立刻让江淹亲自书写讨伐檄文，对沈攸之用兵，果然灭之。伴随萧氏政权的稳定，江淹也一路升迁，成为萧道成的中书侍郎；武帝萧赜继位后，他又升为骠骑将军、尚书左丞、国子博士。延兴元年即494年，他更是在原有职务的基础上，获得御史中丞的高位，掌管全国监察刑狱大权。

也正是在这个职位上，他先后弹劾中书令谢朓、司徒左长史王缋、护军长史庾弘远等朝中重臣，益州刺史刘悛、梁州刺史阴智伯、临海太守沈昭略、永嘉太守庾昙隆以及其他郡县长官，大多被他弹劾惩治，由此内廷外府对他都很恭敬。时任丞相的萧鸾（即此后的齐明帝)也奉承他道:"自刘宋以来,不再有严格清明的中丞,你可以算得上仅有的一个!"

等到萧鸾废帝自立后,江淹再次荣升,任廷尉卿、给事中,加冠军将军、辅国将军。但其间因为受到儿女亲家萧诞(萧道成族子,受封安德君侯)的牵连,被外放至宣城任太守,保留将军职位。四年之后,齐明帝萧鸾驾崩,其子萧宝卷继位,江淹才又回到京师。

此时的江淹已经年过五旬,经过官场风雨历练的他更加成熟老到。萧宝卷(即东昏侯)永元二年(500 年),平西大将军崔慧景对滥杀无辜的东昏侯心怀不安,主动发兵围攻京师。京城中的大小官员都主动向崔慧景示好,以求平安,而江淹则装病在家不出,静观其变。不久,在大将萧懿等人的全力反攻下,崔慧景兵败被杀,先前追随者也都受到株连,江淹则安然无恙。世人因此称赞他有"先见之明"。

但宫中的争夺并未结束。昏聩的萧宝卷继而又将屠刀指向萧懿,其弟萧衍遂在荆州起兵反叛。

因为有崔慧景叛乱失败的惨痛教训,萧衍起事时,朝中大臣均保持缄默,不予响应。

而先前装病不出的江淹,这一次却主动跳出来支持萧衍。早在萧衍起兵前的永元三年(501 年),他就对萧宝卷封给自己的"秘书监""卫尉"职务不感兴趣,请辞未果后,他公开宣称:"这并不是我想当官,世人都知道,只是借我的空名而已。而且自然变化的时序和人世的事物,不久就会发生变化。孔子说:'有文事的人必定有武备。'事到临头再作打算,何必忧愁呢?"

就在朝廷官员面对萧衍叛军,人人安之若素时,江淹却主动脱去官服,穿上普通百姓的衣着,前往投靠,成为萧衍的高级幕僚和冠军将军。在萧衍起事成功后,江淹再次迎来好运,先后迁任吏部尚书、金紫光禄大夫,并被封为侯爵(醴陵侯)。

至此,江淹也迎来他仕宦生涯的顶峰。

但对比此前的生花妙笔,自南齐武帝萧赜之后,二十余年间,无论诗歌或者辞赋,江淹几乎鲜有佳作。就在他封侯的三年后(505年),便溘然长逝。他去世时,梁武帝萧衍亲为他穿素服致哀,并赠钱三万、布五十匹,谥其号为"宪伯"。

与其政治上的崇高荣誉相比,我们也只能从其前期的《恨赋》《别赋》或《诣建平王上书》等作品中,依稀看到一位文学家的尊荣了。

# 陶渊明:"桃花源"里有尊严

话说东晋太元(孝武帝年号,376—397 年)年间,有一渔民沿洞溪捕鱼时,恍惚间意外发现一处"芳草鲜美,落英缤纷"的"桃花源"。在那里,物阜民丰,"土地平旷,鸡犬相闻","黄发垂髫,怡然自乐"。虽然人们的衣着与外地相近,但民风淳朴,见到渔人来访,纷纷邀请到自家做客,"设酒杀鸡作食"。经了解得知,此地居民原来是躲避秦代战乱的先民后代,一直与外界隔绝,甚至不知道秦代早已结束,几百年的汉帝国也已灰飞烟灭,现在已经是天下动荡的东晋末年呢。

渔民在此地度过了几天神仙般的日子后离去。临走时,虽然被告知"不足为外人道",不准告诉别人此地的讯息,但他依然边走边做记号,以便再次回访。等到他回去兴致盎然地告诉地方官员,与人一同前往时,原先所做的记号亦难以领航,"不复得路",最终"无问津者"。

以上所谓的"渔民"及其所见到的"桃花源",不过是陶渊明先生有感于世事变迁,刻意编撰的一个美好的文学故事。

陶渊明厌倦了纷乱的东晋时代,迷茫于新兴的刘宋王朝,入世的理想和出世的态度,让其难以承载现实的缥缈与无奈,于是在刘宋代晋之际，他也在"去留无意，云卷云舒"之间，为自己开辟了一片属于理想世界的"桃花源"净土。

或许，只有在那里，他才能够找寻到属于自己的宁静与尊严。

> 结庐在人境，而无车马喧。问君何能尔？心远地自偏。采菊东篱下，悠然见南山。山气日夕佳，飞鸟相与还。此中有真意，欲辨已忘言。
>
> ——陶渊明《饮酒》

安贫乐道，与世无争，乃中国传统文人的坚守与尊严所在。或许正因为固守了如此品性，其诗作才显得如此高雅，光芒四射。钟嵘在《诗品》中盛赞其诗"风华清靡"，并称其为"古今隐逸诗人之宗也"。唐代大诗人李白、白居易、孟浩然等也都一直推崇陶先生的人品和诗风，宋代文坛领袖欧阳修甚至认为"晋无文章，唯陶渊明《归去来兮辞》"。此后，明代的宋濂、李梦阳、王世贞，清朝的顾炎武、王夫之、龚自珍等，均对陶先生赞誉有加。现当代著名美学家、教育家朱光潜先生在《诗论》中认为："渊明在情感生活上经过极端的苦闷，达到极端的和谐肃穆。"

而鲁迅先生则认为，陶潜正因为并非浑身是"静穆"，所以他伟大。

事实上，在出世和入世的选择问题上，陶渊明先生的确进行过一番斗争与尝试，而正是经历了入世的"极端的苦闷"，才最终选择了"隐逸"，进而"达到极端的和谐肃穆"。

陶渊明名潜，又字元亮，曾自号"五柳先生"，出生于寻阳柴桑，即今江西九江柴桑区。虽然家境贫寒，但其祖上也较为显赫。曾祖父陶侃为东晋名将，唐宋时期分别被列为武庙"六十四将""七十二将"，其祖父陶岱（一说茂）为地方太守，而其外祖父便是受到朝野一致推崇仰慕的名士孟嘉，"孟嘉落帽""孟嘉酣饮"的典故广为传颂。

或许受到家族的深刻影响，陶渊明自幼便喜好"诗酒田园"，自有一番风流洒脱气度。但在八岁丧父之后，受困于拮据家境，被迫在读书之余躬耕农亩，虽有兼济天下的"猛志"，但也只能适应自足自给的小农生活，一边高唱"猛志逸四海，骞翮思远翥"，一边低吟"少无适俗韵，性本爱丘山"，在儒家和道家思想的夹缝中，求得安逸。

直到二十九岁时，陶渊明才猛然发觉"而立"之虞。于是，他开始尝试走出书斋，走出农亩，在江州府谋得一个祭酒（相当于文化主管）的职位，成就了他第一个入世之梦。

可惜的是，当时的东晋已经日薄西山，朝政不稳，叛乱不断。更可惜的是，他的上司江州刺史王凝之是一个昏庸无能的五斗米道教徒。王凝之的父亲正是大名鼎鼎的书法家王羲之，夫人乃是著名女文学家谢道韫，弟弟则是官居中书令的小书圣王献之。

能够与高贵庞大的王氏家族结缘，陶先生应该可以好好利用一下，但他并不在意。王凝之家族势力虽大，但此君毫无管理才能，整日醉心于天师道的迷幻之中。当五斗米道教徒孙恩举起反叛大旗，已经攻打至江州城外时，这位毫无防备的刺史大人却在祈祷"天兵天将"的保佑，结果让叛军直入城内，王凝之大人也被乱刀砍死。

好在陶渊明早就看出不靠谱的王凝之的昏庸，在江州府上仅干了几个月便主动离开，幸运地躲过了孙恩的劫杀。

几年之后，名门之后的桓玄出任江州刺史。此君系东晋丞相桓温之子,父子二人均野心勃勃,妄图废晋自立。隆安三年(399年),桓玄以"清君侧"为名,在江州(今江西省九江市)起兵。陶渊明以为自己可以借机建功立业,光耀门楣,于是就主动前往投奔,成为桓玄手下幕僚。

陶渊明虽然没有政治智慧,但他很快发现,桓玄起兵并非真心"清君侧",维护东晋政权的皇权,而是图谋乘乱推翻晋安帝,最终成就父亲没有成就的"帝业"。事实证明,他的判断是正确的,桓玄后来果然赶走晋安帝,建立桓楚政权(403—404年)。

基于对桓玄人品和野心的判断,加上母亲去世,陶渊明很快便离开桓玄,回家奔丧守孝。

他的第二次入世,就这样匆匆结束。

桓玄建立桓楚政权后,404年,东晋大将刘裕以原北府兵为主力,起兵讨伐。陶渊明在家守完孝之后,又前去投奔刘裕,成为刘裕麾下的"参军"(参谋)。他投奔刘裕本为恢复东晋政权,但不久发现,刘裕的野心更大,即使颠覆桓楚政权,刘裕也一定不甘做晋朝的臣民,于是他又辞官离去,投奔到建威将军、江州刺史刘敬宣的麾下。刘敬宣乃东晋名将刘牢之之子,父子二人虽然颇有武功,但均胆小怕事,难以应对政治斗争中的棘手问题。在发现刘裕与朝廷以及其他军阀势力的巨大矛盾冲突后,刘敬宣选择了明哲保身,主动辞去了江州刺史职务,跟随他的陶渊明也自然失业,黯然回到老家。

经历此番第三、第四次入世的折腾,陶渊明似乎已经看破了红尘,他在诗中低吟道:"晨夕看山川,事事悉如昔。"在无奈返回故里后,他安慰自己说:"园田日梦想,安得久离析?"似乎注定了自己的人生只有读书耕田"两件事",自觉选择了做"忠臣孝子"的"一等人"。

但是,生活不仅仅是精神层面的,没有充足的物质做保障,毕竟有缺憾。就在他归家仅一年之后的 405 年,迫于生活的压力,在叔叔陶淡(陶侃之孙)的引荐下,陶渊明当上了彭泽(今属江西省九江市)县令。

县令官品虽低,但生活还是可以保障的。陶渊明初到任上,还算满意,至少可以过足酒瘾,而且在县内也可以收获足够的面子。但陶渊明毕竟是文人,过惯了清淡闲雅的田园生活,一旦遭遇政治上的"不顺",便会不知所措,尤其是当尊严受到挑战之时。

两个月之后,彭泽县所在的寻阳郡派遣督察官(时称"督邮")刘云前来视察工作。当时,陶渊明正酣然陶醉于酒香之中,闻听上级来访,赶紧上前迎接。或因衣冠不整,或因与郡丞何隆结怨,抑或督察官故意找茬,想要借机勒索,刘云大人见到陶县令后,不仅不还礼,而且厉声对其进行呵斥,然后转身离去。手下人提醒陶县令要主动献礼消灾,但清贫如洗、洁身自好的陶先生怎能被"套路"?他一气之下,干脆交出官印,"我岂能为五斗米折腰?"愤而辞官,再次回到他可爱的家乡。


　　归去来兮,田园将芜胡不归?既自以心为形役,奚惆怅而独悲?悟已往之不谏,知来者之可追。实迷途其未远,觉今是而昨非。舟遥遥以轻飏,风飘飘而吹衣。问征夫以前路,恨晨光之熹微……
　　归去来兮,请息交以绝游。世与我而相违,复驾言兮焉求?悦亲戚之情话,乐琴书以消忧。农人告余以春及,将有事于西畴。或命巾车,或棹孤舟。既窈窕以寻壑,亦崎岖而经丘。木欣欣以向荣,泉涓涓而始流。善万物之得时,感吾生之行休。

已矣乎!寓形宇内复几时?曷不委心任去留?胡为乎遑遑欲何之?富贵非吾愿,帝乡不可期。怀良辰以孤往,或植杖而耘耔。登东皋以舒啸,临清流而赋诗。聊乘化以归尽,乐夫天命复奚疑!

——陶渊明《归去来兮辞》

如果说,前四次离开官场,主要源于"入世"的善愿未得到满足的话,这一次离开则是对官场的心灰意冷,完全出于"舒啸东皋,乐夫天命"的行为自觉。

这时的他,已经完全脱离尘世的樊篱了。

这时的他,依然是东晋的"忠臣孝子"。

哪怕世事已经变迁。

哪怕刘宋王朝的"元嘉之治"已经到来。

他头戴葛巾,随时以巾漉酒,酣然自乐;他手持无弦琴,对酒抚弄;他脚下无履,仍旧步履铿锵;他任性自如,饮罢之后随意卧倒,"我醉欲眠卿可去"。

对于当朝名士,他也无谓贵贱。刘宋王朝开国功臣、书法家王弘派人为其送鞋子,他仅仅伸出脚,任其丈量;重阳节到来时,他苦于无酒,又是时任江州刺史的王弘为其助兴,"白衣送酒"后他当即小酌大醉,兴尽而归。南朝著名文化人颜延之与陶先生交好,元嘉元年(424年)在他外放始安(今广西省桂林市)任太守的途中,专程看望陶渊明。临走时,还不忘留下两万钱,资助陶先生养家糊口。但陶先生并不在意,直接将钱存至酒肆(酒馆),以备自己和友人随时消费。三年之后,刘宋开国元勋、大将军檀道济新任江州刺史。他早闻陶渊明大名,就主动前往拜访,赠以梁肉,并劝说陶先生"入世"为官。陶渊明立刻予以拒绝,连他喜爱的梁肉也没有收下。

就在檀道济离开不久,伟大的陶渊明先生就潇洒地离开人世,带着文人的所有尊严与清白,回归到那片真正的净土——桃花源去了。

第三章

# 剽悍的将军

千军易得,一将难求。在数百年战事频仍的南北朝时期,北方的拓跋氏、高氏、宇文氏,南方的刘氏、萧氏、陈氏等领兵为帅,坐殿为帝,威风八面,四方臣服,何其盛也。但在他们尽享荣光的背后,是一代代名将出生入死的串串血迹,凝结了一代代英雄血泪纷飞的梦想与追求。

祸福常相依,伴君如伴虎。战场上马蹄嗒嗒逞英雄,朝堂下诏令急急催英魂。他们往往难做敌手败将,却常常成为自家死鬼。不仅要生存发展,更要消灾避祸,明哲保身者鲜有其人,但"唯美"也成为其安身立命的不二选择。

# 大宋门神檀道济　万里长城却自毁

公元 436 年四月,地处江南的建康已经进入莺飞草长、春花烂漫时节。九日,料峭春风骤然转寒,天空竟然飘落起白毛细雪,大地也似乎在不停地震动。一时间,京师笼罩在不祥的预兆中。

"可怜白浮鸠,枉杀檀江州。"一首儿歌,从远处悄然传来。若隐若现,而又真真切切。

秦淮河外,鸟声悲鸣,声震朝野的大将军檀道济已被羽林军团团围住。但见杀机四伏,性命难保,他方才想起回京前夫人的劝告。那时,他本来作为大宋江山的捍卫者、镇北将军,驻守京师外围的广陵(今江苏省扬州市),可朝廷突然诏令他回朝。临行前,敏感的夫人劝他说:"夫高世之勋,道家所忌,今无事相召,祸其至矣。"让他在家避祸,他却振振有词地反驳道:"我堂堂大将,为国效力,为朝尽忠,何祸之有?"等他回到京师,才发现形势不妙,先是说文帝病重,不久又病情好转,就在他准备回到驻地时,突然收到"收付廷尉,肃正刑书"的搜捕令。

直到此时,一世英名的檀将军才真正领悟到政界的险恶。他举起酒杯一饮而尽,又脱掉纶巾狠狠掷于地下,怒目如炬地对刽子手喊道："你们竟敢私自撼动我大宋国基，陷我于死地，这是在自毁万里长城！"

但此时的他，只有发泄之功，而无回天之力。刹那间，一代英雄惨遭杀害。他的八位才华出众的儿子以及被时人视为张飞、关羽的心腹猛将薛彤、高进之，也先后被杀。

檀道济死了。"病情"无常的文帝也终于安心了。据说，发布搜捕令的不是文帝本人，而是他的弟弟彭城王刘义康。还有一种说法是，文帝刘义隆在私底下曾对近臣表示，杀了檀道济的确可惜，但不杀他大宋就可能被颠覆，因此毁之无憾。正史中也明确记载，就在檀道济被杀的次日，文帝就大赦天下，以示庆祝。

檀道济死了。虎视眈眈的北魏也从此少了一份顾忌。据《南史》记载，魏人得知檀道济去世后，马上表示："（檀）道济已死，吴子辈（即刘宋所在的江南）不足复（忌）惮！"从此，魏军不断南下，对刘宋进行侵蚀。据《南史》记载，檀道济去世十四年后的元嘉二十七年（450年），太武帝拓跋焘的远征军一度饮马长江，陈兵瓜步。面对北魏大军，宋文帝刘义隆登上石头城，放眼远眺，不禁叹息道："假如檀道济在，怎么可能出现这种情况！"

早在檀道济去世的五百多年前，被誉为"战神"的西汉开国功臣韩信就曾被自己效力的国家捕杀，临终前发出"狡兔死，走狗烹；飞鸟尽，良弓藏；敌国破，谋臣亡"的喟叹。而檀道济被害时，"飞鸟"尚未尽，"敌国"远未破，直到灾难再度临近时，宋文帝才猛然发觉，檀道济这座"万里长城"的重要价值。

俗话说："家贫思贤妻，国乱思良将。"但我们往往并不在意已经或者正在拥有的东西，当灾难真正到来时，后悔则毫无价值。

从历史上看,檀道济的死来得太早,太突然,而他本身的价值的确并未得到完全开掘,至少没有得到文帝的足够重视。

在我国古代最为繁荣强盛的唐宋时期,官方均对历代名将进行排位和追封,并为之设立专门的庙宇,供人参拜。唐代追封的六十四人、宋代排列的七十二名将中,檀道济均赫然在列。即使檀道济在世期间,因为他在战场上的崇高威望,不少家庭就开始用他的画像驱鬼祛邪。直到今天,我们仍然能在民间的"门神"中看到他的光辉形象。

其实,在讲究出身和门第的魏晋时期,檀道济最初并不光鲜。他原籍山东金乡县,其祖上历经西晋"永嘉之乱"后举家南迁,客居江苏镇江。幼年时期,其父母先后去世,他与檀韶、檀祗等几个哥哥被迫寄居在叔父檀凭之家。

但是,檀道济自幼便是一个追求完美的人。

年幼丧亲,寄人篱下的他,很早就学会了与人相处,对待叔父家人十分亲睦,力尽孝悌之义,小小年纪便以和睦谨慎著称。他还喜爱学习,在学习中汲取能量,以此自立自强。叔父檀凭之既能干又有才华,收养几位侄儿后,更是美名远扬。更为重要的是,檀凭之结识了东晋皇族宗亲司马道子,成为这位皇家重臣的军事参谋。檀凭之同时又与声望日盛的北府军名将刘裕是同乡关系,两人经常一同行军打仗,相处甚欢。凭借叔父的影响力,檀道济兄弟也因此走上风云变幻的政治舞台。

东晋末年,政坛混乱,权臣桓玄乘乱杀害当权的司马道子父子,继而废黜晋安帝,于 403 年自立为帝。次年,刘裕带领北府军主力,举起讨伐义旗,檀道济与哥哥檀韶、檀祗等投奔刘裕,从此正式步入军界。

檀道济一朝踏入朝廷正规军,立刻成为东晋乃至刘宋政权可以倚仗的股肱之臣。在刘裕的带领下,檀道济身先士卒,所向披靡,仅一年时间即击溃桓玄政权,晋安帝复位,而刘裕则成为东晋政权的实际掌控者,檀道济也因功被封为"侯"爵(吴兴县五等侯)。此后,檀道济又受命先后参与平定卢循起义(410年)、司马休之叛乱(415年)。

但是,当时的东晋政权已被北方的少数民族政权严重挤压,只能偏安东南一隅。为了开疆拓土,提振国威,刘裕决定北伐后秦。义熙十二年(416年),檀道济作为北伐先锋,直驱洛阳,又西进潼关,攻破都城长安,后秦灭亡,东晋国土大大延伸。作为刘裕麾下干将,檀道济早在刘宋政权尚未建立的东晋时期,就先后担任太尉参军、宁朔将军、冠军将军、征虏将军。420年,刘裕称帝后,他作为开国功臣,被授予"公"爵(永修县公),食邑两千户,并担任临近京师建康(南京)的丹阳行政长官(丹阳尹),同时还以镇北将军、护军将军的身份,总督淮南诸郡军事,以拱卫京师。可见其作用之巨大,地位之显赫。

刘裕驾崩后,长子刘义符继位,是为少帝。鉴于此君陋俗甚多,恶名远播,又毫无政治经验,刘裕在去世前就指定自己的铁杆檀道济,与徐羡之、傅亮、谢晦等四人为朝廷的顾命大臣,但只有他一人领兵在外,镇守广陵,监淮南诸军事。当时北魏乘人之危,在刘裕新丧、新主即位之际,举兵南侵,很快夺占刘宋大片国土,围困具有重要战略意义的青州首府东阳城(今山东省费县西南),青州刺史竺夔向朝廷告急。面对侵略,少帝手足无措,只有诏令檀道济前去救援。檀道济闻警而动,临危受命,一路风尘直奔东阳。魏军早闻檀道济大名,见其将至,仓促撤退。刘宋王朝因此及时阻止了魏军南进势头。

外患刚去,内乱再生。当时的少帝刘义符顽劣至极,父亲去世时,就居丧无礼,只顾自己玩乐,不顾大臣们的劝阻。于是,首辅大臣徐羡之决定将其废黜,但在继任人选上与其他顾命大臣各有分歧。徐羡之考虑到檀道济在军事上的强大实力,首先向他征求意见,决定先废掉与自己关系不好的刘裕第二子、庐陵王刘义真。檀道济并不愿意卷入宫廷斗争,没有同意,但徐羡之一意孤行,以刘义真与少帝关系不睦为由,直接将其废为庶人。之后,又找借口将檀道济招至京师,与其他顾命大臣一同密谋废立之事。檀道济回京后,与谢晦一起住在领军府中。

在决定废黜少帝的当晚,谢晦辗转反侧,一夜未眠,而身旁的檀道济则鼾声如雷。

少帝景平二年即424年,徐羡之等人将刘义真、刘义符杀害后,决定迎接刘裕第三子刘义隆回京称帝。当时的刘义隆任荆州刺史,尚在湖北驻地。因为路途遥远,前程未卜,檀道济主动担当,带兵在朝堂内守卫。刘义隆回京称帝后,檀道济被封为征北将军,晋封为武陵郡公,食邑四千户,但檀道济坚决辞让,文帝刘义隆又增加他都督青州、徐州淮阳、下邳琅邪、东莞等五郡诸军事。

元嘉三年(426年),文帝在稳定政局后不久,便对前任几位顾命大臣挥舞屠刀。因为檀道济在政变中不是主谋,所以对他未予猜忌,而徐羡之、傅亮、谢晦则被文帝以杀害刘义符、刘义真的名义,下诏治罪。徐羡之、傅亮被治罪处死后,远在湖北荆州的谢晦举兵反叛,檀道济受命前去搜捕。谢晦本以为檀道济也已被处死,但见其挥兵而至,立刻失去斗志,不战自溃,最终伏法。檀道济因功再次受到提拔重用,升为都督江州、江夏、西阳、新蔡、晋熙诸军事,征南大将军,开府仪同三司,江州刺史,持节、常侍的职务不变,另增封千户。

元嘉八年(431年),为了解除北魏的威胁,文帝决定北伐,檀道济受命都督征讨诸军事,率军北讨,一度大败魏军。但北魏拓跋焘兵锋正盛,最终全身而退。此次北伐之后,檀道济进位司空,还镇寻阳。

这次北伐虽然没有取得预期效果,但檀道济的军事才能得到更大发挥,引申出"唱筹量沙"的著名典故。当时,檀道济所在的宋军被北魏围困,军心动摇,而出逃魏军的士兵又将宋军缺粮的信息报告给了拓跋焘。就在宋军面临危机的当天晚上,檀道济下令将士正常休息,而他则亲自带领一批管粮的兵士在一个营寨里查点粮食。灯光之下,但见一些兵士手里拿着竹筹计数,另一些兵士则非常卖力地用斗子在量米。魏军探马前往偷窥情报时,刚好看到宋营中正在认真称量军粮的盛况:只见一只只米袋里面全都是满满的白米。这位探子立即报告主帅,说檀道济营里军粮绰绰有余,不可轻易与之决战。魏将得到情报,以为前面来告密的宋兵是假投降、实诱骗,于是将之杀害,随后主动撤退。

而探子看到的所谓"满袋白米",实际上仅在袋顶覆盖少许白米,下面则是提前装好的沙土。

檀道济不仅有唱筹退敌之智,更有运筹帷幄之谋。早在北伐后秦的战事中,他在洛阳大败敌军,一次俘获敌众四千余人。其部下按照杀敌立威的传统惯例,建议檀道济将之全部杀害,聚集敌尸,埋成高冢,美其名曰"京观",以炫耀武功,"彰武功于万世"。但檀道济并未采纳,坚持认为:"罪人当讨伐,百姓要哀愍,现在正是时候啊!"将他们全部释放回家。而他们回去后,广泛传播檀将军的仁义之举,结果北方各少数民族十分感激,大批民众前来投奔。

檀道济的军事才华集中体现在他所著述的《三十六计》之中。作为中华民族非物质文化遗产之一,该兵书虽不能完全考证为檀公之作,但书名至少源自檀道济。《南齐书》记载:"檀公三十六策,走为上计,汝父子唯应走耳。"此语后来被历代沿用,明清时期,编撰者以此语为书名,终成《三十六计》。

除了杰出的军事才华外,檀道济还是一位非常耿直而宽厚之人。对待子女和下属,他要求甚严,正是在他的严格要求下,其八个儿子以及心腹大将薛肜、高进之等都极有才干,威震朝野。尤其值得称道的是,他对于当朝名士陶渊明和谢灵运的态度。宋文帝元嘉元年(424年),陶渊明先生,因为不肯为五斗米折腰而生活在极度贫寒之中。当时的檀道济正在陶先生的家乡任江州刺史,闻知老先生年迈贫困,就主动带着他喜爱的酒肉食物前去看望。当他来到陶先生住处,看到的是"环堵萧然,不蔽风日;短褐穿结,箪瓢屡空"。不仅院落残败不堪,厨房里也许久不见水和食物,而陶先生自己则穿着单衣饥寒交迫。

檀道济早闻先生大名,今日一见更加悯惜。但他没有直面眼前的凄凉,而是缓声劝道:"贤者在世,天下无道则忍,有道则至。今子生文明之世,奈何自苦如此?"真心实意劝他主动释放自身价值,摆脱人生窘境。但陶先生早已厌倦尘世,立刻回道:"潜(即陶渊明自己)也何敢望贤,志不及也。"回绝了檀将军的好意。

檀道济见此情景,也不勉强,悄然离去。

除了陶渊明,檀道济对待另一位文学大家谢灵运更是推崇有加。谢灵运虽然满身的文人"仙气",或狂傲,或率真,但对宽容的檀道济却十分友好,两人之间颇多契合。也正因为此,檀道济多次受到朝廷的批评,他最后受到搜捕,朝廷在诏书中对他的定性中就有一条"谢灵运志凶辞丑,不臣显著,纳受邪说,每相容隐"。大意是说,谢灵运有谋反之意,而身为当朝命官的檀道济却予以"容隐",未加阻止。

我们不清楚,檀道济是否助长了谢灵运的"不臣"之意,但罪名是准备好了的。檀将军深谙兵法,在败局已定时总是循循善诱,劝人"走为上策",而他本人或许并未意识到自己功高震主的"败局",没有采取退缩的"上策",而是主动进京,结果丢了身家性命。惜哉? 惜矣。

# 绝顶聪明臧含文　以尿代酒赐魏帝

公元450年(北魏太武帝太平真君十一年、南宋文帝元嘉二十七年)七月,大河滚滚,秋风浩荡。

在中原大地古老的黄河两岸,两个庞大的武装集团正在进行殊死决战。北方统帅为北魏太武帝拓跋焘,这位雄才大略的鲜卑雄主当时已经统一北方,面对与之鼎立的南方刘宋政权,他早就暗藏杀机,发誓要饮马长江,遂带领十万大军兵分五路直扑黄淮;南方元首则为开创"元嘉之治"的治世明君宋文帝刘义隆,他对北魏此前侵占大片国土一直耿耿于怀,遂兵分四路大举北伐,剑指河南,力图收复失地(史称第二次"元嘉北伐")。

同为当朝第三位皇帝,同处不惑之年,两位怀揣统一志向的皇帝,拓跋焘与刘义隆展开的角逐,既为国之大计,亦属尊严所系。最终结果,北方获胜,主动撤退,南方失利,国势向衰。由是,七百年后的南宋豪放派词人辛弃疾(1140—1207年)在《永遇乐·京口北固亭怀古》中讽刺曰:"元嘉草草,封狼居胥,赢得仓皇北顾。……可堪回首,佛狸(即拓跋焘)祠下,一片神鸦社鼓。"

从450年秋七月至次年二月,南北酣战半年之久后,均抱憾收兵。而就在此役过后，仅两三年的时间，拓跋焘、刘义隆先后惨遭刺杀，拓跋焘死于他亲近的宦官宗爱之手，刘义隆则被他寄予厚望的太子刘劭弑杀。

这次大规模的正面交锋，拓跋焘虽然赢了，但在他心中却留下一个挥之不去的阴影，那就是文帝刘义隆手下的白衣前锋臧质（含文）还给他的一壶"老酒"：臧质亲自尿的尿。

那壶"尿"酒，实际上是对皇权的挑战，是对人权的侵犯，更是一种文化蔑视。

当时，臧质刚刚经历人生的第一次较大挫折。作为刘裕发妻武敬皇后的侄儿，他很早就世袭了父亲臧熹的爵位，成为始兴县五等侯。不到二十岁便以中军行参军的身份，跟随刘裕世子刘义符，在表姐即刘裕长女会稽公主的关爱下一步步得到提拔重用，先后在多个大郡任太守。文帝时期，因为他勤奋好学，博览群书，又懂兵法，一度受到文帝以及执政宰相刘义康的青睐。但或许正是因为自己的地位过于优越，或许是朝廷对其管教不严，元嘉二十二年即 445 年，范晔、孔熙先等企图拥立彭城王刘义康为帝，而他与范晔、刘义康交好，政变泄密被平后，他也受到牵连，被降职处理。而五年后的 450 年，即第二次元嘉北伐前夕，他因在汝南平定山蛮叛乱有功，被提拔为太子左卫率，继而又因"枉杀队主严祖"被问责，免去官职，成为没有任何头衔的"白衣"。

前途未卜，天降大任。就在他彷徨苦闷之际，北伐战争开始了，他被文帝刘义隆任命为西路军前锋主帅，而西路军的统帅则为文帝第四子、南平王刘铄。机会来了，臧质非常兴奋，也非常珍惜。他在东路军前锋王玄谟受挫后，甚至要求取代王玄谟，但遭到文帝拒绝。

此后,他一路进军,直驱洛阳,但拓跋焘兵锋正盛,大将王玄谟大败,魏军直逼军事重镇彭城,他于是被任命为辅国将军,前去救援。但尚未到达,即在彭城南面的盱眙一带遭遇魏军,臧质所属将士几乎全军覆没,而他本人也仅带领七百残兵,败退至盱眙城内。

心比天高,命如纸薄。刚刚穿上将军制服,没想到被打得丢盔卸甲,狼狈逃窜。好在盱眙太守沈璞早有准备,城防坚固,粮草充裕,令臧质信心倍增。魏军本来可以直接攻城,但拓跋焘认为该城囤有大量军需物资,想在撤退北还时再行夺取,于是主动撤走,也给了臧质进一步加固城防的机遇。

直到次年正月,拓跋焘大获全胜准备北还时,才按原计划组织攻城。当时,刘宋已经四处溃败,全面收缩,小小一座城池,简直小菜一碟,如探囊取物,志得意满的拓跋焘根本没有把它放在眼里。

于是,拓跋焘准备戏耍臧质一番。他主动示好,向臧质赠送空酒壶一樽,在索要酒水的同时,暗示对方主动投诚。但当时的臧质已经做好充分准备,更为重要的是,他立功心切,也想通过挫败强敌来为自己赢得尊严。于是,他亲自取来酒壶,当众往里撒下一泡长长的热尿,然后命人封好,送还拓跋焘。

拓跋焘收到"礼物"后,大怒,立刻下令全力攻城。但是,武力似乎并不能马上解除他心头的巨大伤痛,他仍想用侮辱的方式回击对方。于是,在总攻前,他又给臧质修书一封,挑逗道:"我马上要攻城的军队中,全部是由丁零人、匈奴人、氐人、羌人组成,并没有我们鲜卑人。你杀死这些人,正好帮助我国消除潜在的隐患。"与此同时,拓跋焘还向臧质赠送了一把精致的战刀,暗示他主动自尽以免受辱。

臧质并没有屈服,他立刻回信道:"来函收悉,我已明白您的险恶用心了。但是,您一定听说过一首童谣,叫作'虏马饮江水,佛狸(即拓跋焘小名)死卯年'吧? 但是现在还不到卯年,所以只有让您先'饮马长江'。此后,您要么被乱兵杀死,要么被我活捉,而我已经准备好铁链,将用铁链锁着你的脖子,用一头毛驴把您拉到京城处死! 现在,您请尽管攻城就是,千万别跑,粮草不够的话我可以送点给您。感谢您还给我送来一把战刀,不知是不是想让我用这把刀砍死您?"

拓跋焘得信后,更加恼怒。他命人制造了一张铁床,上面布满铁刺,扬言道:"攻破盱眙,抓到臧质,我一定让他坐在这张铁床上!"臧质则毫不理会,又针锋相对地给魏军中的丁零、匈奴等少数民族士兵写了一封公开信:"佛狸写给我的信在这里,你们可以看看他是怎么对待你们的。你们都是我朝百姓,为何要给他如此卖命,这不是自取灭亡吗? 男子汉大丈夫,难道还不知道转祸为福的道理吗? 你们都好好想想吧。倘若你们主动投诚,我们将予以奖励,能斩拓跋焘者,封开国县侯,食邑一万户,赏赐布帛、丝绸各一万匹!"

拓跋焘但见从思想上、精神上难以制服对手,于是决定发动总攻。但是,臧质绝非等闲之辈,他早就做好了万全之策。拓跋焘用尽心机,从断绝交通,到钩车攻城,再到筑城战术,一连围攻了三十多天,仍然无济于事。后来,得知刘宋水路军来援,再加上军中突发疫情,最终只好匆匆收兵,悻悻北撤。

这次胜利可以说是臧质一生中最完美、最值得引以为豪的事情,也是第二次"元嘉北伐"失利后唯一值得津津乐道的插曲。

这次胜利为臧质带来了巨大荣誉,盱眙太守沈璞主动把胜利的首功让与臧质,于是他被提拔为使持节、监雍梁南北秦四州诸军事、冠军将军、宁蛮校尉、雍州刺史等一连串职位,同时晋封为正四品的

"始兴县子",食邑五百户。

但是,在获得如此众多荣誉之后,臧质的人生也开始走向拐点。

一年之后的元嘉二十九年即452年,文帝不甘心失败,决定第三次北伐,臧质奉命攻打长安的门户潼关,但他仅派冠军司马柳元景领兵北上,而他本人则按兵不动,在雍州治所襄阳与爱妾奢华温存。元嘉三十年(453年),京师发生政变,太子刘劭弑杀父亲文帝刘义隆。为了笼络臧质,刘劭授予他征虏将军、丹阳尹,但他却有其他打算,就是要辅助自己的表弟兼儿女亲家、荆州刺史刘义宣称帝。但那时,他还不敢明目张胆地表达自己的胸臆,而是直接跑到江陵,向比自己小十几岁的刘义宣行跪拜大礼,弄得表弟十分惊愕。

他不动声色地实施自己的"计划",主动劝说刘义宣进京攻打刘劭,并率兵与刘义宣会合。在臧质的价值观里,刘义宣不仅与自己关系更近,而且更易于控制,但刘义宣起初并没有太大野心。当时,与刘义宣同时起兵的还有武陵王刘骏。刘骏为文帝刘义隆的第三子,太子刘劭伙同二弟刘濬弑杀文帝后,刘骏继位的呼声很高,再加上他出镇江州,兵多将广,实力强劲,于是刘义宣主动向其靠近,任命臧质为征北将军,跟随刘骏攻打京师。

刘骏很快攻入京师台城,刘劭等被除掉。刘骏称帝,是为孝武帝。臧质也因功被拜为车骑将军、开府仪同三司、江州刺史,加授散骑常侍,晋爵始兴郡公,食邑三千户。虽然职务较高,但待遇较以前有所减少。更为重要的是,他从心里根本看不起刘骏这位"后生"。在江州,他俨然独立王国中的国王,专擅行事,从不主动向朝廷请示汇报,还私自挪用国库粮食。在有司的弹劾和大臣的检举下,数次遭到孝武帝刘骏的责问。时间一长,他也由此逐渐产生了疑惧之心。

我们说臧质也算一位彻头彻尾的完美主义者,原因很简单,就是他一直在竭力维持自己的"完美"形象,建立属于他自己的"完美"世界。早年仰仗祖上荫庇和外戚身份,封侯加爵,一旦遇到困难,则充分利用自己已有的圈子:刘裕的长公主和世子(即后来的太子刘义符),同时博览经史和兵书,树立了博学能干的良好形象。即使后来因为自身原因遇到更大挫折,被免官之后,依然能够借势翻身,借力发展,这也从侧面助长了他膨胀的私欲。

尤其在发觉自己受到威胁后,他立刻开始了新的经营策略,那就是尽快摆脱新帝即孝武帝刘骏的控制。为此,他再次秘密勾结刘义宣。长期经营荆州的刘义宣,兵强马壮,而雄踞长江要塞的荆州进可攻、退能守,具有很大的战略优势。臧质主动给亲家写信,以"功高震主,鲜有全者"的说辞,再次劝其起兵反叛朝廷。

刘义宣文气十足,起初并不想卷入政治风雨。孝武帝刘骏称帝后,准备以丞相和扬州刺史的位置,将刘义宣调离其长期盘踞的荆州,刘义宣坚决辞让,最终仍据荆州,但已对朝廷产生戒备。其属下亲信蔡超、竺超民等人也赞同臧质起兵的观点,希望通过主人称帝获得更大的富贵和发展,极力怂恿刘义宣起兵。臧质还让在京师为官的儿子臧敦亲自跑到江陵,声称孝武帝刘骏在京中与刘义宣诸女淫乱,鼓动刘义宣起兵叛乱。最终,刘义宣下定决心,秘密整顿人马,与豫州刺史鲁爽、兖州刺史徐遗宝,共同约定次年秋天一同举兵。

但是嗜酒的鲁爽在接到来信后,醉眼迷离,竟当即宣布举兵。他还兴冲冲进行了人事安排:刘义宣称帝,臧质为丞相,并急匆匆命人赶制天子"舆服"(龙袍)呈送至江陵刘义宣处,结果提前暴露了叛情,战端骤起。

刘义宣在这场战争中,从一开始就被动出兵,仓促举事,再加上刘骏手下悍将、辅国将军王玄谟攻势凌厉,形势对其非常不利。在孝武帝刘骏朝中任大司马、尚书令的刘义恭,为刘义宣的亲哥哥。刘义恭亲自写信给弟弟刘义宣,揭露臧质的狼子野心,很快离间了他与臧质的关系,臧质给出的作战方案数次遭到刘义宣的否决,最终胜负已定。

刘义宣兵败后大骂道:"臧质老奴误我!"但已无可挽回,在逃回荆州后被杀,而臧质的命运则更惨。他兵败后,带着妻妾一路狂逃,从寻阳(今湖北省黄梅县)到西阳(今湖北省黄冈市东),再到武昌(今湖北省鄂州市鄂城区),处处挨打。躲到南湖(即今五丈湖)一带,饿得只有靠自己亲手采摘湖中的莲子充饥。追兵赶到后,他狼狈地潜入湖中,以莲叶遮挡头部,仅将鼻子露出水面呼吸,但最终还是被追兵发现,先吃一箭,正中心脏,随后被乱刀砍死在湖中。

与死时的惨状相比,臧质生前的形象也十分独特。《宋书》中记载说,他"长六尺七寸,出面露口,秃顶拳发"。额头前突,牙齿外露,油光的头顶,应该属于绝顶聪明型,同时也相当吓人。

追求完美者,最终"完美"收官。臧质死时,正值五十五华诞。孝武帝刘骏余怒未消,将他的首级用漆封住,放在武库中,以为后人"鉴戒",并将他的子孙、党羽斩首弃市。

# 貂蝉桂冠周盘龙　一杆长槊破万敌

公元 481 年,即北魏孝文帝拓跋宏太和五年,南朝齐高帝萧道成建元三年,南北双方再次大规模展开争夺战。

这次大战,北魏决心一雪前耻,并南拓疆土。此前的建元二年(480 年),北魏在萧道成废宋立齐之际,举兵南犯豫州治所寿春,齐高帝萧道成命右将军周盘龙前去救援。周盘龙与豫州刺史垣崇祖并肩作战,掘开淝水,水淹魏军,周盘龙更是奋勇当先,杀伤魏军数万人,缴获牛马辎重无数,被朝廷加授太子左率,拜为持节(皇帝使臣)。

但是,北魏军再次遭遇正在势头上的周盘龙。当时,魏军南下淮阳,攻城略地,眼看淮阳不保,齐高帝急令周盘龙兵出淮阴(今江苏省淮安市),从侧翼援救淮阳。周盘龙接旨后,立刻派兵与都督李安民会合,又令自己的儿子周奉叔为前锋,直入魏军。

将门虎子,虎胆可畏。周奉叔仅带二百余兵卒,一马当先,杀入敌阵。魏军见对方势孤,立刻派重兵迎战,周奉叔被数万敌军重重包围,但周奉叔毫不示弱,奋勇冲杀。是时,周盘龙正在用餐,前方突然传来情报,说前锋周奉叔已经殒命疆场。周将军闻听,立刻放下筷子,未及带上兵卒,即匹马上阵。但见老将军神采依旧,手舞长槊,杀气腾腾,大叫一声:"周公来也!"飞身直扑敌阵。北魏军早闻周公威名,未战先怯。而周奉叔也早已杀出重围,听说父亲来援,又不见父亲身影,立刻再次冲入敌阵,以防不测。

两军交战勇者胜。彼时,黑云压阵,不辨敌我,但见父子二人冲东击西,奔南突北,演绎了一段"打虎亲兄弟,上阵父子兵"的经典神话。《南史》不无感慨地记载说:"父子两匹骑,萦搅数万人,虏众大败。"

关于匹马陷阵的故事,常常散见于各类文艺作品,最经典的莫过于《三国演义》中的关羽和黄忠,至今我们仍为之津津乐道:白马坡上关公瞬间刺颜良,定军山下黄忠一战斩妙才(夏侯渊)。但那仅仅是一段历史"演义"而已,而周盘龙父子陷阵破敌的故事,则属正史明确记载的真实历史。

此战过后,周盘龙更加名噪北国,成为独冠三军的"征虏将军",被加封为备皇帝御用的"给事中"。

此时的周将军已经年近七旬。

而早在刘宋时期,他即以战神著称。宋明帝刘彧在位的泰始年间(465—471年),他参与平定晋安王刘子勋(孝武帝刘骏第三子)的叛乱,战争中他身先士卒,一战成名,被封为龙骧将军、晋安县子,食邑四百户;刘宋后废帝刘昱在位时的元徽二年(474年),宗室大臣、宰相、桂阳王刘休范(文帝刘义隆第十八子)发动叛乱,时任冗从仆射(宫中侍卫的主官)的周盘龙,主动出击,协助右卫将军萧道成及时平乱;仅两年后的元徽四年(476年),刘宋宗室大臣、建平王刘景素(文帝刘义隆之孙)再发叛乱,又是周盘龙奉命出兵,擒斩刘景素,平定叛乱;顺帝刘準的昇明元年(477年),宋朝名将、荆州刺史沈攸之对已经掌控朝廷内外大权的萧道成表示不服，发动叛乱，周盘龙再次领命征讨，并参与平定了密谋响应的宰相袁粲的反叛。

因为战功卓著，周盘龙升任为骁骑将军、司州刺史，而司州自古以来就以京师周围为势力范围，南朝时期则镇守军事门户淮南地区，足见其地位之尊。

周盘龙在战场上凶悍勇猛，威仪八方，但他出身平平，其貌不扬。在其老家山东兰陵，萧氏、金氏、缪氏等士族豪门众多，而周氏则相对较为低微，要想取得成功，则需要更大付出。《南齐书》介绍他时，借助萧子显之口评价说："盘龙形甚羸讷，而临军勇果，诸将莫逮。"也就是说，周盘龙外表非常羸弱，又不善言辞，但打起仗来则十分果断英勇，其他将军均难以媲美。《南齐书》同时指出，周将军的军事才能绝非"一战之力"，而"必须久习兵事"，比较客观地表明周盘龙的志向与追求。

四度平叛，两败北魏。从不惑之年到花甲古稀，直至年近耄耋，周盘龙一直以完美的军事才能著称于世。齐武帝萧赜时期，他也曾一度被降为白衣，但旋即被召回朝廷，仍授为散骑常侍、光禄大夫。萧赜喜欢操练兵马，每次都以周盘龙为教练，他总能指挥若定。

齐武帝还常常拿老将军取乐。他曾指着周将军高高的冠冕，笑问道："老将军您现在戴着貂蝉桂冠，与您在战场上的兜鍪（战盔）相比，感觉如何？"周盘龙则不卑不亢地回道："此貂蝉从兜鍪中出耳。"

周盘龙不仅以亲力亲为获得荣誉，而且对子女也要求甚严。除了勇冠三军的周奉叔外，他的另一儿子周世雄也非常优秀，曾官至西江都护，可惜两个儿子均在政变中被杀。而周盘龙终其一生也只有两个儿子，一位妻室，即杜氏。他与杜氏十分恩爱，早在周将军大败魏军之时,朝廷在加封他的同时,还不忘其爱妻,赐予杜氏金钗二十枚。高帝萧道成亲切地唤其名曰"周公阿杜"。

武帝萧赜永明十一年(493年),周盘龙安然病逝,朝廷在厚葬的同时,追授其为安北将军、兖州刺史。

以柔弱之躯建盖世之功,不为衣钵祭庙,唯留威名示世,此番大将,难得矣。

# 刚猛善变陈显达　为利消得人憔悴

国学大师南怀瑾曾有经典名句:三千年读史,不外功名利禄;九万里悟道,终归诗酒田园。此语虽短,意蓄丰满。大概是说,历朝历代的人们都在为功名利禄奔波辛劳,梦醒过后才发现人生无非诗酒田园,安然生活,恬淡为真。但真正能够悟透并淡然处之者,又有几人?

南朝名将陈显达以其杰出的军事才能和善于权变的政治哲学,历来备受推崇,但就在他享尽人生尊荣之时,仍然为权所困,其结果却是铤而走险,兵败遭戮,不得善终。

此君出身寒门,在讲究门第的南北朝时期,却能够历仕宋齐两朝十余代国君而不倒,位高权重,横行天下,实乃政治神话。

早在宋孝武帝刘骏(454—464 年在位)时代,年轻气盛的陈显达(427—500 年)就以其出色的军事才能,逐步走红,成为时任尚书左丞、黄门侍郎、廷尉、右卫将军等众多衔位的著名将领张永的部属(前军幢主)。宋明帝刘彧泰始(465—472 年)年间,他先后追随徐州刺史刘怀珍、中军将领沈攸之北征伐魏,因功被封为"子"爵(彭泽县子),食邑三百户,还先后担任马头、义阳二郡太守,羽林监,濮阳太守。

刘宋王朝后期,随着羽翼渐丰,他还直接参与政治斗争,成为政治新秀萧道成的幕僚和马前卒。后废帝刘昱元徽年间(473—477年),幼帝无德,朝野愤懑,474年,桂阳王刘休范举兵反叛,陈显达主动配合右卫将军萧道成出兵迎战。战争中他英勇威猛,奋不顾身,左眼被流矢贯穿,箭头虽然被老妪潘氏用民间禁术拔除,但最终失明。刘休范被平后,他也因功被封为"侯"爵(丰城县侯),食邑千户。他还在萧道成的信任和提拔下,先后出任游击将军、使持节、督广交越三州湘州之广兴军事、辅国将军、平越中郎将、广州刺史,进号冠军。

此后,他更加清醒地认识到当时的政治形势,义无反顾地投入权势日隆的萧道成怀抱。元徽五年(477年)七月,萧道成杀废帝刘昱,拥顺帝刘準即位。面对咄咄逼人的萧道成,忠于宋室的大臣们已经看出其狼子野心,纷纷声讨,但均有心无力,只有车骑大将军沈攸之站了出来,于当年十二月,举兵反萧。陈显达是沈攸之的老部下,曾跟随其北伐,但在沈攸之举兵后,他立刻派军增援萧道成。当时,沈攸之拥有百万雄兵,沈萧之战胜负难定。于是,陈显达的两位部下,长史到遁和司马诸葛导都劝说他先不要出兵,而要"保境蓄众,分遣信驿,密通彼此",与交战双方均保持沟通与中立。但是,陈显达早就心有所属,不容分说,立刻将两位部下杀死,并写信给萧道成,表示效忠。沈攸之叛乱不久便被平定,陈显达遂又升为散骑常侍、左卫将军、太尉(萧道成)左司马。

两年之后的479年,萧道成果然撕去面纱,直接废宋建齐,是为齐高帝,而陈显达则如愿被封为中护军,增邑一千六百户,次年则出任安西将军、益州(今四川省成都市)刺史。

作为刘宋王朝的大臣和干将，陈显达敢于直面现实，拥戴萧道成废旧立新，足见其政治胆量和政治智慧。虽然他的职务和待遇均在新朝中不断提升，但年过花甲的他也开始愈加谨慎。他自知自己出身寒门，而又位高权重，容易招致灾祸，每次获得升迁，总是表现出愧惧之色。他曾多次告诫他的儿子们说："我本来不该享受到如此尊荣，你们可不要以富贵欺凌人呀！"而他十几个儿子当中也不乏玩物丧志的纨绔子弟，陈显达总是加以训斥，甚至将儿子陈休尚的"麈尾蝇拂"等玩物当众烧毁。

但是，他谨慎的处世态度，并不影响他的做事风格。萧道成驾崩后，齐武帝萧赜继位，陈显达依然强大彪悍，在永明年间（483—493年），先后挫败"荒人"桓天生（自称东晋权臣桓玄后代）的联合叛乱和北魏的数次南犯，先后被征为侍中、护军将军、征北将军、镇军将军、征南大将军、江州刺史，并赐给鼓吹一部供其专享。从其"征南""征北""护军""镇军"等将军称号上，我们便可看出其纵横疆场、飞扬跋扈的军事作风和威慑作用。

不仅如此，他在地方治理上也颇有建树。早在永明二年（484年），还在益州刺史任上的他，就表现出刚猛的治理风格。当时，地处西部的益州大度（大渡河支流）百姓与外界少有接触，也从不向官府缴粮，还经常借助险要的地势造反起事，被官府贬称为"獠"，但历任益州刺史均无可奈何。陈显达得知后，强令大度民以租粮财物赎罪，但其首领当即拒绝，并公开挑衅道："两只眼的刺史尚且不敢向我们索要官粮，况且一只眼的刺史乎？"还将前来传达指令的使者当场杀死。陈显达得知后，勃然大怒，以外出打猎为名，分别派出将吏展开行动，当天夜里即偷袭大度，将男女老幼一律斩杀。此后，益州山民都被镇服,无人再敢作乱。

陈显达的政治智慧在其后期更是展露无遗。武帝萧赜去世后,因太子萧长懋早逝,其嫡孙萧昭业、萧昭文先后继位。但是,萧赜的堂弟萧鸾逐渐把持朝政。萧赜第七子晋安王萧子懋不满萧鸾专权,准备起兵讨伐萧鸾,并主动拉拢驻防军事重地襄阳的征南大将军陈显达。陈显达得知萧子懋的用意后,不仅没有直接表明态度,还将其密谋直接密报给萧鸾。萧鸾于是以朝廷名义,提升陈显达为车骑大将军,并将萧子懋从雍州刺史位上调离,让其前往江西任江州刺史。萧子懋途经襄阳时,专程拜见陈显达,对他抱怨说:"我身为天王,朝廷竟然让我单身前往江州! 我想带两三千人马跟随前往,您以为合适否?"

"殿下您如果不留下部队,就是抗旨不遵,这可不是小事;即使您执意要带人,也未必能为您所用。"陈显达当即否定说。萧子懋一听,陈显达显然并非"自己人",只好默然离去。

就在当年(494年),萧鸾果然废黜顺帝自立,是为齐明帝,而陈显达再次荣升,被提拔为太尉,授予"王"爵(鄱阳王),食邑八千户,加兵三千人,给油络车。无论是官场职务,还是个人待遇,陈显达都达到人生顶峰。

虽然足够尊贵,但年近七旬的陈显达深知"功高震主易于致祸"的官场定律。连仕宋齐两朝,到萧齐第五任皇帝萧鸾时,他更加恐惧。自己手下虽有卫队三千,还拥有专享坐骑(油络车),但他外出时总要乘坐破朽不堪的车子,带上十几位老弱病残的侍从,以示低调。在陪同明帝萧鸾晚宴时,或因饮酒较多,或因年高不适,抑或另有深意,他酒后请求明帝赐给他一个枕头。明帝令人拿来枕头让他躺下休息,陈显达竟反复抚摸着枕头,意味深长地说:"鄙臣我已年老,富贵已足,只缺这一个枕头以枕死,所以才敢冒昧向陛下乞求呀。"弄得明帝不辨所以,摸不着头脑,只好吃惊地回道:"先生真的喝多了。"他也曾多次请求告老还乡,但明帝最终未许。

尽管生活在惊惧之中,但陈显达依然极尽大臣之礼,竭力逢迎。按照惯例和习俗,每年新年时,高帝萧道成、武帝萧赜的子孙们都要前来向同宗的明帝萧鸾拜年,但每次都让明帝感受到威胁不安。当时,高帝、武帝还有十个子孙在世(均为王),每次退朝,明帝总是叹息道:"我和弟弟的孩子们都还小,而高帝、武帝的子孙们正在一天天长大呀。"明帝后期的永泰元年(498年),由于身体每况愈下,萧鸾终于忍受不住,想要除掉这十王。他先秘密征求陈显达意见,陈显达果断回道:"鼠辈何足挂齿!"言下之意,直接赶尽杀绝。萧鸾又与亲侄子、时任扬州刺史的始安王萧遥光商议,后者也同意杀戮,于是萧鸾将高帝、武帝十个子孙全部诛杀。

陈显达竭力讨好明帝诛杀十王,但他的厄运也便接踵而至。萧鸾死后,其子萧宝卷继位,是为东昏侯。东昏侯足够昏聩,骄奢淫逸,滥杀无辜。为了炫耀武功,他即位的当年(499年)正月,即令陈显达进攻北魏,企图收复先前被北魏攻占的雍州(治所在今湖北襄阳)五郡。为了表示对新君效忠,已经七十一岁高龄的陈显达将军仍披挂上阵,与北魏名将元英正面交锋。马圈城(今河南省镇平县南)之战,陈显达围困马圈长达四十天,致使城中食尽,守军饥疲,竟食人肉。魏军最终被迫突围逃走,被俘斩数以千计。但此后,魏军大举进攻,齐军屡战屡败,陈显达败逃京师建康,其命运由此迎来不测。

因为陈显达一生战绩辉煌,位高权重,此次失败,刚好给了对手借口，御史中丞范岫便乘机上奏，请求免去陈显达的官职。陈显达也早想辞官免灾，就主动上表请求免职，但未获批准；又请求降职，但仍未通过。后来，他终于被外派到江州任刺史，心中窃喜。但当他得知，喜怒无常的萧宝卷屡诛大臣，就连顾命大臣右仆射江祐、司空徐孝嗣、右将军萧坦之都不能幸免之时，内心更加恐慌。那时，他年事已高，但即使患病也不肯医治，等到自然痊愈之后，多疑的他竟然更加烦闷。再加上有传言说，朝廷将要派兵攻打江州。为情所困、为利所使的老将军，再也坐不住了，遂于 499 年十一月起兵寻阳，声称拥立建安王萧宝夤（萧鸾第六子）为帝，反叛朝廷。

战事一直打到京师建康，陈显达一度大获全胜，亲手杀死数人，但其马槊不幸折断，紧接着朝廷援军赶到，陈显达寡不敌众，被官军刺下马来，血溅篱笆，当场死亡。

陈显达死时已经七十二岁，正是颐养天年的好时光，而他年轻的儿子们也不幸遇难。

历经风雨沧桑、享尽人生荣华的一代名将，就这样不得善终，未被敌军马革裹尸，却遭本朝剿杀殒身。

## 旷世气度韦怀文　六朝人才数第一

出身三秦大户人家的他，二十几岁便出任南朝萧齐的地方太守。虽然偏居一隅，地位不高，但他胸怀天下，明察时势。萧齐后期的东昏侯永元年间（499—500 年），太尉陈显达、护军将军崔慧景相继起事，京师震荡。面对来势汹汹的陈显达，他却轻蔑地指出，陈将军虽是老将和旧臣，但难成气候，"非命世才"；而崔慧景虽然深谙世事，但也懦弱无能，"懦而不武"。在他心中，能成大事的"天下真人"，只有雍州刺史萧衍。

最终，他主动投靠萧衍，辅助萧衍成就萧梁帝业，成为萧衍麾下的股肱之臣。

他身体羸弱，不擅骑射，战场上乘坐白木小车，手执白角如意，谈笑之间令敌手不寒而栗，北魏大将元英、杨大眼等均为其手下败将。正是在他的指挥下，南朝在与北魏的历次交战中终于取得"南朝未有之大捷"，北魏畏之如虎，称他为"韦虎"。

在身居高位后，他依然生活如昨，一生廉洁，家无余财。

他就是被明代硕儒杨慎誉为"六朝人才之冠"的韦睿，韦怀文。

韦睿（442—520 年），字怀文，京兆杜陵（今陕西省西安市）人。

韦氏为三秦(三辅)大姓,其远祖韦孟为西汉初年著名诗人,而韦孟的曾孙韦贤则是西汉孝宣帝时的丞相。祖父韦玄受到刘宋开国皇帝刘裕的青睐,父亲韦祖归曾任宁远将军长史,而伯父韦祖征则在刘宋王朝末年被授予光禄勋。

出身于大户人家,韦睿少时即以孝道出名。年幼时,伯父韦祖征就对他寄予厚望,曾当面夸奖说:"你的文才可能稍差,但论为国效力,成就功业,将来我们家族谁也比不上你。"他曾跟随任梁州刺史的表兄一同赴梁州(今陕西省汉中市)为官。梁州当时富甲一方,当官者大多贪赃枉法,而年轻的韦睿则以廉洁闻名遐迩。南朝刘宋永光元年(465年),二十四岁的他被雍州刺史袁𫗴看重,被召至雍州任主簿(幕僚)。但袁𫗴不久即反叛朝廷,韦睿预测到袁𫗴的败局,主动请求离职,最终免于灾祸。后来,他又先后担任齐兴郡太守、雍州别驾(刺史佐官)、右军将军等职位。南齐末年,朝廷变乱多端,为避时乱,他又主动请求回故乡任职,担任上庸(时属梁州)太守。

从韦睿的早期为官经历来看,虽然其职务不高,但他能够审时度势,准确把握时局变化,进退自如,足见其智谋与气度。

但这仅仅是辉煌的开始,他真正的黄金时代开启于南梁武帝时期。

南齐东昏侯永元年间,陈显达、崔慧景为了自保,相继起兵反叛,屡屡以重兵逼近京师建康,天下不安。当时有人分不清形势,就向韦睿请教,韦睿则明确指出,胜利的一方必在朝廷,而朝廷取胜的关键则在于雍州刺史萧衍领衔的西台军。于是,他主动派遣两个儿子前去联络萧衍,并主动向萧衍献计献策,萧衍赞誉他说:"前日见君之面,今日见君之心,我的大事可成了!"

萧衍率主力进军京师时,委任韦睿为江夏郡太守,管理郢州(今湖北省江陵县)事务,让其帮助打理后方。当时的郢州城在抗拒萧衍的战斗中伤亡惨重,加之瘟疫而死的十之七八,死尸堆满房屋,活人只能睡在塞满死尸的床上面。韦睿到任后,及时采取措施,清理尸体,抚恤百姓,生活很快恢复正常。

502年,萧衍掌权后,将韦睿召至朝廷,担任大理寺卿。萧衍建梁称帝后,韦睿则被任命为廷尉,封"子"爵(梁都子),食邑三百户。此后又改任其为豫州刺史,而豫州首府寿春当时具有重要军事战略地位,又与北魏接壤,可见梁武帝萧衍对韦睿的器重与信赖。

从此,年过花甲的韦睿再度活力四射,展现出其胜人一筹的才华、气度与品质。尤其在接连进行的三次对魏战争中,更为突出地彰显出其过人之处。

就在韦睿出任豫州刺史的第二年(504年),北魏宣武帝便派兵来袭,韦睿统帅州兵,轻松将其击退。此为韦睿指挥的第一次南北交战。

第二次发生在次年的天监四年即505年。是年,为了解除北患,梁武帝主动出击,诏令韦睿都督众军北伐。初战,韦睿派遣属下长史王超宗和梁郡太守冯道根从侧翼进攻合肥以东的小岘城,但未能取胜,于是他亲自出阵,前往征伐。当时,他正带领少数人马在魏军城防栅栏外巡视敌情,突然遭遇数百魏军。对方本来正在为战事布阵,见到梁军,急急赶来冲杀。危急之时,诸将都劝韦睿说:"我们现在都是轻装前来,让我们回去戴上盔甲再战不迟。"韦睿却厉声喝道:"战争已经来临,岂有后退之理? 何况魏军城中现有重兵两千多人把守,一旦关闭城门,我们就难以攻破。而我们面对的这几百人一定是城中的精兵强将,只要把他们击溃,此小岘城就会不攻自破!"见大家还是有些犹豫,韦睿立刻拿出朝廷赐予的节杖,高声令道:"我这东西可不是用来装饰的,韦睿的法令不可违犯!"

在韦睿的催发下,他们挥兵出击,尚未做好充分准备的魏军很快便被击溃,韦睿乘胜加紧进军,次日便攻克了小岘城,合肥也失去了屏障,韦睿于是趁势直驱合肥。

作为北魏的前沿阵地,合肥城墙坚固,在韦睿来袭之前,南梁右军司马胡景略曾久攻不下。除了合肥的防守坚固外,另一个原因便是胡景略与前军赵祖悦关系不睦。胡景略曾因此而咬破牙关,血流满嘴。韦睿到来后,晓以大义,亲自劝和,及时化解了内部矛盾。

为了争取战争主动,韦睿身体力行,亲自前往合肥周边查看山川形势,根据当地地貌特征,研究决定实施筑堰水攻策略。于是,很快在淝水上筑成高堰,引水贯通,运来战船,并在岸边筑城守卫。但就在堰成水通之际,魏军闻讯来袭,守将王怀静不敌,被魏军攻陷。魏军还乘胜直接杀到韦睿所在的大堤下。军监潘灵佑劝韦睿退回巢湖,诸将也请求及时退走。韦睿发怒说:"军败将死,有进无退!"于是命令取来他的伞扇旗帜等仪仗,横立于大堤之下,绝无退却之可能。在他强有力的阻击下,魏军被迫败退,梁军乘机继续加固堤垒。

而在魏军方面,为确保合肥安全,他们在战前即已在东西分筑两个小城,夹合肥而立。在深入研判形势后,韦睿决定先拔除这两座小城,便挥兵进攻。就在即将攻破小城之际,北魏援军杨灵胤率兵五万杀到。南梁众人害怕抵挡不住,请求主将韦睿向朝廷奏请增兵。韦睿却说:"眼下贼兵已到城下,现在求救怎么来得及?何况我们的救兵来了,敌方也会增兵。有道是'军队制胜在于齐心协力而不在于多少'，让我们合力冲杀吧！"于是带领众人直接迎击杨灵胤所部，很快便将其击败，军心也因此得以稳定。

紧接着，韦睿又下令建造了几乎与合肥城墙一样高的战舰，四面进攻魏军。他本来身体羸弱，不善骑马，仅单身乘坐木板小车，厉声督军前驱，所向披靡。而合肥城外的堰水正满，梁军的攻城器具早已备足，即使救兵来援，也无济于事。城中魏军见此情景，知道已无生路，"相与悲哭"。魏军守将杜元伦亲自登上城墙督战，但很快中箭而亡，"牢不可摧"的合肥城顷刻间便被攻破。

合肥之战，梁军俘虏魏军万余人，"牛马万数，绢满十间屋"，所缴获的战利品，韦睿分毫不取，全部赏赐给有功将士。

合肥攻克后，梁武帝萧衍非常高兴。兴奋之余，准备再令韦睿乘胜北进，匆忙诏令韦睿进驻合肥附近的东陵，而东陵距离北魏的巘城仅有二十来里。但考虑到整个南北局势，短时间不宜全面开展，于是就在将要会战之际，梁武帝萧衍又下诏让众军班师。接到诏令后，韦睿不敢怠慢，立刻后撤。但考虑到南梁军离魏军太近，担心被尾随袭击，韦睿于是下令拥有辎重的重兵改为前队，而他本人则轻车殿后。魏军远远看见正在缓缓后撤的梁军，但慑于韦睿的威名，却不敢逼近，眼睁睁看其完整无损地退回。

从此，韦睿便把豫州州治迁至合肥。

合肥失陷后，北魏宣武帝元恪不甘心失败，于次年即 506 年（北魏宣武帝正始三年，南梁武帝天监五年），派遣宗室大将、中山王元英统兵百万南下伐梁，钟离大战遂起。

元英一行浩浩荡荡直取北徐州，将北徐州刺史昌义之牢牢围困于钟离（今安徽省凤阳县东北），梁武帝急令征北将军曹景宗督军二十万人马前去救援。战争刚一开始，曹景宗屯兵于钟离附近淮河中的道人洲上，将士们为了争功，不听朝廷号令，擅自出击，死伤甚多。梁武帝闻知，立刻诏令豫州刺史韦睿进京，亲自赐予韦睿龙环御刀，"但有不听号令者，可用此刀斩之"，授予韦睿战事决断权。

　　韦睿领命后，即刻赶赴前线。一路上，无论山涧峡谷，深渊大泽，均涉险急进。众人劝他说："魏军号称百万，我们势单，一旦遭遇不可设想，最好还是慢些行军啊！"韦睿却大声开导道："钟离现在危急，城中百姓正急得挖洞居住、背门板打水，我们驾车疾行还怕来不及，怎么能够慢行呢？"在他的带领下，不到十天便与曹景宗会合。韦睿还连夜挖掘长壕，把河洲截成城防，天不亮便又建成营寨。

　　中山王元英怎么也想象不到南梁援军如此神速，他不禁大惊失色，以棍击地说："怎么可能，怎么可能这样神速！"

　　曹景宗可是位偏执而又傲慢的将军，但他对颇有名望又淡泊名利的韦睿却非常尊重，梁武帝也曾对他劝诫说："韦睿将军可是你们家乡的人望啊，你要好好尊重他。"再加上，韦睿此行还怀揣象征皇权的"龙环御刀"，曹景宗也便愈加尊重，这就为战争取胜赢得合力。梁武帝得知两位主将意见统一，也放心说道："二将和睦，一定能打胜仗！"

　　曹景宗在韦睿到后，信心倍增。为了鼓舞士气，他令人潜水进入城中，帮助加固城防。城内得知援军到来，也增斗志。而在魏军那边，元英遣著名悍将杨大眼率万余骑兵，前去攻击韦睿援军，一时间所向披靡。韦睿下令将战车连接成阵，但被杨大眼军包围。韦睿亲自上阵指挥，汇聚两千余强弩手集中发射，洞穿魏军铠甲，杀伤甚多，而主将杨大眼也被击中右肩，被迫撤退。次日清晨，元英率大军来战,韦睿则不慌不忙,坐着白木小车,手执白角如意指挥作战。魏军人多势众,箭如雨下。韦睿的儿子韦黯劝父亲下城躲避,但他高立城头,指挥若定。梁军稍有懈怠,韦睿即厉声呵斥,梁军无不以一当百,誓死抵抗。

韦睿在督战的同时,令人大造战舰,水陆并进,又用火攻,最终魏军大败,死伤十余万人,被俘请降者也近十万,元英则脱身逃走。

是役,韦睿缴获的物资堆积如山。被困许久的北徐州刺史昌义之悲喜交加,顾不上回答韦睿派来报捷的信使,只是反复大喊道:"又活了!又活了!"

这次大战,是北魏与南朝宋齐梁历次交战中,南方取得的第一次真正的完胜。梁武帝亲自前来犒师,晋升韦睿为"侯"爵,增封七百户,擢授通直散骑常侍、左卫将军。

此后,韦睿又先后被授予右卫将军、平北将军、护军将军,出任南郡太守、江州刺史、丹阳尹、雍州刺史等,成为梁武帝可以倚仗的忠实大将。

尽管他功勋卓著,位高权重,但他始终低调平和,廉洁如初。战场上,士兵没有安排好,他从不先住,吃饭也总在人后;生活中,对待下属和朋友,他从不吝啬,即使与其意见相左者,比如年轻时曾劝阻他起兵的老乡阴双光,他也从不计较,而对待自己和亲属则特别严格,一生廉洁,到老时仍家无余财。

梁武帝普通元年(520年),七十九岁高龄的韦睿将军在家中安然病故。临终前,他要求家人要薄葬,"敛以时服"。梁武帝得知其死讯后,当天即亲临吊唁,"临哭甚恸",并追赠他为车骑将军、开府仪同三司,谥号为"严"。

宋元之际的著名史学家胡三省对韦睿的评价是:"梁之将帅,韦睿一人而已。"而杨慎则认为:"六朝人才,韦叡(睿)为冠。"

# 争强好胜曹景宗　望文生义遗名篇

　　阳春三月,风光迤逦。京师南京一派欢腾,皇宫之内光华殿上更是热闹非凡。南梁天子萧衍正在这里举行盛大的宴席,为取得钟离大捷的将帅们庆功祝贺。

　　这是梁武帝最为得意的时刻。回想当年,他险些丧命于东昏侯萧宝卷箭镞之下,而自从他于三十九岁夺取皇位以来,就不断遭受内忧外患,尤其是备受北魏的侵扰。面对强大的北方宿敌北魏,曾经开创"元嘉之治"的宋文帝和"永明之治"的齐武帝均无可奈何,而就在前不久,在他的指挥下,在大将军韦睿、曹景宗等的直接带领下,南梁终于在钟离之战中大败北魏,取得了南北交战以来的第一次完胜。

　　"众爱卿!"梁武帝在酒酣耳热之际,高声宣布道,"我大梁勇士们一举击退不可一世的鲜卑蛮夷,将曾经饮马长江的拓跋氏驱赶至淮河以北,实在可喜可贺! 现在,让我们以文为武,各抒胸臆吧。"

　　此时恰逢梁武帝天监六年(507 年)春月,而自南齐武帝萧赜开始,南京城内就形成了浓郁的文化氛围,但凡遇到良辰吉日、风花雪月之时,士族们都喜爱吟咏一番,作为"竟陵八友"的萧衍、沈约等更是乐此不疲。

"遵命!"随着萧衍一声令下,作为尚书左仆射的沈约立刻行动起来,挥笔写下寓意各不相同的汉字,密封之后作为文士们作诗的规定诗韵,分发给大家,让大家根据抽到的"诗韵"分别作诗。

沈约是当时蜚声文坛的大家,其命"诗韵"自然得心应手。很快,一场酒宴演变为诗歌创作的文化沙龙,气氛愈加欢快。

但是,就在大家竞相挥洒、各显文采的欢乐中,一位将军则独自酣饮,闷闷不乐。

他就是钟离大捷的首要功臣之一曹景宗。

这位武将出身的"将二代",虽然也曾一度热衷于读史,尤其喜爱《司马穰苴传》《乐毅传》,但真正要作起诗来,还真有些难为,毕竟他的专业是用兵打仗,舞文弄墨不是他的特长。

"沈大夫!"曹景宗终于按捺不住,起身向沈约走去,"请给我一张诗韵,我也要试一试!"

"您就免了吧!"沈约直接回绝道,"诗韵也快分完了。"

"不行!"曹景宗更为不平,坚持要求步韵赋诗。

"将军您本来就是众人钦佩的人才,又何必在乎一首诗呢?"梁武帝深知曹将军的脾性,也劝说道。

"皇帝陛下! 我身逢盛世,虽是武夫,亦当为时而作!"曹景宗还是坚持。萧衍也不好再多扫兴,便命沈约赐韵。但可供选择的韵字已经不多,只剩下"竞""病"两个生僻字。

曹景宗看完韵字,也无其他选择,便略作思索,挥笔写道:

去时女儿悲,归来笳鼓竞。借问行路人,何如霍去病?

此诗用典简约，自然流畅，以去来之间的悲喜变化来映射出异常激烈的战争场景，以汉代大将霍去病作比较，彰显其巨大的战争功绩，既通俗易懂，又简洁明快，与当时大军凯旋、举国同庆的情势非常契合，可谓语惊四座，令文学大家萧衍、沈约等也啧啧称赞，其他文士们更是自叹弗如。梁武帝当即下令将此诗载入国史，名曰《光华殿侍宴赋竞病韵诗》。

　　此诗不仅被传为文坛佳话，也为武将出生的曹景宗带来巨大声誉。曹将军能够在短时间内创造此佳作，一方面得益于当时浓郁的文学氛围，另一方面也源于他执拗好胜的鲜明个性。

　　事实上，此诗不过是他在"头脑风暴"作用下的"灵光乍现"而已。曹景宗并不是一位文学爱好者，相反，他对文字毫无兴趣。平素闲暇之时看书写字，遇到不懂的地方，从不向人请教，而是望文生义，甚至自创新字，正如《梁书》中记载的那样："景宗为人自恃尚胜，每作书，字有不解，不以问人，皆以意造焉。"

　　曹景宗（457—508年），字子震，新野（今属河南）人士。他出身将门，父亲曹欣之早在刘宋时期就被授予征虏将军，他自幼便喜爱骑射，胆量过人。外出游猎时，与他年龄相仿的其他少年玩伴因担心误射坐骑而不敢轻易射箭，曹景宗则毫不犹豫，张弓飞射，麋鹿"应弦辄毙"，他竟"以此为乐"。不到二十岁的他，曾在随父亲外出时，突然遇到强敌围困，作为将军的父亲一时也被这帮数量众多的"蛮贼"吓得不轻，而曹景宗则无所畏惧，一个人带了一百多支箭，四面发射，纵马冲杀，"蛮贼"很快被冲散败逃。齐明帝时期，他跟随大将军陈显达北向伐魏，以不足两千骑兵大破北魏中山王元英四万余援军。南齐后期，他主动追随雍州刺史萧衍，一举攻破军事重镇郢州城（今属湖北），帮助萧衍成就帝业，他也成为南梁的开国元勋。

曹景宗不仅勇猛，而且颇为侠义。还在天水太守任上时，他的发小张道门及其父亲在武陵（今属湖南）被杀。出于政治上的考量，张道门的亲友都不敢收尸，曹景宗得知后，立刻安排人从襄阳一路远行至武陵，替友收尸，并运抵其家乡厚葬。

曹景宗还是一位任性率真的将军。作为梁武帝萧衍的猛将和重臣，他不仅进号"平西将军"，而且被封为竟陵县侯，后来又被赐予"公"爵，可谓功成名就。在战场上，他纵横捭阖，所向无敌，而在生活中却极不讲究。他外出时，总有车马接送，身边一帮人服侍，但他总是令人拉开车帘，随意走动。侍从们劝他不要太随便，要有"官人"的气派，而他总是抱怨说："以前我在乡里时，与同伴们恣意玩耍，快马如龙，弓弦霹雳，捕到麋鹿，喝其血，食其肉，只觉得耳后生风、鼻头冒火，那种快乐真是让人忘记死亡！如今我成了扬州的贵人，却得不到自由，憋在车子里，像刚过门三日的新媳妇一样谨慎，真让人生气呀！"

关于曹景宗的性格特征，宋代著名文学家、世称"红杏尚书"的宋祁曾作诗曰：

快马如龙度堺尘，射麋放饮藉汀蘋。鼻头出火风生耳，宁愿扬州作贵人。

但是，曹景宗又是一位极其奢靡的享乐主义者。他嗜酒贪财，早在郢州任职时就大造豪宅，其别墅东西长达数里。他生性好动，耐不住寂寞，常常故意装穷，在寒冬腊月里挨家挨户讨要酒饭，而他的部下则趁机劫掠富豪人家。在扬州,他蓄养了一帮家眷,"妓妾至数百",并且"穷极锦绣",奢靡浮华至极。

俗语说,天欲亡之必先狂之。天监七年(508年),就在他大败魏军,取得钟离大捷并被任命为侍中、中卫将军、江州刺史之后,于赴任途中无奈病逝,时年五十二岁。这位一生粗犷豪放,执着于金戈铁马、铿锵奢华的战将,就这样客死他乡。

# 白袍战神陈庆之　千里奔袭为封侯

他出身寒门，不擅骑射，手无缚鸡之力，战场上甚至不能拉开满弓射穿敌人盔甲，但这并不影响他叱咤风云的赫赫战绩。

起初，他不过是萧衍麾下的一位小随从。那时的萧衍尚未登基称孤，他们只因下棋的共同爱好，才机缘巧合走到一起。在辅助萧衍称帝后，他更加小心翼翼，昼夜陪侍主人，俨然皇帝陛下的"私人秘书"。但这种"私人"关系，终究难以维系，下棋也非皇朝"正务"，于是，梁武帝便千方百计为其寻找建功立业的机遇，而每次他都能乘兴而去，载誉归来。

战场上，别人都尽力伪装，而他带兵出征却令精锐部队全副白盔白甲，白光冲天，杀气凌人，他也因此被称为"白袍战神"。

这位战神级人物，就是梁朝名将陈庆之。

陈庆之（484—539 年），字子云，义兴郡国山县（今江苏省宜兴市）人。他出身庶族，在讲究门第的时代，很难有出头之日。但他非常勤奋，也很珍惜机会，在陪侍萧衍下棋期间，夜深人去之际，他总是尽心尽力，时刻守候，最终得到萧衍的信赖与器重，十八岁时，便被梁武帝任命为主管文书的"主书"一职。在主书这个并不起眼的位置上，他十分卖力，甚至不惜将家中并不富裕的财富散尽，以拉拢人心，聚集人脉资源，"散财聚士，常思效用"，不久又被拜为可以参加皇帝朝会的"奉朝请"。

尽管提拔较快，但陈庆之的才华远未得到施展。直到梁武帝普通六年(525年)，四十一岁的陈庆之才真正迎来展示才能的机遇。

是年正月，北魏徐州刺史元法僧不满朝廷，发动叛乱，但未获成功，继而直接在州府彭城投降萧梁，并请求梁武帝派兵接应。或许因为长期陪侍在身边，只有下棋之娱，而无尺寸之功，梁武帝才有意将机遇让给他，试探性将他送到前线。行前，加封陈庆之为武威将军，让其名正言顺地前去接应。结果，陈庆之非常出色地完成了接应任务，梁武帝于是乘机正式加封陈庆之为宣猛将军、文德主帅。

为接管旧地，梁武帝还指令自己的儿子萧综入镇彭城，仍由陈庆之率领两千人马前去护送。护送途中，陈庆之虽然遭到北魏宗室大王元延明(安丰王)、元彧(临淮王)和大将丘大千的强力阻击，但仍推进迅速。可就在陈庆之胜利进军、北魏溃不成军之际，萧综却私自逃窜，不见踪迹。原因之一是，萧综本为南齐东昏侯萧宝卷的遗腹子，萧衍建梁后将其收入膝下，当他知道了自己的身世后，对梁朝及梁武帝极为不满，于是趁机叛逃。豫章王萧综趁黑夜投降北魏后，北魏军长驱直入彭城，并一度向南追打至宿豫(今属江苏宿迁)。

此役，梁军胡龙牙、成景俊部几乎损失殆尽，而陈庆之部则攻城夺隘，乘夜色全部安全撤还。

仅一年之后的梁武帝普通七年即526年，北魏再度南下伐梁，陈庆之再次受命迎击，一举攻克五十二座城池，俘敌七万五千人，北魏豫州刺史李宪被迫投降，豫州首府寿春遂被梁军占领。陈庆之因功被晋升为东宫直阁,并赐侯爵(关中侯)。

陈庆之初战告捷,令梁武帝信心倍增,而小试牛刀的陈庆之也正式开启了其纵横沙场的军旅生涯。

就在陈庆之成功占据豫州之后的 527 年,即梁武帝大通元年,梁武帝准备乘胜收复旧地,命令陈庆之携带皇帝符节,随领军将军曹仲宗(大将曹景宗之兄)北击涡阳(今安徽省蒙城县),同时令寻阳太守韦放(大将军韦睿之子)领兵与曹仲宗等会师,涡阳之战打响。

战争中,面对强大的对手,陈庆之决心身先士卒,不辱使命。他不顾长官曹仲宗、韦放的劝阻,坚持己见,先是率麾下轻骑两百人突袭北魏先锋部队,大破元昭军,在梁魏两军陷入胶着状态而梁军疲惫、军心摇动之际,又是他主动站出来,提出"置之死地而后生"的果断主张,亲自进行战争动员,并在夜幕的掩护下,出动骑兵突击魏军,连续攻克了魏军十三座营垒中的四座,令梁军声威大震。此后在梁军的凌厉攻势下,剩下的九座营垒也先后被拔除,涡阳城内三万余民众投诚,城外的涡水也因魏军尸首过多而壅堵断流。

涡阳之战中,陈庆之虽然不是主帅,但他作为梁武帝的"特使",手握皇帝钦赐仗节,在关键时刻发挥了关键作用。此役过后,他的"弱小"形象得到极大改善,成为朝野公认的"大丈夫"。梁武帝亲自用其华丽的书法表彰说:"本非将种,又非豪家,触望风云,以至于此。可深思奇略,善克令终。开碜门而待宾,扬声名于竹帛,岂非大丈夫哉!"

涡阳大捷后,南北对垒局势更有利于南方,陈庆之也再次迎来发展机遇。梁大通二年即公元 528 年,北魏爆发"河阴之变",大军阀尔朱荣劫掠京师洛阳,大肆屠杀皇族宗室及大臣,将掌权的胡太后和幼帝元钊沉入黄河,然后扶植元子攸称帝(孝庄帝),尔朱荣本人则成为北魏的实际统治者,在老巢晋阳(今山西太原)遥控中央。在这种背景之下,北魏宗室北海王元颢想趁乱起事,就主动向南梁伸出橄榄枝,表示效忠南梁,请求梁武帝出兵帮助他另立中央,取代孝庄帝在洛阳称帝。

那时的南梁统治者梁武帝萧衍已经六旬有余,又痴迷于佛教,对政治已无太多兴趣,一统北方的壮志也逐渐消磨损乏。但作为南方正统国君,在接到元颢的请求后,他又不得不做出反应。经过反复考量,梁武帝在应允请求后,再次决定让自己的亲近仕臣、刚刚在涡阳大捷中立下汗马功劳的陈庆之前去完成使命,任命他为假节(皇帝特使)、飙勇将军,率兵七千人护送元颢北归。

善为者,必先珍惜机遇;善成者,务必化危为机。

用七千人的兵力,长途奔袭一千多里,去完成争夺皇位的使命,对于一位身体羸弱又出身低微的人来说,实在有些难为情了。但陈庆之毫不犹豫,不讲条件,不计后果,接到任务后立刻披挂上阵,从铚县(今安徽省淮北市境内)出发,一口气跑到睢阳(今河南省商丘市),直逼洛阳。

面对陈庆之的恢宏攻势,仓促组建而又饱受内乱之苦的元子攸政权,一时间竟然傻眼蒙圈,只在大军进逼都城后,才在 529 年 4 月开始组织大规模抵御,北魏宗室元天穆、元晖业,大将丘大千、尔朱世隆等共计数十万人马前来围剿。面对如此强大的敌军,又是孤军深入,陈庆之的压力可想而知,但他早已毫无退路,只有拼死前进。在他破釜沉舟、敢为人先的精神鼓舞下,麾下将士无不以一当百,奋勇绝杀。经过激烈交锋,本来就对元子攸政权不忠不屑的北魏大军很快便望风而逃,丘大千被迫投降,元晖业遭到生擒,而无才无德又胆小如鼠的元天穆、尔朱世隆之流则弃城逃窜。

在夺取皇权的激烈战斗中,陈庆之毫不示弱,攻城拔寨,其精锐部队全部身着白袍,所以当时有洛阳童谣讽刺曰:

名师大将莫自牢,千兵万马避白袍!

据史料统计,陈庆之及其亲随部队,从铚县出发,一路打到洛阳,先后进行四十七场战斗,共计平定了三十二座城池,仅用了一百四十天(即十四旬)。这在战争史上,简直是不可能实现的战争神话。

但是,陈庆之取得如此辉煌的战绩,除了陈庆之本人的胆略、气度和战斗力之外,主要得益于当时的政治背景。一方面,元子攸政权并未受到足够尊重,而元颢与元子攸同为北魏献文帝拓跋弘的孙子、孝文帝元宏的侄子,两人的皇帝大旗具有几乎同等的感召力;另一方面,也是最重要的,当时军事实力最强的尔朱荣等人正忙于镇压六镇叛乱及河北等地的流民起义,京师洛阳附近的军力空虚。而当尔朱荣平葛荣、破邢杲,挥师洛阳之后,陈庆之很快便陷入被动。

在元颢尚未过足"皇帝"瘾,甚至没有来得及组建好自己的"领导班子",入主洛阳仅五十六天之后,平乱归来的尔朱荣便带着逃离京师的孝庄帝元子攸,挥师进击洛阳,元颢以及他的"侍中、车骑大将军、左光禄大夫",享受一万户封邑的陈庆之先生就被迫开始战略转移。在尔朱荣的强力围攻下,元颢不久便兵败被杀,而"白袍战神"陈庆之则削发剃须,伪装成僧人,最终辗转返回梁朝。虽然没有达到战略目的,但陈庆之作为梁朝大将,对北魏的侵扰之功却备受吹捧,梁武帝提升他为右卫将军,赐永兴侯,封邑一千五百户。陈庆之完成了从低级侍从到王侯将相的华丽转身。

此后,他又先后出任南北司州刺史、义兴郡太守,在地方管理方面也颇多建树。梁武帝大同元年(535年),年过五旬的陈庆之又受命征讨东魏,但不利而还。次年,东魏定州刺史侯景先生,率七千人马南下攻梁,一度进军淮上。这位典型的机会主义者为逞其野心,还给同样有"投机"经历的陈庆之写信,劝其投降,共谋大业。但陈庆之不予理睬,果断出击,在援军尚未到来之前即将侯景击溃。当时大雪纷飞、天寒地冻,可怜的侯景被迫抛弃辎重,仓皇落逃,而仅十几年之后的548年,这位落魄北方的机会主义者又卷土重来,直捣梁朝首都,劫掠京师,炮制了灭亡梁朝的"侯景之乱"。

而早在侯景生乱之前的539年,他的对手陈庆之先生就已经功成身退、溘然去世了。陈庆之去世时,梁武帝以其忠于职守、战功卓著、政绩斐然,追赠他为散骑常侍、左卫将军,谥号"武",同时诏令义兴郡五百人为其会丧。作为寒门子弟,其生前身后之荣耀,可谓尊崇至极。

陈庆之虽然以一己之力,匹马封侯,却十分低调,生活简朴,抚士爱民,朝野称颂。

# 走壁击石羊祖忻　虎胆雄威敌眼馋

公元 548 年,侯景作乱,梁朝都城南京陷入孤立,但因守将羊侃的存在,叛军黔驴技穷也难以火中取栗。

台城内的梁武帝早已垂垂老矣,对于羊侃的战略战术也不予采纳,只能眼睁睁看着侯景围困京师。梁武帝一意孤行,下令开城迎战,结果败北,死伤过半,羊侃的长子羊鷟也被生擒。穷凶极恶的侯景令人将羊鷟押到城下,以此威逼羊侃投诚。羊侃见状大声回道:"我们羊家向来忠于朝廷,即使豁出全部宗族来报效君主,还嫌不够,我又怎么可能在乎一个儿子呢?希望你们早点杀掉他!"

几天过后,侯景故伎重演,又将羊鷟押来。羊侃直接对儿子骂道:"我还以为你早就死了,怎么还活着见我?你不要脸,我也要以身许国,绝不会因你而动摇决心!"说完便张弓搭箭,向儿子射去。侯景有感于羊侃的忠义,急忙令人拉开羊鷟,将其保护起来。

一计不成,再施一计。侯景令说客傅士哲前去劝降。傅士哲当时的职位是"仪同",相对于三公(太尉、司徒、司空),可谓位高权重。他对羊侃劝说道:"我们侯王远道而来,只为问候天子,您为何要闭门阻拦呢?羊尚书您作为朝中重臣,应该主动禀报皇帝呀。"

"侯景将军不是早就归附我们梁朝了吗？朝廷本来给予他很大的信任和期望，但他又有什么苦恼，竟然突然起兵，这岂是做臣子的作为？"羊侃高声回答道，"我又岂能听信你们的花言巧语，绝不可能开门揖盗！"

"羊将军！"傅士哲边听边目不转睛地注视着羊侃。他早就知道自己的游说毫无结果，当听到羊侃明确表示自己绝不可能"开门揖盗"时，他彻底绝望，竟然近似哀求道，"我在北方久仰您的风采，如今有幸见到您，希望您能脱去戎装，让我亲眼看一看。"

"当然可以！"羊侃一生追求简单明快，听到傅士哲的请求后，立刻摘下头盔，而贵为"仪同"的傅士哲则定睛瞻望，许久之后，方才离去。

后来，江南大雨，城墙崩塌，敌军得以蜂拥而至。羊侃令人投掷火把，以火断绝敌路，又在城内加紧修筑城垒，有效阻止了叛军。可惜的是，羊侃于549年一月在台城病逝，享年五十四岁，南京遂破。

羊侃（496—549年），字祖忻，泰山郡梁父县（今山东省新泰市）人。虽然如今的"羊"姓并不多见，但在古代却是地道的高门望族。早在东汉时期，其远祖羊续就曾任南阳太守，祖父羊规曾在宋武帝刘裕麾下任职，但北伐时不幸被俘，从此留在北魏，官至卫将军、营州刺史。父亲羊祉在北魏也赫赫有名，被授予平北将军。

羊侃出身将门，不仅身材魁梧，臂力过人，而且喜读诗书，颇通文史，不到二十岁便随父亲立下战功，被任命为尚书郎。北魏孝昌三年即527年，羌人莫折念生在秦州即今天的甘肃天水造反称帝，北魏令降将萧宝夤出征，而羊侃作为萧宝夤的偏将一同前往。战争中，能够力挽六石强弓的羊侃一箭便结果了莫折念生的弟弟莫折天生，叛军因此很快被击溃,他也因功被晋封为征东将军、泰山太守,赐予"侯"爵(钜平侯)。

但此后,北魏便陷入"河阴之变"的泥沼,再加上父亲生前一直有南归故里的想法,羊侃遂在汉人幸臣徐纥的建议下,出奔南梁。而徐纥本人正是联合北魏胡太后鸩杀孝明帝,最终导致"河阴之变"的始作俑者之一。羊侃一生做事简单而果决,就在他决心南奔时,遭到同宗羊敦的阻拦,羊敦时任北魏的兖州刺史,在劝说无效后竟以兖州兵进行抵御,北魏孝庄帝还特意加封羊侃为骠骑大将军、司徒、泰山郡公,并许诺他担任兖州刺史,试图拉拢他回归北魏。但羊侃果断斩杀北魏使臣,与羊敦以及来援的北魏悍将于晖、高欢、尔朱阳都等展开厮杀,最终成功突围。

就在羊侃即将到达南梁境内之时,他突然听到麾下士卒在深夜里唱起北方悲歌,于是直接下令道:"我知道你们怀念故土,但我不会强迫大家跟我南下。或去或留,悉听尊便,我们就此分手吧。"士卒们于是拜别,而羊侃则直奔南梁首都建康,被梁武帝任命为安北将军、徐州刺史等职。

羊侃不愧为将门之后,其武艺早就名闻八方。据《南史》记载,他曾在兖州尧庙的墙壁上行走,"上至五寻,横行得七迹",上到四丈高,左右则能横行七步。泗桥上有几个石人,长八尺,粗十围,羊侃徒手抓住它们互相撞击,"悉皆破碎"。

但在羊侃初到建康时,包括梁武帝在内的梁朝官员并不看好他的本领。梁武帝就曾当众直言道:"大家都说你是老虎,你不会是披着虎皮的羊吧?请你表演一下,让我们开开眼!"羊侃也不客气,当即伏在地上,做老虎状,徒手深挖坚硬的大殿地面,下穿长达一指之深。

还有一次,梁武帝大宴群臣时,令羊侃表演武艺。当时,府上新造了一支两刃矟,厚度有一尺三寸,长度则达二丈四尺。如此长矟,一般习武者很难拿起,但羊侃执矟上马,轻如鸿毛,展如白鹤,左右击刺,尽显其妙。彼时,观者云集,掌声雷动,不少人站到高处,爬到树上,一睹为快。有一棵大树竟被攀爬者折断,梁武帝于是将那矟命名为"折树矟"。

羊侃的武功最终得到认可,但南梁对其并不完全信任,他先后被下放到徐州、兖州、福州、衡阳等多地任职。梁武帝中大通四年即532年,担任兖州刺史的羊侃奉命随太尉元法僧北伐,而元法僧也曾是北魏重臣,两人曾有旧情,羊侃并不愿意与之同行。行前,梁武帝亲自召见羊侃,向他询问北伐的策略,羊侃侃侃而谈,计划十分详尽,并建议说:"北方人一直把我当成南方的吴人,而南方人则称我为北虏。如今,我若与元法僧同行北伐,还只是北虏之间的较量,这不但违背了我的个人意愿,也容易让北方人轻视汉人。"言下之意,想让皇帝派他单独北伐,或者让元法僧独自出征。但梁武帝否决了他的建议,坚持让其同行,结果兵败而还。

南梁太清元年即547年,梁武帝再次令羊侃随军北伐,统军元帅为梁武帝的侄子萧渊明。羊侃奉命监修寒山堰,以作水军战备。在成功修好堰堤后,羊侃建议萧渊明水淹彭城,但萧渊明不予采纳,等到北魏大军来援时,萧渊明再次否决了羊侃的策略,结果大败,而羊侃则淡定地摆好战阵,徐徐撤回。

太清二年即548年,叛臣侯景南下攻梁。在侯景攻陷历阳城(今安徽省和县)时,羊侃就向梁武帝建议,先做好京师保卫战准备,同时占据采石(今安徽马鞍山),袭取寿春,截断侯景的退路,如此一来,侯景"进不得前,退失巢窟,乌合之众,自然瓦解"。但朝臣们都以为侯景不可能攻打京师,再次否决了他的建议,侯景则趁势直捣京师。

在京师南京,南梁已经享国近半个世纪,耄耋之年的武帝萧衍一心向佛,而朝中老将大多去世,城中只剩下羊侃、柳津、韦黯三人,柳津年老多病,韦黯又"懦弱无谋",梁武帝只有全权委托羊侃进行防御。羊侃也不辱使命,力挽狂澜,组织了非常有效的抵御。但就在侯景攻城乏术、狗急跳墙之际,受到梁武帝器重的梁将朱异、张绾却争功心切,力主开城迎战。羊侃据理力争,明确指出利弊:"现在出战,人少不足于退敌,出城人多的话,一旦失利,因为门小桥窄必将自相践踏,伤亡惨重。所以,我们还是要闭门拒敌。"但他的意见又没有得到尊重,南梁派一千余人出战,结果未及交锋即"望风退走",士卒们果然"争桥赴水,死者大半"。

客观上来看,侯景大军来袭,仅凭羊侃一己之力很难改变战局,但他的战略战术至少可以为南梁迎来更多的战机和缓冲空间,可惜的是,作为北魏的降将,南梁的新臣,被称为"北虏"的他并没有获得足够的尊重,更为可惜的是,侯景围困京师的当年年底,他便无奈病逝,时年五十四岁。

羊侃去世后,梁武帝虽然给了他足够的荣誉,追尊他为"侍中、护军将军",又赐给他"东园密器、鼓吹乐队",但已经无力挽救京师的沦陷局面了。

作为将门之后,羊侃怀揣祖上遗愿,果断南投,倾其所能报效国家,对南梁政权可谓忠贞不贰。早在534年晋安(今福建省福州市)太守任上,一向叛乱不断的闽越地区,就在他的精心调治下局面大变,"郡内肃清,莫敢犯者"。而后来,无论是随军北伐,还是包围京师,他均做到了忠臣的责任。虽然其个性中也多有不足,生性豪奢,"姬妾侍立,穷极奢靡",但他宽厚仁义、为国尽忠的品性则备受称颂,著名史学家姚思廉、李延寿异口同声赞曰:"侃则临危不挠,鸦仁守义殒命,可谓志等松筠,心均铁石,古之殉节,斯其谓乎!"

# 落雕都督斛律光　飞天无翼满门斩

公元 577 年,北周第三位皇帝、雄才大略的武帝宇文邕灭亡宿敌北齐,统一北方。令人不解的是,周武帝劫掠北齐都城、俘虏君臣老小之余,破例下诏追尊北齐已故将军斛律光为上柱国、崇国公。他还指着诏书对群臣道:"此人若在,朕岂能至邺!"

而早在此前的 572 年,斛律光被北齐后主高纬杀害时,宇文邕就预示了北齐的亡国命运,下令大赦天下,以示庆贺。

北朝最有名的民歌《敕勒歌》至今传唱不衰,但创作者不详,而史料记载最早的歌唱者则可确定为斛律金——东魏权臣、北齐实际创立者高欢的麾下大将军。据《北齐书》记载,高欢在东、西魏玉璧之战中久战不胜,抑郁生疾,为壮军威,特在军营举行盛大的宴会,令斛律金用鲜卑语唱起悲壮的《敕勒歌》,高欢本人也亲自和唱,悲感流涕,不久便忧愤而卒。

斛律金本是北方敕勒族酋长的后代,先后追随北魏军阀统领尔朱荣、高欢,在平定地方叛乱中屡立战功,成为北魏、东魏和北齐的重要军事将领,尤其得到北齐前三任皇帝文宣帝高洋、孝昭帝高演、武成帝高湛的信任与器重,生前与高氏皇族联姻,死后被追授为假黄钺、使持节、相国、太尉公等诸多殊荣,武成帝还亲自为其举哀。

而斛律金正是斛律光的生父。

斛律光(515—572年),字明月,敕勒部,朔州人,祖父、曾祖父均为部落酋长,而父亲斛律金则为北齐宠臣、相国,父子二人在东、西魏战争以及北齐政权的创建中,均建有赫赫战功。被誉为北魏"第一领民酋长"的斛律金与高欢还有生死之交,先后参加了东、西魏之间几乎所有的重大战役,比如沙苑之战(537年)、河桥之战(538年)、邙山之战(543年)、玉璧之战(546年)等,而玉璧之战则敲响了高欢以及东魏覆亡的丧钟。

作为将门之后,斛律光完全继承了大将军的血性与忠诚,自幼便随父四处征伐。十七岁时,斛律光随父亲西征,西魏权臣宇文泰的近臣、丞相长史莫孝晖风头正劲,却被斛律光一箭射中,生擒活捉,西魏军顿时大乱。高欢十分欣慰,提升斛律光为都督。武定五年即547年,刚过而立之年的他就因功被封为"子"爵(永乐县子)。

斛律光曾陪同高欢的长公子高澄外出狩猎,途中遇到一只正在展翅高飞的大鸟。斛律光见状,立刻弯弓搭箭,一箭封喉,但见那状如车轮的大鸟应声落地,近前观看时,却是一只空中猛禽——粗壮的黑雕。高澄令人取来观看,赞叹良久,而随行的丞相属臣邢子高则直接夸赞斛律光道:"您才是天下真正的射雕手啊!"

因为斛律光此前已被封为将军和都督,所以,他又被誉为"落雕都督",此后又晋封为"伯"爵。

武定八年即550年,高氏北齐取代东魏后,斛律光再获提升,加封为开府仪同三司(相当于三公),同时另封为西安县子。从北齐第一任皇帝高洋开始,直到第五任皇帝高纬,前后二十多年间,斛律光始终是对内平乱、对外征战的主将,尤其在对北周的战争中,先后在邙山大战(564年前后)、洛阳之战(570年前后)中,屡败周军,可谓北齐的主心骨和台柱子,同时也成为北周政权的心头大患。571年,斛律光在汾水大败北周名将韦孝宽之后,被授予中山郡公,增邑千户,后来又被封为咸阳王,太傅以及右、左丞相。

除了君臣之外,斛律光与北齐皇族高氏还有特殊的家庭关系。早在北齐第一任皇帝文宣帝高洋时期,斛律金家族就备受尊崇,高洋经常带领六宫以及诸王前往斛律金府邸饮酒作乐,直至深夜,酒酣耳热之际对斛律氏大加封赏,并声称:"公(即斛律金)为佐命元勋,父子忠诚,朕当与公结为婚姻,永为蕃卫。"当场决定将义宁公主嫁给斛律光的长子斛律武都。两家结亲、行聘礼的当天,文宣帝跟随皇太后亲临斛律金家,皇后、太子以及诸王等也一同前来祝贺。高洋之后,弟弟高演、高湛先后称帝,仍旧与斛律氏家族保持良好的姻亲关系,斛律光的两个女儿分别嫁给孝昭帝高演之子高百年、武成帝高湛之子高纬。

斛律金子孙不仅贵为王侯将相,而且娶了高氏三位公主,嫁出一位皇后、两位太子妃,可谓尊崇至极。

古语说,盛极必衰,物极必反。对于自家享受到的尊荣,斛律金在世时就已经感觉到不安。他曾对儿子斛律光说:"我虽然读书不多,但早就听说过汉代外戚梁冀等的覆亡故事。作为皇族的外戚,女儿如果得宠,就会遭人嫉妒;不受宠,则又会被天子嫌弃。所以,千万不要倚仗姻亲势力,而我们家历来都是靠战场上建功立业、管理上效忠君主才获得富贵的,又岂能凭借妇人之力?"斛律金每次获得封赏总是推辞不受,但又无法拒绝,他常常为此而忧戚。

斛律光在战场上威风八面,在生活中却十分亲民简朴。战士们没有安置好,他从不提前用餐或休息;战士们受伤或生病,他总要亲自慰问。战利品也总是平分给士卒及其家属,征战数十年,从不私分财物,家无余财。

尽管如此,他也很难摆脱盛名之下其实难副的悲剧。北齐政权传到高纬这一代,朝政腐败,气数已尽,而西边的北周则在宇文氏的改革浪潮中,愈加强大,风头正盛。为了尽快消灭北齐,北周政权一方面用军事征战逐步蚕食北齐,另一方面加紧政治攻势,散布谣言,力图铲除斛律光这个心头大患。


　　　　百升飞上天,明月照长安。


北齐武平三年即 572 年,在首都邺城街头巷尾突然传来声声儿歌。"百升"即一"斛",而"明月"则为斛律光的字号,此儿歌的指向性非常明显,就是说斛律光想要谋反进而称霸长安。此儿歌的炮制者正是北齐的死对头、北周名将韦孝宽。

紧接着,儿歌中又传来"高山不推自崩,槲树不扶自竖"的句子,更加明确了斛律光的"谋反"之"志向"。而就在北齐内部,以侍中祖珽、女侍中陆令萱及其养子骆提婆(穆提婆)为首的反对派势力,也正在竭力打击陷害位高权重的斛律光。

陆令萱本为宫中女奴,因为抚养后主高纬,逐步得势,祖珽则靠巴结佞臣和士开逐步走红,和士开也是陆令萱的养子,而陆令萱的养女穆黄花则为高纬的皇后,可见其宫中势力之强。

但是,一直以功勋立身立家的斛律光将军并不趋炎附势,对于祖斑、骆提婆之流不屑一顾,嗤之以鼻。祖斑曾骑马从斛律光门前经过,斛律光当即进行呵斥;骆提婆请求做斛律光的女婿,遭到断然拒绝。祖穆两家遂联合对抗斛律光。

就在北周编造谣言之际,祖斑则乘机造谣说:"盲眼老公背上下大斧,饶舌老母不得语。"并让儿童一并传唱起来。"盲眼老公"暗指祖斑,而"饶舌老母"则指向陆令萱。于是,一场本为北周导演的"离间之计",演变为北齐内部的"锄奸之谋"。陆令萱遂在利令智昏的后主高纬面前大做文章,极言斛律光的"谋反"阴谋,令无才无德的高纬如坐针毡,惶惶不可终日。

572年八月,在祖斑及其爪牙的精心策划下,毫无防备的斛律光被诱入皇宫,旋即遭到"北齐第一御用杀手"刘桃枝的杀害,时年五十八岁。

斛律光被杀后,北齐后主下诏,宣称斛律光"谋反","今已伏法",但此"谋反"罪名显然难以服众,只好在诏书中加上一条"其余家口并不须问",即不再按照惯例追究其家族责任。但是,昏聩的高纬已经掌控不了时局,不久便又在奸臣们的压力下,诏令"尽灭其族"。

斛律光这位屡克强敌,战功卓著、令敌军胆寒的"落雕都督",就这样被流言击倒,他一生追求"不鸣则已,一鸣惊人",从未被敌人吓倒,到头来竟被自己人陷害致死。

这不仅是他和家族的悲哀,更是北齐王朝的悲剧。五年前,他的父亲就已隐约感到悲剧可能发生,五年后,他竟真的"飞上天",而字"明月"的他死后并未给北齐带来福音,反而把一统北方的机遇拱手让给了北周,果然出现了"明月照长安"的大好景象。此后,北齐一败涂地,害怕自己人"谋反"的皇族亲信们被北周一路劫杀,狼狈逃窜,最终也未逃离亡国灭身的可悲命运。

北齐至隋朝大臣、著名诗人卢思道提起这段历史,公开喊冤说:"斛律明月属镂之锡,冤动天地。"著名历史学家蔡东藩先生也不无感慨地评价说:"斛律光为高氏懿亲,效忠王室,足慑强邻。光不死则齐不亡,乃为宵小所排,卒遭惨死,齐之不永也宜哉!"

# 美男将军独孤信　独领风骚数百年

在北朝武林当中,既有将才,纵横捭阖,又具美貌,神采飞扬者,不胜枚举,最有名者有三人:杨大眼、高长恭、独孤信。杨大眼以"大眼"闻名于世,高长恭被公认为古代四大美男之一,而独孤信不仅自己美,更重要的是他生育了至少四位貌美如花的女儿,她们分别成为北周、隋、唐王朝的第一夫人,在我国历史上书写了壮美华章。

杨大眼(生卒年不详)本来为北方氏族人后裔,其远祖为仇池国首领。仇池国的名称源于甘肃陇南的仇池山,早在魏晋时期,氏族杨氏就在此山附近建立地方政权,杨大眼的祖父杨难当还被取代东晋的刘宋政权封为武都王。杨大眼虽然出身于部落酋长之豪门,但他的生母为偏房,所以并未受到足够重视,直到北魏孝文帝南伐征兵时,他才通过毛遂自荐,得以"蛟龙入水",步入军界。孝文帝实施汉化改革时,他也顺应时代要求,改汉名为"杨大眼"。

杨大眼不仅眼睛大,"眼如车轮",而且威武善战,"勇冠六军",在孝文帝时期就屡败强敌,战功赫赫,直到宣武帝正始年间(504—508年)仍然如日中天,被升任为武卫将军、假平南将军、持节,大破南梁江州刺史王茂数万人马。但他也曾命途多舛,尤其是在南北大交锋的钟离之战中,遭遇以韦睿、曹景宗为首的南梁军,大败而还,被贬为营州士兵。此后,虽然一度被再次起用,但均无太大建树。

　　阳春二三月,杨柳齐作花。
　　春风一夜入闺闼,杨花飘荡落南家。
　　含情出户脚无力,拾得杨花泪沾臆。
　　秋去春还双燕子,愿衔杨花入窠里。

　　这是北魏时期广为传诵的著名乐府诗,名曰《杨白花》,被收入《乐府诗集·杂曲歌辞》,作者为北魏宣武帝元恪的妃子胡充华,也就是后来祸乱朝政的胡太后,该诗吟诵的主人公是杨白花,而杨白花正是杨大眼的儿子。胡太后好色很出名,但她创作的该诗"音韵缠绵",竟让读者忘去了她的"秽亵"(沈德潜《古诗源》中评语)。唐代诗人柳宗元也有感于杨白花的魅力,作诗曰:

　　杨白花,风吹渡江水。坐令宫树无颜色,摇荡春光千万里。

明代诗人高启也有名句曰:

　　杨白花,太轻薄,不向宫中飞,却渡江南落。

　　作为杨大眼的公子,杨白花的魅力从另一个侧面,也反映出美男将军杨大眼先生的特殊影响力。
　　与杨大眼在史料上语焉不详不同,高长恭(541—573 年)则为载入正史的地道"美男将军"。记录北朝史料的《北史》和《北齐书》均赞美高长恭说他"貌柔心壮，音容兼美"，《教坊记》的作者、唐人崔令钦评价得更为直接，说高长恭"性胆勇，而貌若妇人"。也就是说，高长恭虽然伟岸勇猛，但他太美了，甚至有些女性化。我们在影视剧中，看到他每次出征打仗，都要戴上一副面具，以掩盖他的"妇人"柔貌。

高长恭长得美，但这并不影响他在战场上的威武雄壮。作为北齐神武帝高欢的孙子、高欢长子高澄的第四子，高长恭参与了北齐与北周的历次大战，数次击退北周的进攻。560 年，他被北齐第二任皇帝高殷封为兰陵王，从此兰陵王便成为高长恭的代名词。

高长恭最为得意的军事成就，就是解围金墉城（今洛阳市东北故城），取得邙山大捷。北齐河清三年即 564 年，北周大将杨忠等大军攻打洛阳，武成帝高湛派遣高长恭与斛律光、段韶等前去救援。在北齐军惧怕北周强敌，不敢轻易前进之时，高长恭则一马当先，仅率五百骑兵杀入周军的包围圈，直至洛阳的金墉城下。周军被此戴着头盔、"不明来路"的猛将杀蒙圈了，急急弃帐而逃，金墉之围遂破，北齐军乘胜追击，获取邙山大捷。

是役，高长恭以盔遮面，待其摘掉头盔，人们方见其真面目，士卒们一片欢呼，高声齐唱《兰陵王入阵曲》，以讴歌之。此曲流传甚广，后来竟演变成歌舞戏，伴舞者以兰陵王"指麾击刺"的英姿翩翩独舞，煞是精彩。此曲一度东传至日本，成为今天的日本雅乐。

高长恭在邙山大战后，被封为尚书令。此后他又屡获战功，先后获封为巨鹿、长乐、乐平、高阳等郡公。但因后主高纬昏聩，君臣之间多有猜忌，573 年，高纬令人送去毒酒，高长恭无奈饮鸩而死，年仅三十三岁。《北史》为此而叹曰："而（高长恭）终见诛翦，以至土崩，可为太息者矣。"

同为美男将军，独孤信的影响力要比杨大眼、高长恭大得多，甚至延伸到隋唐时期。

独孤信（502—557年），原名独孤如愿，字期弥头，因为在秦州刺史任上治理有方，百姓和睦，西魏权臣宇文泰以其"信名遐迩"，便赐予"信"名，于是又名"独孤信"。他系鲜卑族，云中郡人。鲜卑族的独孤氏与拓跋氏一样，当时在我国北部地区影响甚大，同为"部落大人"。

独孤信仪容俊美，善于骑射。北魏正光末年（525年），年仅二十三岁的他联合贺拔度、贺拔岳等人，将草莽英雄卫可孤斩杀，从此扬名。但因彼时北方战乱不断，年轻的独孤信遂南下中山（今河北省唐县、灵寿县一带），投奔至农民起义军领袖葛荣麾下。因为他天资俊美，又喜爱打扮，标新立异，"好自修饰，服章有殊于众"，所以又获得"独孤郎"的雅号。

葛荣起义遇挫后，他又投奔大军阀尔朱荣，跟随尔朱荣东征西杀，成为其不可多得的偏将。尔朱荣在北魏末年呼风唤雨，炮制了"河阴之变"，一度成为北魏的实际统治者。529年，北魏宗室元颢在南梁大将陈庆之的护送下，赶跑孝庄帝元子攸，称孤洛阳。尔朱荣在击败葛荣等北部叛军后，以独孤信为前锋杀回洛阳，元颢被诛，陈庆之南逃。独孤信因功被封为"侯"爵。

此后，北魏政权风云突变，孝庄帝弑杀尔朱荣，尔朱兆又杀死孝庄帝，高欢则以拓跋氏后裔为号令剪灭尔朱氏，继而辗转扶植孝文帝元宏之孙元脩为帝，是为孝武帝（出帝）。元脩虽然"意外"获得帝位,但他不甘心做傀儡,对高欢的霸道行径不满,两人遂生嫌隙,元脩于是主动结盟另一大军阀、妹夫宇文泰,以牵制高欢。

公元 534 年,孝武帝与高欢彻底决裂,要求迁都长安,那里正是宇文泰的老巢。孝武帝西投长安之际,已被提升为武卫将军的独孤信抛弃家眷,"辞父母,捐妻子",单骑追来,令孝武帝十分感动,称其"贞良",赐御马一匹,晋其为"公"爵,食邑一千户。

可惜的是,孝武帝满心欢喜来到长安,迎接他的妹夫宇文泰却更加霸道,不久便将其除掉,另立元宝炬为帝,是为西魏文帝,宇文泰则继续把持朝政。幸运的是,独孤信与宇文泰同乡,自幼便相处甚欢,所以,西魏建立后,他依然受到重用,出任荆州刺史,负责招抚已被东魏占据的荆州百姓。

独孤信在荆州一度攻城略地,但随后遭到东魏大将高敖曹、侯景等人的突然袭击,寡不敌众,后路又被截断,被迫南撤,投奔南梁。三年之后,他又主动向梁武帝萧衍提出北还,侍奉原主,梁武帝感其忠义,赠送厚礼让其回归西魏政权。

537 年,独孤信回到西魏后,主动上书请求治罪,得到元宝炬和宇文泰的宽宥,仍享受"公"爵,改任骠骑大将军。此后,他跟随宇文泰多次与东魏交战,在"沙苑之战"中大败高欢,540 年再败侯景,被提升为陇右十州大都督、秦州刺史。

秦州首府在今甘肃天水市一带,距离政治中心较远,历任官员均昏庸无能,老百姓告状无门。独孤信到任后,亲力亲为,实施教化,劝农耕桑,仅用数年即大开局面,"公私富实",外出务工的"流民"也纷纷返乡,"流民愿附者数万家",宇文泰于是"以其信著遐迩,故赐名为信"。

作为美男将军,独孤信年轻时即注重仪表,十分时尚。在秦州时,他的美男形象更是风靡一时。据《北史》记载,有一次,他傍晚时打猎归来,"驰马入城"时无意之中弄歪了帽子,"其帽微侧"。但他实在太有影响了,第二天,城里人竟都效仿他侧戴帽子,"咸慕信而侧帽焉",由此衍生出"侧帽风流"的典故,从另一侧面彰显出美男将军独孤信的丰神俊逸。

548年,独孤信因功再次晋升,成为柱国大将军,而包括宇文泰在内享有此殊荣的仅八人,史称"八柱国"。其他七人分别为西魏统帅宇文泰、皇室宗王元欣、唐高祖李渊祖父李虎、隋末瓦岗军首领李密曾祖父李弼、大冢宰赵贵、太傅于谨、大司徒侯莫陈崇。能够跻身"八柱国"之列,足见独孤信在当时的崇高地位。

550年,西魏大举东伐,独孤信获胜而返后,升任尚书令,在宇文泰改革建立六官后,他又出任大司马。556年宇文泰去世,次年,其子宇文觉在侄子宇文护的帮助下,胁迫西魏恭帝禅位,建立北周,独孤信被晋封为卫国公,食邑一万户,其政治待遇达到了人生顶峰。

但物极必衰。就在当年,柱国大将军赵贵不满宇文护擅权,密谋将其杀害。事情败露后,赵贵遭诛,而独孤信则以同谋罪被免职。宇文护鉴于独孤信的声望和影响,没有公开为其定罪,只令其在家中自尽,时年五十五岁。

独孤信虽然被迫自杀,但他的影响力还远未结束。他本人倜傥俊逸,其女儿也都出落得如花似玉,才貌双全。他的长女独孤氏为宇文泰的庶长子宇文毓的正妻,就在独孤信去世的当年9月,宇文毓取代宇文觉,成为北周的第二任皇帝,独孤氏也被尊为明敬皇后(宇文毓为周明帝);第四女独孤氏嫁给柱国大将军李虎第三子李昞(昺),

生育李渊,而李渊就是后来的大唐王朝的开创者,即唐高祖,独孤氏也因此被追封为元贞皇后;第七女独孤伽罗则是西魏大将军杨忠嫡长子杨坚的夫人,杨坚最终打破南北分立局面,建立统一的大隋帝国,开创了"开皇之治",独孤伽罗与隋文帝杨坚并称为"二圣",谥号为"文献皇后"。

《周书》在评价独孤信时感慨道:"信长女,周明敬后;第四女,元贞皇后;第七女,隋文献后。周隋及皇家,三代皆为外戚,自古以来,未之有也。"

独孤信不仅"三代皆为外戚",更为重要的是,他的女儿女婿们,尤其是独孤伽罗与杨坚,独孤氏与李昞及其子孙李渊、李世民,通过努力,先后缔造了大隋、大唐王朝,为此后数百年的盛世文明做出贡献。独孤信也因此被誉为我国"古代第一岳父"。

第四章

# 任性的名字

**封**建王朝垮台后的民国早期,文人们比较生猛,刘文典就是其一。刘先生字叔雅,为北大著名教授。在他任国立安徽大学校长的 1929 年,安徽爆发学潮,国民政府首脑蒋介石很生气。刘文典校长前去说明情况时,蒋介石趾高气扬地当面质问道:"你是刘文典吗?"

倘在西方,傲慢的刘教授或许会回答说"刘文典是我的名字",就像莎士比亚笔下的夏洛克(见《威尼斯商人》),在"律师"鲍西娅问道"你的名字就叫夏洛克吗",他的回答是"夏洛克是我的名字"。

但是,饱学的东方名士刘文典先生却更加桀骜地回答道:"我字叔雅,文典只是父母长辈叫的,不是随便哪个人叫的!"令正在势头上的蒋大人十分震怒,刘文典当天便遭到羁押。

事实上,刘文典教授讲的没有错。在新中国成立之前漫长的旧社会,人的姓名的确非常重要,非常讲究,只有在重要场合才尊呼其"名",一般交往则直呼其"字"。比如曹操,私下里最好叫他"曹孟德",而不可直接唤其名"曹操"。

但在南北朝这个特殊时期,情况就大为不同,贵为天子的帝皇们在命名时就更加任性,更加讲究。从这些另类的名字中,似乎就可以窥见其价值取向,甚或前途命运。

# 从儒雅的"曹操"到粗犷的"杨大眼"

从汉语层面上解释,曹操的"操"既可作动词"掌握""操练"等之意,亦可作名词"品行""操守"等之意。所以说,汉代大丞相的名字是富有深意的。

其实,最初人们之所以起名,不过是为了夜晚看不清面目时,供人识别的个人符号而已。有了名字,芸芸众生才得以区分。孔子说:"名不正,则言不顺;言不顺,则事不成。"有"名"之后还不行,因为"名"字容易重复,于是又出现了"姓"和"氏"。传说中,伏羲氏姓"风",黄帝姓"姬",炎帝姓"姜",尧帝被称为"陶唐氏","姚、妫"是舜帝的姓氏,"姒、姓"为大禹的姓氏。周朝建国后,大封诸侯国,"嬴""芈"则分别为秦国和赵国的姓氏。而后来,随着人口的增多和文化的兴起,姓氏越来越多,有的以国号为姓,比如蔡、韩、赵、魏等;有的以官名为姓,比如上官、司徒、司马等;有的以爵位或身份为姓,比如王、侯、公孙等等。

在此基础上,历史上还逐步形成了以血缘关系为纽带的庞大姓氏家族,最有名的当数"五姓七族":即陇西李氏和赵郡李氏,前者如老子李耳、"飞将军"李广、唐皇李渊等,后者如秦太傅李玑及其子李牧等；太原王氏和琅琊王氏，前者如传奇将领王玄谟，著名诗人王瀚、王维、王昌龄、王之涣等人，后者则为东晋、南朝顶级门阀士族，诸如王导、王羲之等等，可谓"王与马，共天下"；弘农杨氏，如"西晋三杨"（杨骏、杨珧、杨济）以及宋代的杨家将；陈郡谢氏，以谢安为首的皇朝重臣，以谢灵运为代表的文学大家等；兰陵萧氏，南朝齐梁两朝国君以及诸多名士代代相传，史称该家族"名德相望，与唐盛衰。世家之盛，古未有也"。其他还有清河崔氏、荥阳郑氏、范阳卢氏、太原温氏等等，成为引领时代发展的豪门士族。

姓名的出现与当时的文化和价值取向息息相关。汉代时期，儒术独尊，所以人们起名时好用"德、仁、义、忠、孝、礼"等为"字"，仅"德"字在《三国志》中就有刘备刘玄德、张飞张翼德、曹操曹孟德等。同时民间还因追求健康长寿而取名为"去病、延年、寿昌"等，比如著名武将霍去病。魏晋时期，道教盛行，人们则喜爱以"道、玄、真、元"等为字，比如张道陵、檀道济、桓玄、谢玄等。而张道陵开创的"五斗米道"教派在汉末以及魏晋南北朝时期一直在民间流传，其道派的标志即为"之"，再加上"之"字不受避讳限制，所以名"之"者甚多，著名的比如书法家王羲之、王献之父子，数学家祖冲之、祖暅之父子。据不完全统计，仅《宋书》中记录以"之"为名的就多达七十七人。

南北朝时期，北魏不断南下，特别是孝文帝迁都洛阳后，南北空前融合，鲜卑、匈奴、羯、氐、羌等族逐步汉化，移风易俗，接受中原文化，孝文帝拓跋宏带头改姓为"元"，在他的带领下，其他各族也都纷纷改为汉姓汉名。

但是，汉族的"名"也有讲究。东晋南北朝之前，人们起名多用单字。《三国志》中的主人公几乎全是单字，比如曹操、刘备、孙权、诸葛亮、公孙瓒、张飞、许褚、邓艾、华佗等等,都是"姓"(包括复姓)加"名"。就连《水浒传》中的主人公,绝大多数也都是单字,比如一百零八将中的三十六"天罡星",只有"玉麒麟"卢俊义、"立地太岁"阮小二和"活阎罗"阮小七等三人用双字("鲁智深"其实叫"鲁达","智深"是其法号);七十二"地煞星"中也只有"地雄星"郝思文、"地奇星"单廷珪、"地猛星"魏定国、"地理星"陶宗旺、"地巧星"金大坚、"地异星"郑天寿、"地速星"丁得孙、"地狗星"段景住等十几人用双字。

事实上,东晋中后期之后,或因避免过多重复,或因排辈需要,人们起名时就已经开始尝试使用双字(除复姓外,极少用多字),比如王羲之、谢灵运、刘义隆、司马道子等等,但使用单字的情况还比较普遍。

南北朝时期,北方少数民族最开始改用汉姓汉名时,不像汉族人那样注重名字的文化涵养,但是,作为一种时尚和个性符号的需要,还是很卖力地使用汉姓汉名。最有名、最富有情调、最生动形象的当数"杨大眼""傅竖眼""闾大肥"等等。

杨大眼是氐族人,骁勇善战,为北魏孝文帝、宣武帝时的著名悍将,常令对手闻风丧胆。据《魏书》记载,有人曾质疑他的眼睛大小,当面讥讽道:"以前听说您的大名,本来以为您的眼睛大如车轮,今天一见,不过稍大一些罢了。"杨大眼一听,怒目道:"您说的只在平时,一旦打仗上战场,两军旗鼓相对,我杨某怒目圆睁,足以使您目不敢视,又何必非要大如车轮!"令对方肃然起敬。《魏书》评价曰:"当世推其骁果,皆以为关(羽)张(飞)弗之过也。"可见,"杨大眼"果然名不虚传。

# 南朝宋:三个同音字,四代皇帝缘

南朝第一个王朝宋(420—479 年),历史上又称作水宋、刘宋,以区别于赵匡胤建立的宋(960—1279 年)。虽然只有半个多世纪,但已经是南朝存在时间最长的王朝。南朝宋的开创者刘裕与汉代第一位皇帝刘邦有诸多相同之处,他们都出身低微,均气象非凡,史书中都绘声绘色记载了他们早年斩蛇、射蛇的故事,以预示其称帝的气度与"异志"。

按照流传至今的家谱来算,刘裕应该为"道"字辈,他有两个弟弟:刘道邻(怜)、刘道规。他们的儿子则为"义"字辈,刘道规因为没有儿子,大哥刘裕的儿子刘义隆、弟弟刘道邻的儿子刘义庆都曾过继到他的名下。刘义隆后来因为"礼无二继",又回到父亲刘裕膝下,成为"元嘉之治"的明君,而刘义庆则因编著《世说新语》《幽明录》等而蜚声文坛。

刘裕为何没有以"道"字取名,而直接唤"裕"呢? 按照汉语的解释,"裕"字从"衤",从"谷",左为衣,右为谷,含有富足、从容之意,而衣食无虞正是普通百姓的理想愿景。他有一个小名叫"寄奴",文人们常津津乐道,比如宋代词人辛弃疾:"斜阳草树,寻常巷陌,人道'寄

奴'曾住。想当年,金戈铁马,气吞万里如虎。"元朝大家吴师道:
"'寄奴'千载心争雄,登高把酒临秋风。"民国初年章炳麟先生更是
将刘裕与朱元璋并称,指出:"雪中原之涂炭,光先人之令闻,寄奴、元
璋之绩,知其不远。"

　　刘裕在动荡纷乱的东晋末年,依靠自己的奋斗,不仅解决了温饱
问题,而且从带领"北府军"起家,南征北战,东拼西杀,一路风尘一路
歌,先稳定东晋残局,再造刘宋河山,其声势"震惊旃裘之心,发舒华
夏之气",其声威"四海归美,朝野推崇",成为"定乱代兴之君",号称
"南朝第一帝"。

　　刘裕建立的宋朝不论是疆域、综合国力,还是统治时间,在南朝
宋齐梁陈四个朝代中均首屈一指。可惜的是,他残酷杀害前朝遗老
遗少的作风被其继任者发扬光大,子孙中间相互争斗残杀,在经历了
"元嘉之治"的繁荣局面后,刘宋政权很快陷入孤立,仅五十余载便轰
然倒塌。

　　整个刘宋王朝一共诞生了四代十位皇帝。按照辈分和时间顺
序:第一代刘裕,仅两年;第二代刘义符(刘裕长子)、刘义隆(刘裕第
三子),约三十年;第三代刘劭(刘义隆长子)、刘骏(刘义隆三子)、刘
彧(刘义隆第十一子),共计约二十年;第四代刘子业(刘骏长子)、刘
子勋(刘骏第三子)、刘昱(刘彧长子)、刘准(刘彧第三子),共约八
年。具体如下表。

| 姓名 | 字(号) | 时间 | 年号 | 辈分 |
|---|---|---|---|---|
| 武帝刘裕 | 德舆(寄奴) | 420—422 | 永初 | 第一代 |
| 少帝刘义符 | 车兵 | 423—424 | 景平 | 第二代 |

| 姓名 | 字(号) | 时间 | 年号 | 辈分 |
|------|--------|------|------|------|
| 文帝刘义隆 | 义隆(车儿) | 424—453 | 元嘉 | 第二代 |
| 刘劭 | 休远 | 453(72天) | 太初 | 第三代 |
| 孝武帝刘骏 | 休龙(道民) | 454—464 | 孝建、大明 | 第三代 |
| 刘子业 | 法师 | 465 | 永光、景和 | 第四代 |
| 刘子勋 | 孝德 | 465—466 | 义嘉 | 第三代 |
| 明帝刘彧 | 休炳(荣期) | 465—472 | 泰始、泰豫 | 第三代 |
| 刘昱 | 德融(慧震) | 473—477 | 元徽 | 第四代 |
| 顺帝刘準 | 仲谋(智观) | 477—479 | 昇明 | 第四代 |

刘裕建立的刘宋王朝,虽然为传统汉族政权的延续,但其继任子孙不乏昏聩乱伦之辈:刘劭弑父称孤,刘骏滥杀宗室,刘子业荒淫无度,刘彧更是不分内外,亲近宗族或功臣名将,只要觉得对其统治不利的,一律格杀勿论,其子刘昱也凶狠残暴。刘宋王朝最终倒在自己宗族的血泊中。

富有意味的是,刘裕家族四代中,有三位名字同音:开国皇帝刘裕的"裕"、明帝刘彧的"彧"、后废帝刘昱的"昱"。"彧"和"昱"在汉语中均为褒义字,"彧"为繁茂、富有文采之意,"昱"则为日光、照耀之意,此二字直到今天仍被作为人名的常用字。但在讲究"避讳"的古代,使用同音字的情况非常少见。更难以置信的是,刘裕与刘昱不仅"名"同音,相差三代的皇族宗亲,其"字"也相同:刘裕字"德舆"、刘昱字"德融"。

从年号上来看,四代皇帝中也不乏重字。比如武帝刘裕的"永初"与刘劭的"太初"、刘子业的"永光",少帝刘义符的"景平"与前废帝刘子业的"景和",文帝刘义隆的"元嘉"与刘昱的"元徽",孝武帝刘骏的"大明"与顺帝刘準的"昇明"等。

《世说新语》中有这样一个故事:晋代有位叫阮修(阮瞻)的学者很是圆滑,一次太尉王衍请教他说:"老庄的道教与孔孟的儒教有什么异同?"阮修含含糊糊地回答说:"将无同(莫非相同)?"这句其实并未正面回答的"回答",在讲究玄学的时代却颇受吹捧,太尉对其"回答"极为满意,马上提拔他为"太尉掾"。因为阮修原话中只有"将无同"三个字,所以阮修的"太尉掾"官衔又被人讥讽为"三语掾"。唐代诗人、画家刘商诗中就有"可怜三语掾,长作九泉灰"的句子。

仅三个字就能升官,可见那个时代的轻浮。记录这个故事的刘义庆先生正是刘宋王朝的宗亲:他的父亲刘道邻乃刘裕之弟也。可惜的是,刘义庆去世时,刘彧尚小,他更不可能知道他下面还有一位叫"刘昱"的孙子辈皇帝了。

# 南齐萧道成:"日""金"做伴仍遭劫难

公元 479 年,刘宋王朝大将萧道成先生在逼迫由他扶植的最后一位皇帝,即宋顺帝刘準禅位于他时,本来可以直接取代刘氏皇位之"正统",不必再经过烦琐程序去更换"门庭",但他不愿新酒装旧瓶,执意将刘宋王朝更名为"齐"。"齐"为他的封地,他在击败刘氏家族叛乱、废杀刘昱后,即被刘準封为"齐王"。更为重要的是,当时民间有谶语曰:金刀利刃齐刈之。所谓"金刀利刃"就是繁体"刘"(劉)字,而"刈"即割除之意,也就是说,"齐"将取代"刘",萧道成创建大齐政权,正是"天意"。

可惜的是,萧道成苦心孤诣创建的齐朝并未长久,在南朝宋齐梁陈四个朝代中,齐最短暂,只有区区二十三年。

更为可惜的是,萧道成仅与其长子萧赜分享到了十几年皇帝的尊崇,其孙子萧昭业、萧昭文在皇位上诚惶诚恐地坐了不足一年便遗憾落幕。剩下的时间,全被他曾抚养的侄子萧鸾掌控。

南齐政权统治者具体如下表。

| 姓名 | 谥号 | 年号 | 时间 | 备注 |
|------|------|------|------|------|
| 萧道成 | 高帝 | 建元 | 479—482 | 第一代 |
| 萧赜 | 武帝 | 永明 | 483—493 | 第二代 |
| 萧昭业 | 鬱林王 | 隆昌 | 494 | 第三代<br>(实为家族第四代) |
| 萧昭文 | 海陵王 | 延兴 | 494(74天) | 第三代<br>(实为家族第四代) |
| 萧鸾 | 明帝 | 建武,<br>永泰 | 494—498 | 第二代 |
| 萧宝卷 | 东昏侯 | 永元 | 499—501 | 第三代 |
| 萧宝融 | 和帝 | 中兴 | 501—502 | 第三代 |

最为痛惜的是,萧道成的十九个儿子、长子萧赜的二十三个儿子,除正常死亡外,几乎全部为侄儿萧鸾杀害,而少年丧父的萧鸾正是在他的抚育和培养下,逐步成长起来的。而滥杀叔父亲族以维系自己子嗣皇位的萧鸾也没有好下场,在他死后,其子萧宝卷为宦官所杀,和帝萧宝融被迫禅位于萧衍,萧宝融以及其他兄弟也均被萧衍杀害。

南齐政权其实灭亡于亲族之间的相互残杀之中。

这是精明的萧道成所始料未及的悲剧。

萧道成所在的兰陵(今山东省临沂市兰陵县)萧氏,为我国古代著名豪门士族,最早可以上溯到西汉开国功臣、丞相萧何,萧道成也自称为萧何第二十四世孙,而南梁的开国皇帝萧衍则为萧何的第二十五世孙。萧道成一共弟兄三人:大哥萧道度膝下无子,二哥萧道生即明帝萧鸾的父亲。按照族谱,他们应该为"道"字辈,他们的儿子则为"宣"字辈,但到了第三代却发生了变化:萧赜的儿子为"子"字辈,比如萧子良、萧子卿、萧子响等等,唯一不以"子"命名的长子萧长懋本来为皇帝继承人,却英年早逝;而萧鸾的儿子则均为"宝"字辈,比如长子萧宝义、次子萧宝卷、六子萧宝夤、八子萧宝融等等。

或许与辈分错乱有些许关系,南齐政权传到第三代时即发生了改变:武帝萧赜死后,他的孙子萧昭业、萧昭文均被萧鸾废杀,萧鸾取而代之后,南齐政权从此为萧鸾及其"宝"字辈儿子篡夺。

或许萧道成早就对子孙们的后事有所担忧,这位身经百战的武将在为儿子们命名时却十分文雅,特别讲究。刘宋王朝元嘉十七年(即440年),长子萧赜出生时,萧道成刚刚随父亲萧承之参军驻防;元嘉二十一年(即444年),萧道成领兵北伐,次子萧嶷出生。那时的萧道成远未出道,还属于刘宋王朝的低级将领,能够以较为生僻而玄奥的"赜""嶷"字为儿子命名,足见其对后代的重视与期望。"赜"为深幽玄妙之意,而"嶷"则可引申为高尚聪慧,《史记·五帝本纪》中即有"其德嶷嶷"之句。萧道成本人可能没有太大学问,但他身边有不少文人,尤其在其而立之年后,随着地位的提高,影响力的增大,其"文气"自然上升。于是,自第三个儿子诞生后的孝武帝大明二年(458年),已过三旬的萧道成立刻为三子命名为"萧映",字"宣光"。此后,其第四、五、六子诞生后,也相继以"日"旁命名,分别为"萧晃""萧晔""萧暠",均含有光芒四射之意。

在宋明帝刘彧泰始三年即467年第七个儿子诞生时,萧道成已经晋升为大将军,督兖、青、冀三州事务,其第七子则被命名为"萧锵",取"铿锵有力"之意。直到最后一个儿子,即第十九子出生,均被命名为"金"字旁汉字名,分别为铄、鉴、钧、锋、锐、铿、铢、铉。而在萧铢和萧铉诞生时,萧道成已经是堂堂大齐政权的天子了。

萧道成夫人众多,仅史料记载的皇后及后妃(包括妃、嫔、修仪、修容、贵人、淑嫔、贵人、美人)就有十人,共为其生下十九个儿子。其中第九子、第十三子、第十四子、第十七子早夭,未及命名,实际成活长成的共计十五子。在这十五个儿子当中,长子萧赜顺利继皇帝位(即齐武帝),开创"永明之治"十余年辉煌,驾崩时五十四岁;次子萧嶷在大哥齐武帝麾下任大司马、中书监等职,在大哥驾崩前一年即去世,时年四十九岁;第十子萧鉴则去世得更早,永明九年即离开人世;而其以"日"命名的四个儿子萧映、萧晃、萧晔、萧暠均英年早逝,寿辰分别为三十二岁、三十一岁、二十八岁、二十四岁。

史料上并未记载这些"王子"早逝的具体原因,我们很难武断地将他们的死与当权者,抑或齐武帝联系起来,而且他们死后,都得到了皇兄的"追赠",而他们之外的弟兄们可就没有那么"幸运"了:八位"金"字招牌"护卫"的弟兄全部被南齐政权的取代者萧鸾无辜戕害。

以下为萧道成儿子的具体"年"表。

| 姓名(排行) | 字(号) | 王位 | 年龄 | 备注 |
|---|---|---|---|---|
| 萧赜(长子) | 宣远 | 齐武帝 | 54 | |
| 萧嶷(次子) | 宣俨 | 豫章文献王 | 49 | |
| 萧映(三子) | 宣光 | 临川献王 | 32 | |
| 萧晃(四子) | 宣明(白象) | 长沙威王 | 31 | |
| 萧晔(五子) | 宣照(通明) | 武陵昭王 | 28 | |

| 姓名(排行) | 字(号) | 王位 | 年龄 | 备注 |
|---|---|---|---|---|
| 萧暠(六子) | 宣曜 | 安成恭王 | 24 | 另有第九子、十三子、十四子、十七子因早夭,未命名,萧道成实际传十五子。其中八位为萧鸾杀害。 |
| 萧锵(七子) | 宣韶 | 鄱阳王 | 26 | |
| 萧铄(八子) | 宣朗 | 桂阳王 | 25 | |
| 萧鉴(十子) | 宣彻 | 始兴简王 | 21 | |
| 萧钧(十一子) | 宣礼 | 衡阳王 | 21 | |
| 萧锋(十二子) | 宣颖 | 江夏王 | 20 | |
| 萧锐(十五子) | 宣毅 | 南平王 | 19 | |
| 萧铿(十六子) | 宣严 | 宜都王 | 18 | |
| 萧铄(十八子) | 宣攸 | 晋熙王 | 16 | |
| 萧铉(十九子) | 宣胤 | 河东王 | 19 | |

在农耕时代和冷兵器时代,金属制品无论在田间耕作或者战场打仗,都具有绝对的优势。我们不清楚玄学盛行的时代里,萧道成是否也有"迷信"思想,但他将自己的九个儿子都以"金"命名,略可窥见其对家族的殷切"期许"。

萧道成将自己缔造的皇朝命名为"齐",试图以民间谶语"金刀利刃齐刘之"来"圆场",顺利取代了"刘",仅十五年后"齐"的江山即被侄子萧鸾篡夺,其存世的八个以"金"打造的儿子,全部被萧鸾杀害,最小的仅十六岁,最大的也只有二十六岁,正是人生最耀眼的青春年华。而萧道成的孙子,齐武帝萧赜的二十三个儿子当中,除萧长懋、萧子良和四个早夭的外,也全部死于萧鸾的屠刀之下,最小的南郡王萧子夏只有七岁。

但是,挥舞屠刀的萧鸾也并未善终,他四十七岁时即壮年而崩,他存世的九个儿子当中,只有长子萧宝义、五子萧宝源正常死亡,第三子萧宝玄被二哥萧宝卷杀害,其余包括萧宝卷、萧宝融两位皇帝在内的全部子嗣均被南梁开创者萧衍杀害,而萧衍与萧道成则同为兰陵萧氏宗亲,萧衍为萧道成的远房侄儿,萧鸾与萧衍则为远房堂兄弟。

# 南梁萧衍：八个"丝"儿不"拔丝"

最近有一个热词，叫作"拔丝吻"，很黏、很热烈。

老郑州在描述人与人之间的关系时，常用一个俗语，叫作"拔丝（儿）"，意思是很铁、很过硬。

拔丝其实是一种烹饪方法，就是将糖熬成能拔出丝来的糖液，然后裹在炸好的食物上，比如年轻人喜爱的拔丝苹果、拔丝山药、拔丝红薯、拔丝金枣、拔丝地瓜、拔丝鲜桃等等。

可见，无论食物，或者关系，抑或生动形象的"拔丝吻"，都可以用"丝"来形容。中国人对"丝"有着独特的情感。原产于中国的丝绸，多年来一直是上到天子下到百姓的垂青之物，象征着富贵和奢华，同样受到西方的吹捧，陆海丝绸之路自汉唐即已开辟，如今的"一带一路"更是在联通中外、惠及世界的贸易中焕发出光鲜异彩。

山东是拔丝菜的发祥地和孔子故里，山东籍的豪门士族兰陵萧氏早在南北朝时期就特别关注"丝"，尤其是南梁开创者、著名文学家梁武帝萧衍。信佛的萧衍有一个小名，叫"练儿"。此名出自佛经，全称为"阿练若"或"阿兰若"，意为"寂静处、无诤地、禅定之所"。他膝下一共有八个儿子，均以"丝"命名，分别为萧统、萧综（缵）、萧纲、萧绩、萧续、萧纶、萧绎、萧纪。

八子的"字"中,"统""纲""纪"最为霸气,"综""绎""纶"最富想象力,"绩""续"则直接表明父亲萧衍对萧梁江山社稷的美好祝愿。如果将这些字合在一起,很容易让人联想到小时候悬挂在中堂上的对联:祀祖礼神祈福禄,维纲绍纪统经纶(或为"维纲缵绪绍经纶")。上联的意思很明显,就是祈福(祭祀先祖、礼奉神明、祈求福禄),下联则是希望后代能够继承祖上传统美德,不断提升政治才能和地位,光耀门庭。其中的"维""绍(缵)""统"均为动词,维护、继承、统领之意,而"纲""纪(绪)""经(纶)"则为名词,法度、规范、能力(治国理政)之意。这副对联比起"天高地厚君恩重,祖德宗功师范长"之类,更为含蓄文雅,更符合满腹才学、志向高远的萧衍的胸臆。

萧衍用八个带"丝"的字,为儿子命名,充分彰显了他对后代的祈福与期盼。仅从其儿子的作为上来看,基本达到了他的愿景:政治上八个儿子全部封王,萧纲、萧纪、萧绎先后称帝;文学上,萧统、萧纲、萧绎更为突出,与父亲萧衍并称文坛"四萧",成就远超汉魏的"三曹",萧统的《昭明文选》、萧纲的"宫体诗"、萧绎的《金楼子》都是蜚声文坛的鸿篇巨制。

但是,可惜的是,这些以"丝"命名的王爷之间并不"拔丝儿",他们与父亲的关系也很不融洽。

最恨父亲的莫过于次子萧综。此君本为前朝皇帝萧宝卷(东昏侯)的遗腹子,萧衍篡位后,将前朝后宫中年轻美貌的吴淑妃(吴景晖)纳入自己名下,当时她已经怀孕,所生就是后来的萧综。萧综长大得知自己的身世后,将其任职的徐州府周围的楝树全部砍伐掉,以发泄对"练儿"(即萧衍)的不满。后来,他还主动逃离南梁,投奔北魏,潦倒而终。

长子萧统也与父亲多有嫌隙。萧统一岁多就被立为太子,是嫡传皇位继承人。可惜的是,父亲太高寿了,年过花甲仍然健硕,而作为太子的萧统与父亲相差三十八岁,眼看自己已经成年,但接班之日却遥遥无期。可能正是这个缘故,才导致皇帝和太子这两个权力中心之间的猜忌与矛盾。普通七年即526年,萧统母亲去世时,两者在好事者的挑唆下,矛盾终于爆发。当时,萧统为母亲(丁光令)选了一块墓地,但父亲手下一位叫俞三副的太监为了营利,就为丁氏另选了一块,最终安葬于此。但风水先生说,此墓地对太子不利,破解之法就是要在母亲墓地旁埋下腊鹅等物,俗称"厌祷"。晚年多疑的梁武帝得知后,在属下的鼓捣下,虽然没有废黜儿子的太子地位,但父子间渐生嫌隙。

此后,萧统专心编纂《昭明文选》,这部文选成为我国最早的一部诗文总集,也是我国第一部按文学和非文学界限划分的文学总集,成就了萧纲在我国古代文坛上的不朽美名。

仅五年后,他在后花园池苑中游玩时,不幸落水受伤,不久便撒手人寰,年仅三十一岁。

就在萧统去世的当年,逃亡北魏的弟弟萧综也在"河阴之变"后病殁。早在529年,他们的弟弟、南康郡王萧绩便在护军将军的位置上去世,年仅二十五岁。

而在昭明太子萧统去世十九年后,八十六岁的萧衍才在"侯景之乱"中被活活饿死。

倘不是狡猾的侯景投机添乱,搞政治讹诈,或许萧衍会活得更久。这实在令其健在的儿子们头疼。好在他的第五子，勇力过人的庐陵郡王萧绩也不长寿，就在侯景作乱前的太清元年即547年病亡，萧家似乎又少了一位争权夺利者。

但是，即使八个弟兄少了四位，其余四位也并不"拔丝"。相反，在父亲遭遇乱局后，他们以及他们数字庞大的子嗣们均阳奉阴违，虽然接到朝廷十万火急的护驾"勤王"诏令，但都行动迟缓，边打边观望，只打自己的小算盘，不打江山社稷的大算盘。

关键时刻，萧衍第六子萧纶冲了上去。当时他任南徐州刺史，离京师南京较近。梁武帝任命他为征讨大都督，并一再嘱咐他要做好长期作战的准备。但毫无作战经验的萧纶幻想速战速决，先拔头筹，建功立业，这正中了靠投机冒险发家的侯景之下怀，结果很快被乱党击溃，败逃湖北郢州，企图割据一方。但七弟萧绎早就作为湘东王，在那里称王称霸，岂容六哥坐大？萧绎于是派大将王僧辩出兵郢州，萧纶兵败后无处立身，只好北逃高齐，之后又辗转南下汝南，在那里遭遇西魏大将杨忠的攻击，结果城破被俘，不屈被杀，时年四十五岁。

是时，天寒地冻，正值简文帝萧纲大宝二年（551年）二月。

而萧纶之死，并未终结萧氏兄弟之间的乱局。

太清三年（549年）五月初二（6月12日），梁武帝萧衍在饥渴交加中驾崩，掌控局势和生杀予夺大权的侯景改立萧纲为帝，是为简文帝。但侯景为实际的"太上皇"，他逼娶萧纲的女儿溧阳公主为妻，横行霸道，连续胁迫简文帝外出"视察"西州；仅两年后，又将其废黜，并一连杀害包括皇太子萧大器、寻阳王萧大心、西阳王萧大钧、武宁王萧大威、建安王萧大球、义安王萧大昕以及寻阳王诸子二十余人；武断另立昭明太子萧纲之孙萧栋为帝，改元"天正"，并指使萧栋杀害了萧纲的另外几个儿子：南海王萧大临、南郡王萧大连、安陆王萧大春、新兴王萧大庄；仅三个月后，侯景再废萧栋，自立为帝，改国号为"汉"。

侯景在京师南京的祸害行径，招致天下人不齿和反抗。湘东王萧绎在父亲死后，马上雄心大振，举起"义"旗，于552年在湖北江陵称帝，是为梁元帝，以"承圣"为年号号令三军，派遣大将王僧辩、陈霸先前去围剿侯景，在侯景被攻灭后，他又令属下朱买臣将已经逊位的萧栋等人一并杀害。

早在萧绎称帝前，八弟萧纪就在儿子萧圆照和诸多属下的鼓噪下，于成都称帝，年号"天正"。萧纪作为武陵郡王和益州刺史，在"天府之国"经营多年，实力强劲。侯景作乱时，他也在等待观望，没有及时"勤王"。而当父亲死后，他蠢蠢欲动，调集大军准备东征。那时的他声势浩大，七哥萧绎主动写信让他留守益州，自己平乱，实际上是怕弟弟坐大。当他们先后称帝，侯景已不再是他们共同的敌人，于是便挥刀向内，大打出手。萧绎为了独霸江山，先对不听号令的侄子（萧统第三子）、时任河东王的萧詧动武，迫其北投西魏，然后集中力量对付八弟萧纪。但萧纪兵多将广，又有富庶的成都平原作保障，短时间内难以臣服。于是，萧绎又主动向西魏借兵，共讨萧纪。而西魏在宇文泰的经营下逐步强大，对南梁土地垂涎已久，萧绎的橄榄枝正中下怀，于是派大兵压境。在西魏军的帮助下，萧纪势力遭到全歼，其子萧圆照、萧圆正也被活活饿死。萧绎甚至将萧纪父子废除宗籍，改其姓为"饕餮"。

为了证明自己政权的合法性，他将年号改为"天正"，而这个年号早前就曾被萧栋、萧纪使用。"平乱"成功后，他又改回"承圣"年号。

弟弟死了,但萧绎并没有全部遂愿。南梁的大片沃野被西魏占据,而梁朝的正统都城南京仍未完全归附。这位喜好文艺、颇为自负的先生,虽然自高自大,但在政治上却明显缺乏洞察力和前瞻力,就像他那只自幼失明的眼睛。在他自认为剪灭了亲族大患,可以问鼎天下时,却因为急于收复失地,向西魏宇文泰政权发出咄咄信函,要求重新划界,给宇文泰及时出兵以借口。结果,西魏大将于谨、杨忠、宇文护等率五万兵马直捣江陵,萧绎被俘,投降西魏的侄子萧詧用土袋将其活活闷死。

至此,八个弟兄全部命丧黄泉。结局如下表。

| 姓名 | 字号 | 谥号 | 年龄 | 结局 |
|---|---|---|---|---|
| 萧统 | 德施(维摩) | 昭明(太子) | 31(501—531) | 英年早逝 |
| 萧综 | 德文(缘觉) |  | 30(502—531) | 逃亡途中逝 |
| 萧纲 | 世缵(六通) | 简文皇帝 | 49(503—551) | 被侯景杀害 |
| 萧绩 | 世谨 | 简王 | 25(504—529) | 将军任上逝 |
| 萧续 | 世? | 威王 | 44(504—547) | 病死 |
| 萧纶 | 世调(六真) | 壮武王 | 45(507—551) | 被西魏军杀 |
| 萧绎 | 世诚(七符) | 元(梁元帝) | 48(508—555) | 被侄子闷死 |
| 萧纪 | 世询 | 贞献 | 46(508—553) | 被部下杀害 |

萧衍一生聪慧,又恪守佛道,文史哲无所不通,修身治国平天下之道烂熟于心,对子女的要求不可谓不严,期望不可谓不高,但结果却贻笑天下。从天监元年(502年)建国,到太平二年(557年)亡国,南梁国祚一共五十六年,而他梁武帝本人就独霸四十八年(502—549年)。他称帝时,最大的儿子萧统才呱呱落地;在他终于驾崩时,最小

的儿子萧纪也已年过不惑。在其漫长的理家治国之道上,难道没有充分考虑子嗣们的感受和国家的长远发展需要吗？难道仅以"丝绸"命名就能让儿子们"拔丝"、颐养国祚吗？

# 北魏孝文帝元宏：七个"忄"子割天下

北魏孝文帝在历史上比较出名。他是鲜卑族，姓"拓跋"，名宏。因仰慕汉族文化，主动将姓改为"元"。他一共在位二十八年（471—499年），使用了三个年号：延兴（471—476年）、承明（476年）、太和（477—499年），其中"太和"为其推行民族融合新政的黄金时期，故此，其改革又被史家称为"太和改制"。

其实北魏的开创者拓跋珪从一开始就对中原文化情有独钟。公元386年，拓跋珪在牛川重建代国，定都盛乐，成为北魏历史的肇始。就在当年，拓跋珪改"代"为"魏"，自称"魏王"。经过十余年的征讨，在势力逐步强大之后的398年，他正式将国号改为"魏"，原因是："夫魏者，大名，神州之上国也。"早在东周时期，"魏"就是战国七雄之一，当时魏国都城大梁就是今天的开封，后来又有多个以"魏"命名的朝代，比如曹魏、冉魏、翟魏等等，其势力范围均属于"神州"中华文化的腹地，大致在今天的河南省北部、陕西省东部、山西省西南部和河北省南部一带。

拓跋珪以"魏"为国号，似乎要表明其中华文明的正统地位。事实上，北魏确是华夏历史文明的重要组成部分，与南朝的宋齐梁陈并称为南北朝。特别是孝文帝推行汉化改革,直接将都城从平城(今山西大同)迁至洛阳,汉服、汉语、汉文化在少数民族中间日益盛行,民族融合进程大大加速。

拓跋(元)宏为北魏第七位皇帝。他虽然在位时间很长,但实际亲政时间却不到十年。他的父亲献文帝拓跋弘与他的嫡祖母文明冯太后之间有矛盾,原因之一是文明冯太后生活不检点,绯闻较多,而冯太后最宠爱的美男子李奕被拓跋弘杀害。拓跋弘在嫡母的强大压力下,遂于471年传位于年仅五岁的太子拓跋宏,但母子二人的矛盾已不可调和,仅五年后作为太上皇的拓跋弘即暴毙,时人皆以为是被冯太后毒杀。此后,冯太后再次临朝听政,直到490年去世,元宏才真正当家。

冯太后虽然有些好色,但是在国家治理上很有一套。她在丈夫文成帝拓跋濬去世后,面临新主拓跋弘年幼、权臣乙浑等强势擅权的不利形势,果断出击,化解了危机。在拓跋弘驾崩后,又是在她的主导下,年幼的孝文帝才坐稳江山,并逐步成长成熟起来。而当时的北魏还面临来自各地的反叛的压力。据统计,仅从孝文帝即位的延兴元年至太和四年(471—480年)的十年之中,有史可考的各地暴动、反叛事件就达二十几起之多,多亏了有她这位杰出的政治家,北魏政权才不断摆脱动荡危机。尤为重要的是,作为北燕皇族后裔,她在治国理政时,还极力倡导汉族文化,正是在她的引导和助推下,"太和改制"才得以成功推行。

冯太后甚至亲自为嫡孙元宏的儿子起汉名。太和六年即482年,元宏的第一个儿子诞生,按照北魏"子贵母死"的陋俗,其生母被赐死,而作为曾祖母的冯太后主动承担起抚养责任。四年后的486

年,冯太后亲自为这个孩子取名为"恂",字"元道",并大赦天下,以示重视和祝贺。

而那时的孝文帝尚未改姓为"元",仍为鲜卑姓"拓跋"。在他亲政后,即身先士卒实施汉化改革,自己改姓为"元",他的六个弟弟也分别起汉名为:元禧、元干、元雍、元羽、元勰、元详。

孝文帝年轻有为,壮年而崩,去世时方才三十三岁。他在临终时仍然心怀"仰光七庙,俯济苍生"之志。或许是受冯太后的深刻影响,或许因为对"心"有特殊的情感,他的另外六个儿子也均以"忄"命名,分别为:恪、愉、怿、怀、悦、恌。他们均出生于太和年间,其中最小的元恌未及封王即夭折。

从汉语语义上讲,"恌"(tiāo),古同"佻",轻薄、轻佻之意,或读yáo,中性词"情理"之意。"恂"(xún)本义为相信、诚实,如恂谨,又可引申为担忧、惶恐,如恂惧。老大元恂与老小元恌寿命最短,分别为十五岁、七岁。"恪"为恭敬、谨慎之意,元恪在太子元恂被废后成功加冕,成为北魏第八位皇帝,即宣武帝。老五元怀的"怀"字用意最广,比如思念、包藏、安抚、归向等等,而他在而立之年便去世,史书上对他的记载非常少,《北史》中仅有三十五字,其他史籍则更是惜墨如金。

其他三位兄弟,元愉之"愉"、元怿之"怿"、元悦之"悦"均有快乐高兴之意,"怿悦""怡悦""愉怿"则为汉语常用词语。

孟子曾曰:心之官则思,思则得之,不思则不得也。意思是,作为人的思维器官,心的功能巨大,在思考中占主导地位。我们不去讨论"心"与"大脑"在"思考力"方面的功能划分,至少不可低估"心"对人本身生存发展的巨大作用。元宏七个儿子均以"忄"命名,足可窥见他对子嗣的良苦用心。

七个兄弟中间，元恪（483—515年）的功绩最大。北魏发展到他这一代，社会矛盾日益加剧，内忧外患不断。从父亲手中接过接力棒之时，他仅仅十六岁。但他秉持对辅臣"恭敬"、对事业"严谨"的态度和作风，稳居皇位长达十七年之久。在位期间，他扩充首都洛阳城建设，巩固父亲的汉化成果；南伐萧齐，北击柔然，北魏疆域大大拓展，国势盛极一时。其为人恢宏大度，雅性检素，"喜怒不形于色"。魏收在《魏书》中评价他说："善风仪，美容貌，临朝渊默，端严若神，有君人之量矣。"

比起二弟来，老大元恂（482—497年）则悲剧得多。这位法定继承人，十一岁便被封为太子，四年之后即饮鸩而死。这位少爷的悲剧其实源于他对鲜卑旧俗的依恋和对新生活的厌恶。他身体肥硕，习惯了平城山脚下的凉爽气候，来到河南洛阳后非常讨厌这里夏季的酷热、礼仪的烦琐，常常穿着胡服思念故乡的粗犷与自然。父亲对他的期望很高，约束甚严，这没有增加他对未来的信心与渴望，反而让他倍感煎熬。对于属官（中庶子）高道悦的劝说，他极为反感。太和二十年（496年），在父亲离开京师前往嵩山时，他本来受命留守金墉城主持京师事务，但他杀害高道悦，密谋逃回平城。此举被告到父亲孝文帝那里后，孝文帝打断臣子的劝谏，不仅狠狠打了他一百大棒，还以"大义灭亲"之故事，废黜其太子地位，囚禁在京师之外的河阳（今河南省孟州市）。仅一年之后，时刻处于恂惧恐慌中的他，就在李彪等宠臣的构陷告密声中，以"谋反罪"被处自尽，饮鸩而亡。

早在元恂十三四岁时，按照古代惯例，应该到了可以婚娶的年龄。父亲元宏也为他选好了对象，准备以司徒冯诞的长女为妻，还为他选了两位侧室。因前者年龄太小,只做备用,后两者则适宜同房。但当权的大臣崔光却说:"太子还小,正是求学上进之时,不宜欢愉。孔子也曾说:血气未定,戒之在色呀。"孝文帝以为有道理,便不让元恂白天进入后宫。元恂死时,也不曾留下子嗣。

相比老大的单纯与清苦,四弟元怿(487—520年)最为风流,也最有才气。这位公子天资聪慧,容姿俊美,又博览群书,才华横溢。十岁时即被封为清河王。二哥元恪继位后,他被提拔为侍中、尚书仆射,累迁特进、左光禄大夫、司空公、太子太师。因为才貌双全,大权在握的叔父元勰也特别欣赏他,认为他"堪比二南",将来可以与历史上的周公、召公相媲美。宣武帝元恪后期,朝政受制于外戚高肇,国纲渐紊,国力日衰。高肇是宣武帝的舅父,权倾朝野,还不断制造事端,离间宣武帝兄弟之间关系,屡次诬陷元怿、元愉等,而彭城王元勰就是被他直接迫害残杀。对于高肇的野蛮行径,大臣们都碍于皇帝情面,不予多言,而元怿则趁着酒劲儿明确向宣武帝进言,希望他能够及时匡正谬误,惩治奸臣,不要使"明君失之于上,奸臣窃之于下"。但是宣武帝并未正面回应,笑而不答。

延昌四年即515年,宣武帝元恪去世,年仅六岁的太子元诩继位,是为孝明帝,宣武灵皇后胡氏临朝听政。胡氏作为太子元诩的生母,按照宫中惯例应该赐死,但宣武帝打破这一陋俗,留她一条生路。此女子非同一般,她武艺高强,尤善骑射,颇有大丈夫豪爽之气。在国家治理上也很有手段,处理奏章、考核官员均能够亲力亲为,果断处置,决断及时,一时间"朝纲肃整,百官膺伏"。《北史演义》形象地称她为"胡仙真"。

惺惺惜惺惺。多才多艺的胡太后很快便看上了风度神韵的元怿,常常借故将元怿引入后宫,两情相悦。但精力旺盛、欲壑难平的胡太后可不仅仅满足于元怿一人,她还私下里豢养了一批"面首",荒淫无节,绯闻纷纷。正光元年(520年),领军将军元乂联合侍中刘腾,在宣光殿发动政变,史称"宣光之变"。在该政变中,胡太后遭到囚禁,而元怿则在孝明帝的默许下,惨遭杀害。元怿本以为胡太后有情有义,实则只为逞一时之娱,后来胡太后咸鱼翻身,更加肆意作欢,而元怿早已命归黄泉。

与元怿的儒雅相比,三哥元愉(488—508年)则任性得多。此君九岁封王,并为拱卫京师的京兆郡王,同时任徐州刺史,由叔父元勰的高参卢渊辅助事务。499年父亲去世、二哥元恪继位后,他又先后被提拔为护军将军,拜中书监,任冀州刺史。因为他与二哥年龄相仿,宣武帝待他极好,两人早晚一同出入宫廷,皇帝在前,后面三弟元愉骑马跟随,相处甚密。但元愉骄横跋扈,又贪纵不法,常常借助地位和公权,在藩国内与弟弟元怀一起公然营私舞弊,社会影响恶劣。为此,宣武帝于正始三年即506年,诏令对其进行严查整治,结果处死三十多人,其余涉案者则一律削职为民,算是对两位兄弟的警醒。不仅如此,宣武帝还将元愉、元怿、元怀、元悦等兄弟集中起来,亲自为其讲授《孝经》,以提升其家国觉悟和个人修养。

但对于皇帝二哥的良苦用心,元愉却少有触动,仍旧我行我素。皇帝将皇后的妹妹于氏许配与他,但他并不领情,而是另有所属。还在徐州任刺史时,元愉在夜间无意中听到远处传来悦耳的歌声。循声找去,原来是一位名唤杨奥妃(婉瀯)的女子。从此,两人便打在一处,元愉回京时也将其带在身边,成为终身伉俪。为提高歌女杨氏的地位,元愉还将其过继到中郎将李恃显的名下做女儿,明媒正娶。来到元愉府上后,虽然受到皇后于氏的残酷打击,但始终改变不了他们的爱情,反而让他们更加执着。

元愉虚荣心很强,喜爱舞文弄墨,又与弟弟元怀逞强斗富,自己感觉不如兄弟们幸福如意,再加上爱妃受到排挤,皇兄外戚高肇更是挑拨离间,反复打压,最终逼迫他揭竿而起,分庭抗礼。公元508年(宣武帝永平元年)八月,元愉对外宣称接到清河王元怿密报,说高肇要杀宣武帝,以此为借口在冀州信都(今河北省衡水市冀州区)设坛祭天,自称皇帝,年号建平,封李氏夫人(即杨奥妃)为皇后,继而起兵谋反。元愉叛乱自立的理由很不充分,再加上自己声名狼藉,又毫无指挥才能,仅一个多月便被擒拿。北魏大将李平成功平乱后,将元愉夫妇及其四个儿子一同擒获并送往信都。朝廷官员都建议就地正法,但宣武帝不忍,下旨将其送至洛阳,以家法处置。

从信都到洛阳,一路走来,不仅走的是从"皇帝"到"囚徒"之路,更是从"王爷"到"乱臣贼子"的坎坷与可耻之路。个中艰辛,可想而知。但有夫人相伴,元愉多少获得些许安慰。途中,每到一处驿站歇息时,他总是深情地握紧夫人的小手,竭力表达爱意。临近洛阳,到达野王时,元愉终于停下沉重的脚步,无奈地说:"主上虽然仁慈厚道,可能会不忍心杀我,但我又有什么面目面见皇帝!"于是气绝身亡(或说被高肇派人杀害)。他的爱人杨奥妃也在产下遗腹女儿元明月之后被处死。

好在杨奥妃生育的四子一女后来都成为搅动北魏历史的人物。

如果说,元愉称帝还有一些被逼迫的成分在其中的话,那么,其六弟元悦的称帝举动则纯为投机。此君也很有才华,博览群书,并且爱好佛经,不近女色,名声较好,很早就受封汝南王。但他善于钻营,喜好政治。侄子孝明帝继位后，眼看自己的哥哥元怿被元义等杀害，他却毫无恨意，被提拔为侍中、太尉公。不久又依附于丞相元雍，升任太保。明帝死后，面对来势汹汹的尔朱荣叛乱，他则一走了之，与北海王元颢、临淮王元彧等一同投奔南梁。528年，元颢趁尔朱荣之乱、孝庄帝虚弱之机，在梁武帝大将陈庆之的护卫下杀回京师洛阳，上演了一场短暂的称帝闹剧，最终覆灭。而元悦并没有吸取元颢败亡的教训，反而伺机效仿起来。529年，他主动请缨，要求回国，得到梁武帝的许可。次年，他自称魏帝，改元"更兴"，兴冲冲杀回洛阳。但尚未进城，便得知尔朱兆已经劫掠京师，牢牢掌控了北魏局势，自觉无济于事，遂又逃回南梁。仅两年之后，北魏局势大变，军阀高欢击败尔朱氏，成为新的军阀统领。元悦瞅准时机，又折返洛阳。高欢本来想扶植元悦称帝，但鉴于他暴戾无常，只好另立元脩为帝，元脩则将野心不死的元悦果断杀害。

至此，孝文帝元宏的七个儿子均灰飞烟灭。具体见下表。

| 姓名 | 字号 | 地位（谥号） | 寿辰 | 结局 |
| --- | --- | --- | --- | --- |
| 元恂 | 元（宣）道 | 太子（被废） | 15（482—497） | 坐罪赐死 |
| 元恪 | | 宣武帝 | 33（483—515） | 病逝 |
| 元愉 | 宣德 | 临洮郡王（文景） | 21（488—508） | 为外戚高肇所杀 |
| 元怿 | 宣仁 | 清河王（文献） | 34（487—520） | 政变中遇害 |
| 元怀 | 宣义 | 广平王（武穆） | 30（488—517） | 病逝 |
| 元悦 | | 汝南王（文宣） | （？—532） | 被孝武帝杀害 |
| 元恌 | | | 7（494—500） | 夭折 |

从上表可以清楚地看出,崇尚汉文化的父亲元宏对诸子传承汉学的文化期望。不仅七个儿子均以"忄"命名,而且四个儿子的"字"连接起来,刚好是儒家经典理念"仁、义、道、德"。可惜的是,他们并不理解父亲的良苦用心,或无忠君爱民之道德,或无兄弟亲善之仁义,结局令人扼腕。

所幸的是,七位兄弟中间,四位的后代有效延续了北魏的统治。元恪的儿子元诩为孝明帝,元诩唯一的骨肉元姑娘也当了一天"女皇";元愉的儿子元宝炬后来在宇文泰的扶植下,成为西魏皇帝,孙子元钦也当了两三年傀儡皇帝,后被废黜,而另一孙子(长子元宝晖之子)元钊也当了几天皇帝,后被尔朱荣沉入黄河淹死;元怿的儿子元亶本来是高欢内定的皇帝,但高欢另立元亶的儿子元善见为帝,是为东魏孝静帝;元怀的儿子元脩,则最先被高欢看中,被立为帝,是为孝武帝,因其出奔宇文泰,又被称为"出帝",成为北魏历史上最后一位皇帝。

元怀的儿子元脩跑了,北魏因此而灭亡;元愉的儿子元宝炬、元怿的孙子元善见来了,分别成为大军阀宇文泰、高欢的傀儡,虽然名为西魏、东魏的堂堂皇帝,延续着拓跋氏的大魏江山,但那时的他们早已不是纵横天下的"天子"了。

联想到元宏"仰光七庙,俯济苍生"的心怀和志向,面对后来分崩离析的政局,其儿孙们又当作何感想呢?

# 北齐神武帝高欢:铁打的江山流"水"的儿

　　北齐政权的实际创建者,神武帝高欢(496—547 年),应该是整个北朝最传奇的人物。他出生时,周围充满"赤光紫气之异";他去世前恰好遇到日食,于是叹道:"日食为了我吗? 死亦何恨!"不久便死于晋阳家中,时年五十二岁。三年后,其子高洋废魏自立,建立北齐。

　　他本为汉人,因世代生活在北方,鲜卑化非常严重,历史学家陈寅恪先生称他为"鲜卑化汉人"。他一生非常忌惮汉族将士,有人认为他是纯正鲜卑人,甚至认为他系高丽俘虏的后裔。公元 546 年,他以十万之众围困西魏小小的玉璧城,连攻数月不下,又损兵七万,恰巧彼时又遇流星坠落于帐前,周围的驴子齐声嘶鸣,其胯下宝马受到惊吓,将高欢甩落,从此他急火攻心,一病不起。尽管如此,他依然聚众在大营内宴饮,亲自与大将斛律金合唱北方传统民歌《敕勒歌》:

　　　敕勒川,阴山下。天似穹庐,笼盖四野。天苍苍,野茫茫。风吹草低见牛羊。

　　他有勇有谋,几乎一生都在征战中。早年跟随杜洛周起义,后又追随葛荣,而杜洛周和葛荣均为北魏后期著名起义将领。最后,他投靠到实力强劲的尔朱荣麾下,正是在他的建议下,粗暴的尔朱荣才带兵杀进京师洛阳,炮制了骇人听闻的"河阴之变"。而在尔朱荣被诱杀后,他收编了六镇降兵,果断出兵,剪灭了有勇无谋的尔朱氏家族,成为独步北方的军阀将领。此后,他废杀北魏节闵帝元恭,另立元脩为帝,元脩出逃后,再立年仅十一岁的元善见为帝,建立东魏,前后专擅东魏政权长达十六年。

就在高欢于邺城建立东魏政权之后,另一军阀大亨宇文泰也在长安(今陕西西安)扶植元宝炬为帝,建立西魏。两大阵营也从此开启了新的争夺。从 535 年开始,两大军阀历经小关之战(535—537年)、沙苑之役(537 年)、河桥之战(538 年)、邙山之战(543 年)、玉璧之战(546 年)等十余年的征伐,高欢最终败下阵来,东魏也随之摇摇欲坠。

高欢的传奇还在于他的夫人和孩子们。他的正妻为娄昭君,系鲜卑贵族,共为他生育了六男二女,分别为长子高澄、次子高洋、六子高演、八子高湝、九子高湛、十二子高济以及长女永熙皇后和次女太原长公主。据说,娄氏怀孕时均有"感应":怀文襄帝(追赠)高澄时,梦见一条断了的龙;怀文宣帝高洋时梦见大龙,首尾连接天地,张开口眼睛转动,模样骇人;怀孝昭帝高演时梦见蠕龙在地上;怀武成帝高湛时梦见龙在海中洗浴;怀襄城王高湝、博陵王高济时梦见老鼠钻入衣服之下;而怀二女时都梦见月亮进入怀内,此二女一为东魏孝静帝元善见皇后,一为北魏孝武帝元脩皇后。

高欢还有一位妻子郁久闾氏,系北方强大的柔然部落酋长的女儿,又名蠕蠕公主。柔然部落经常南下侵扰东魏,东魏被迫与其和亲。高欢本欲让大公子高澄与柔然结亲,但柔然点名要嫁高欢。高欢无奈而娶蠕蠕公主。高欢死后,长子高澄按照柔然习俗,续娶蠕蠕公主,公主为其产下一女后即逝。

高欢另有十位妃嫔,最有名的就是大小尔朱氏和郑大车。大尔朱氏系尔朱荣之女,原为孝庄帝元子攸的皇后,小尔朱氏乃北魏建明帝元晔的皇后,而郑大车则是北魏宗亲、广平王元悌的妃子。高欢诛灭尔朱荣之后,尽收前朝美色,并予善待。大尔朱氏为其生育五子高浟和十三子高凝,小尔朱氏为其生育第十子高湝,而郑大车为其生育十四子高润。

高欢的十五个儿子当中,每个字均带“水”,除了高凝的“凝”字为“冫”外,其余全部为“氵”。而在十五个儿子当中,高凝最为孱弱。他的母亲大尔朱氏最受父亲高欢宠爱,因此很早就被封为华山王。但史料对他的记载非常少,甚至连生卒时间都未明示,而偏偏记载说,他的王妃王氏曾与仓头(即奴仆)通奸,他虽然清楚却不能制止。后来皇帝出面,将王氏赐死,而受害者高凝却也因此挨了一百大棒。

十五个儿子当中,老大高澄最为窝囊。这位天赋甚高的嫡长子,颇有政治、军事才能,父亲死后,他继任大丞相之职,著名乱臣侯景就是被他活活逼走的,他还在平定侯景叛乱过程中,一举向南吞并两淮之地,东魏疆域大大拓展。但是,这位年仅十四岁便看上了庶母郑大车的好色公子,命运实在太差:就在他挟平叛之威,准备废帝自立之时,却被送饭的厨师兰京一刀砍杀。

高澄一死,废旧立新的机会就拱手让给了高洋,就像当年的司马昭,本来要自立结果把机会给了儿子司马炎,不过,司马昭是病逝的,高澄则更为凄惨、窝囊。但可惜的是,高洋也不长寿,他和弟弟高演、高湛均壮年而崩,而整个北齐政权也只存在了二十八年。以下为具体年表。

| 姓名 | 谥号 | 在位时间 | 年号 | 备注 |
|---|---|---|---|---|
| 高洋 | 文宣皇帝 | 550—559 | 天保 | 显祖 |
| 高殷 | 济南闵悼王 | 559—560 | 乾明 | 高洋嫡长子 |
| 高演 | 孝昭皇帝 | 560—561 | 皇建 | 肃宗 |
| 高湛 | 武成皇帝 | 561—565 | 太宁、河清 | 世祖 |
| 高纬 | | 565—577 | 天统、武平、隆化 | 高湛次子 |
| 高延宗 | | 576(为部下拥立,兵败被俘) | 德昌 | 高澄第五子 |
| 高恒 | | 577(仅24天京师邺城即沦陷) | 承光 | 高纬之子 |
| 高绍义 | | 578—580(北齐灭亡后北逃突厥被立) | 武平 | 高洋第三子 |

从上表中我们可以看出,高欢与娄昭君的六个儿子中间,三个都走上皇位:高洋、高演、高湛,而且只有他们三人有传统皇帝谥号:文宣皇帝、孝昭皇帝、武成皇帝。最有成就的当数高洋,他早年四处征伐,威望很高,"投杯而西人震恐,负甲而北胡惊慌",被称为"英雄天子"。但他不久便沉迷于既有成就,专横残暴,纵欲嗜酒,年仅三十四岁即暴毙。高演在母亲娄昭君的支持下,废黜了高洋的儿子高殷,自立为帝,但娄昭君并没有授意他杀掉高殷。高演悄然杀死高殷,此后总觉得对不起大哥,总觉得大哥和侄子的英魂左右不离,致使神志错

乱,精神恍惚。为了壮胆,他上演了多场"驱鬼"游戏,又外出狩猎,结果落马摔伤,一病不起。他在皇位上只干了不到两年即崩,年仅二十七岁。临终前,为了保护儿子高百年,直接将皇位传给九弟高湛。

高湛更为荒唐。他在高演面前承诺得很好,但一上台便将侄子高百年杀害。早在二哥文宣帝高洋执政时期,他就怂恿高洋将哥哥高浚、高涣杀害。不仅如此,他还逼奸皇嫂李祖娥(高洋之妻),对母亲也极为不孝。母亲娄昭君临死前,有童谣说"九龙的母亲死后不挂孝"。等到娄昭君死后,作为高欢第九子的武成帝没有披麻戴孝,而是像往常一样穿红色衣袍,还亲自登上三台,设置酒宴,公开取乐。连寡廉鲜耻的尚书令和士开也看不下去,请求停止奏乐,结果招来一顿鞭打。高湛在位时,国力日衰,而西边的北周则如日中天,正对北齐厉兵秣马,磨刀霍霍。河清四年即565年,他传位于太子高纬,四年后驾崩,年仅三十二岁。而就在他去世八年后,整个北齐成为北周的囊中之物。

高浚和高涣虽然不是高欢与娄昭君的嫡子,但都天生雄杰,颇有高欢气概。当年高洋还在太原公的位置上时,带弟弟高浚一同去看大哥高澄。途中高洋老是流鼻涕,高浚直接对部下说:"何不为二兄拭鼻!"让身为王公的高洋颇受羞辱。高洋称帝后,高浚又经常埋怨二哥"酗酒失德",还让升为丞相的姐夫杨愔去劝谏皇兄,让高洋倍加恼怒。后来,高洋下令将高浚和高涣囚禁于铁笼之中。高洋前去看望时,两位兄弟在地牢门口泣哀作歌,引来高洋悲悯之心,但在高湛的蛊惑下,他们被活活烧死。

高涣之死,还另有冤情。当时民间术士曾声称:亡高者黑衣。而信佛的僧人就以黑衣为正装,所以从高欢开始,每次出行就尽量避开佛僧。高洋曾问手下人:"什么东西最黑?"对曰:"最黑者莫过于漆。""漆"与"七"同音,而高涣就是高欢的第七子、高洋的七弟,所以对高涣极为忌惮。为了尽快除掉七弟,高洋派库真都督破六韩伯昇前去征召高涣,但高涣英武,直接将破六韩伯昇杀死,后在逃跑过程中被抓囚禁。

高欢十五个儿子当中最有骨气者,当数十子高湝。在北齐行将亡国之前,他的兄弟们都已去世。高欢嫡子中除了太子和三位皇帝外,襄城王高淯英年早逝,博陵郡王高济被侄子高纬秘密杀害;庶子当中,汉阳王高洽十三岁即薨,而高阳王高湜则被娄太后直接杖杀,为人宽厚的高淹、干练旷达的高浟均死于高湛河清三年(564年),俊美温和的高润则死于北齐亡国前的武平六年(575年)。

高湝的母亲就是北魏建明帝元晔的皇后小尔朱氏。他自幼聪明伶俐,高洋称帝后,他以任城王的身份镇守高氏的老巢晋阳,由于做事果断,明察秋毫而深得人心。高纬继位后,他又出任丞相、都督和青州刺史。而当时的北齐已经日薄西山,岌岌可危,高纬及其子高恒相继逃离京师邺城,而高澄之子高延宗在部下的拥戴下于晋阳称帝。有人极力劝说高湝归附高延宗,但他却忠心于北齐固有政权,在幼主高恒等已经被北周擒拿的情况下,仍誓死反抗,到处招兵买马,攻打北周。北周大将宇文宪发来降书,他却直接将降书掷于井下。但因实力悬殊,最终被俘。宇文宪对他说道:"任城王,您这是何苦呢!"劝他投降。

面对强敌,高湝却掷地有声地回绝道:"我乃北齐神武帝之子,我们本来十五位兄弟,现在唯我独存。今逢国家灭亡,我死而无憾,自当无愧于祖先!"令来势汹汹的宇文宪大为敬佩,还归还了他的妻子。

高湝最终与后主一行被北周宇文氏杀害于长安。庞大的家族，厚实的家底，狂悖的作风，短暂的政权，均在北周凌厉的攻势下，化为南柯一梦，灰飞烟灭。

　　强大果决的高欢，早年曾因"软硬兼施"手段，让驰骋疆场的高头大马乖乖听从指挥，令军阀大亨尔朱荣甚为镇服，并开始得到赏识与提拔。后来，他又施计收编尔朱氏旧众，以霹雳手段击溃尔朱氏家族，令北魏以及分割后的东魏政权乖乖听命于自己，直至抱憾而终。他为子嗣们打下的江山，可谓铁桶一般，直至东魏拱手相让，北齐横空出世。

　　高欢的"欢"字，在五行中属"水"。高欢的正妻娄昭君每次怀孕临产前，总是梦见"龙"。或许受此启发，他们的儿子，无论嫡子或是庶出，均以"水"命名。但落花有意，流水无情，高欢苦心设计的政治蓝图刚欲出彩，即匆匆落幕。仅仅历经三代六帝二十八年，北齐便土崩瓦解，让位于北周，再归统于大隋。

第五章

# 烂漫的文化

浪漫主义与现实主义历来为文学两大流派。在南北朝文化界，无论思想，还是艺术，两者有侧重，南方婉约细腻，又不乏浪漫情怀，而北方则雄浑粗犷，充满实用情趣，总体上互鉴互融，胖瘦高低俱为一体，兼容并蓄，仙姿佚貌，华夏之盛也。

不仅文艺，包括天文地理、数学理化等科学技术，也呈现出斑斓峥嵘。上承汉晋，下启隋唐，文化的百花园中异彩纷呈，华夏之幸矣。

# 文学：官方与民间并收，创作与理论齐放

提起南北朝文学，除专业人士有更多更深的体悟外，我们普通百姓耳熟能详的就是那奔放苍劲的《敕勒歌》："敕勒川，阴山下，天似穹庐，笼盖四野。天苍苍，野茫茫，风吹草低见牛羊。"

其实，最优秀、最出名的并非《敕勒歌》，而是《孔雀东南飞》和《木兰诗》。"孔雀东南飞，五里一徘徊。""唧唧复唧唧，木兰当户织。不闻机杼声，唯闻女叹息。"这样的句子不需要强记，随口便可吟出，显示了民间歌谣强大的生命力和影响力。

《孔雀东南飞》和《木兰诗》被誉为我国古代诗歌当中的"乐府双璧"。前者记述了一对夫妻被家母生生逼散，最终双双殉情的悲情故事；后者则讲述了一位名曰木兰的少女女扮男装，代父从军英勇杀敌的传奇故事。《孔雀东南飞》的故事发生在东汉末年献帝年间的南方庐江即今安徽省境内，集中反映了封建礼教（儒家）对自由恋爱的戕害，记录该故事的则是南北朝时期南梁的著名诗人、文学家徐陵；《木兰诗》的故事则直接发生在南北朝时期的北魏，作为北朝民歌被收录于宋人郭茂倩的《乐府诗集》。

同为叙事诗，虽然产地不同，但从风格上来看，南北区别已不大，

都在记事的现实主义诗风中,凸显出非常浓郁的浪漫色彩。虽然前者"浪"在"情",后者"浪"在"事"。

这几首仅为南北朝众多乐府民歌中的典型代表。我们读中学时有一篇朱自清的散文《荷塘月色》,其中的引句:

采莲南塘秋,莲花过人头。低头弄莲子,莲子清如水。

就引自南朝乐府民歌《西洲曲》。"乐府"是专门收集民间音乐创作的官方机构,最早的诗歌总集《诗经》也多由官方收集。《西洲曲》和《孔雀东南飞》等著名民歌则被收录于《玉台新咏》。

作为继《诗经》和《楚辞》之后的诗歌总集,《玉台新咏》成书于南朝,学者普遍认为该书作者为徐陵。此书共约收录了自东周至南梁的诗歌769首,其中不乏南北朝时期的民歌。

从官方的"宫体诗""永明体",到民间歌谣,南北朝诗歌文学可谓枝繁叶茂。尤为重要的是,这一阶段上承相对自由的古体诗,下启唐宋的格律诗,在内容和形式上都起到承上启下的重要作用。而更为可贵的是,不仅仅在创作方面,南北朝时期的诗歌理论也达到一定高度,最著名的就是钟嵘的《诗品》。

《诗品》是我国第一部专门评论诗歌的著作。该书将两汉至南梁一百二十二位作家的作品,分为上、中、下三品进行评论,对后世诗歌评论界影响深远。钟嵘虽为名门"颍川钟氏"之后,但在南朝的地位并不高,仅为王室的行参军、记室,"行参军"地位还低于由朝廷任命的"参军",是王室公府自行任命的职位,相当于私家秘书。但钟嵘不以位卑就屈从于上流社会,他在《诗品》中直接将矛头对准"宫体诗"，反对由当朝宰相、文坛领袖沈约提出的"四声八病"理论，指出不可过分讲究格律和用典而因噎废食，不要过分形式主义，而要遵循诗歌创作自身的真与美。他的诗歌理论对唐代的司空图、宋代的严羽，以及明朝的胡应麟、清朝的王士禛等大家，都有很大的启发和影响。

而早在钟嵘的《诗品》出炉之前，刘勰的《文心雕龙》就已问世。该书可谓我国文学理论界的洪钟大吕，结构严密，论述细致，系我国文学理论批评史第一部"体大而虑周"的文学理论专著。刘勰虽出身皇族大姓，与昭明太子萧统关系甚好，其作品也得到沈约的称赞，但他的政治地位不高，官授"奉朝请"，仅是具备参加皇帝朝会资格的闲职，并无实权。但他在继承传统儒学思想的同时，提出文学要反映时代要求，将社会政治生活对文学的影响理论推向一个新的高度，其创作的《文心雕龙》与刘知几的《史通》、章学诚的《文史通义》，并称为文史批评三大名著，他也因此奠定了在中国文学批评史上的地位。

理论来源于现实，诗歌和文学理论的丰硕成果首先建立在丰厚的文学创作之上。南北朝时期，在诗歌总集《玉台新咏》出现之前，南梁昭明太子萧统的《文选》（即《昭明文选》）就已经广为流传。此书为我国现存最早的诗文总集，按照"事出于沉思，义归乎翰藻"的标准，将文学作品划分为"文学"与"非文学"，收录了自周代至六朝梁以前七八百年间一百三十多位作者的诗文七百余篇，影响深远。

除了诗文创作及其理论艺术，南北朝时期还出现了文言体小说创作，最有名的便是《世说新语》。

我们常常津津乐道于其中的故事。下雪了，人们在描述雪景时，会想到"谢女咏雪"的故事。说的是东晋太傅谢安令人咏雪，问"白雪纷纷何所似?",其侄儿谢朗立刻回答"撒盐空中差可拟",把下雪比喻成撒盐,而其侄女谢道韫则回答说"未若柳絮因风起",用柳絮比拟纷纷扬扬的雪花,十分传神。

另一个有名的故事则是"子猷访戴"。"子猷"即王子猷,其实就是王徽之,大书法家王羲之的儿子、王献之的哥哥。"戴"即王徽之的朋友戴逵(字安道)。说的是,王徽之在雪夜醒来后,面对茫茫白雪举杯小酌,又乘兴吟诵左思的《招隐诗》。独酌独饮间,忽然想起老朋友戴逵,而当时的戴逵却远在剡溪(今浙江省嵊州市),离自己所在的山阴(今浙江省绍兴市)还有相当的距离。但王徽之兴趣正旺,于是便连夜乘船前往拜访。经过一夜行船,终于到了老朋友门口,王徽之却直接掉转船头返回。有人不解地问他为何不上岸访友,他却淡然回道:"吾本乘兴而行,兴尽而返,何必见戴?"

像这样的坊间段子,《世说新语》中不一而足。此书记载了东汉后期到魏晋间一些名士的言行与逸事,以随笔的形式一共记载了一千一百多则玄逸故事。或帝王将相,或隐士僧侣,涉及人物多达一千五百余人,语言精练含蓄,隽永传神,堪称笔记小说的鼻祖。鲁迅先生对此书赞誉有加,称它"记言则玄远冷隽,记行则高简瑰奇",是一部"名士的教科书"。

该书讲述的虽是前朝之事,反映的却是南朝士人的恬淡鲜活心态。该书编撰者刘义庆本是刘宋开国皇帝刘裕的亲侄儿,一度官居副宰相(尚书左仆射)。但此后,堂弟刘义隆(即宋文帝)与宰相刘义康之间发生"主相之争"。刘义庆不愿卷入其中,主动请辞,离京以避祸,远赴湖北任荆州刺史。就是在远离政治旋涡的日子里,他才安下心来,专心编撰了包括《世说新语》、《幽明录》(已散佚)、《宣验记》

(已佚)等名著。

从宫廷诗文到民间歌谣,从辞赋到笔记小说,从文学创作到文学理论,从创作体例到内容思想,包罗万象的南北朝文学留给后世的,不仅仅是一部部厚实的黄页,还有其背后深沉宏大的思想,为繁荣后世文学洞开了想象的闸门。

## 哲学:巍峨的佛寺,横行的黑衣

提起南北朝,我们印象最深的,恐怕就是至今依然巍峨耸立的众多佛寺。在北朝,据《魏书》记载,北魏洛阳城有三分之一的民居曾被改作寺庙。另据《洛阳伽蓝记》记载,北魏有寺庙四万所,僧尼两百万。此外,崇山峻岭的幽僻之地也被开凿成石窟,以供僧侣修行,甘肃的敦煌莫高窟,山西大同的云冈石窟、太原的天龙山石窟,河南洛阳的龙门石窟,都是其中的经典杰作。在南朝,刘宋时期有寺庙一千九百多所,到梁武帝时则达到鼎盛的两千八百余所。唐代诗人杜牧在其名作《江南春》中写道:"南朝四百八十寺,多少楼台烟雨中。"其实,何止"四百八十",据清人刘世琦《南朝寺考》记载,南梁共有寺庙2846座,仅国都建康"乃有七百余寺"。

符号的背后是文化,文化的精髓是思想。历经东汉末年以来数百年的战乱,传统的儒家思想已经大受质疑,魏晋的玄学也难以长时间慰藉民心,而宣称"因果报应""死后精神不灭""生死轮回"的佛家思想,逐步占领意识形态领域,普通百姓以为"久旱逢甘霖",统治者正好可以借此维护统治,可谓上下同心,一呼百应。就连深受儒家思想影响的宋文帝刘义隆也认为:"若使率土之滨皆纯此化,则吾坐致太平,夫复何事?"试图发挥佛教的社会功用,来更好更有力地维系其统治。

佛教在南北朝时期的统治地位,不仅可以直观于遍布南北的大小寺庙和石窟中,从百姓的服饰颜色中亦可明鉴。佛家人身着黑衣,仅北齐国都邺城就出现"缁衣之众参半于平俗"的状况,黑衣人几与俗家人口平分秋色,可见北朝佛教之盛。

南朝作为传统儒家文化的传承者,无论上流社会还是民间,总体上以儒家为国学,但佛教依然盛行。刘宋开国者刘裕以寒门出道,对传统士族阶层较为排斥,不少庶族出身的才德之士因此进入上层。刘裕之后的宋文帝开始重视佛教,最典型的就是特别重视慧琳和尚。

中国历史上号称"黑衣宰相"者不少,最著名的当数明朝的姚广孝。此君别号"独庵老人""逃虚子",为明代著名政治家、佛学家、文学家。他策划导演的"靖难之役"直接将建文帝赶下台,明成祖朱棣因此据有京师南京,继而迁都北京,成就大明霸业。但在姚广孝之前的南朝宋文帝刘义隆时期,就出现了"黑衣宰相",就是慧琳。

慧琳俗姓刘,与刘义隆同宗。此君虽为佛门弟子,身披黑衣,但也贪恋人间烟火。在儒家、道家思想占主流的刘宋时代,佛家与之争论不休,慧琳遂著《白黑论》("白"即儒道)。他在此书中对佛家思想进行抨击,受到众多僧侣的攻讦与摈斥。但宋文帝尤为宠之,不仅加以保护,而且视为上宾,每遇难题,往往亲自登门拜访,征求他的意见,所以民间又称之为"黑衣宰相"。

而在慧琳之前,刘宋著名思想家何承天(370—447年)就对佛教进行了批驳。他在名作《达性论》中,针对佛教徒、画家宗炳所著的《明佛论》提出批评,指出人才是万物的中心,而不能将人与其他生物并列为"众生"。其观点,与西方文艺复兴时期的思潮颇为相似。另一位无神论思想家范缜在稍后的齐梁年间则旗帜鲜明地宣传唯物主义,其哲学名著《灭神论》为我国古代思想界具有划时代意义的不朽作品。

由此可见,南朝时期的哲学思想多元而繁茂。

但到了南梁时代,梁武帝对佛家最为尊崇,明确提出"唯佛为尊"。这位深受传统文化熏染、文学水平很高的汉族皇帝,对佛教达到痴迷的程度。他先后四次舍身佛寺(同泰寺),又令俗家朝臣用亿万公款将其赎回,佛寺因此大发横财。学识渊博的梁武帝不仅重视佛教,对道教、儒学也刮目相看,集中反映在他对陶弘景的态度上。陶弘景(456—536 年)本是南齐的朝臣,后来辞官隐居。其思想源于老庄,又深受道教宗师葛洪影响,虽为道教思想家,但却主张儒、佛、道三教合流,声称"百法纷凑,无越三教之境"。对于这样近似杂家的人物,梁武帝非常倾慕,多次礼聘,陶弘景都予以拒绝。尽管如此,梁武帝还是礼遇有加,每逢朝中大事,总要向其咨询,陶弘景也因此被称为"山中宰相"。

从黑白两道的"黑衣宰相"慧琳,到儒、佛、道合流的"山中宰相"所受到的特殊政治待遇,我们可以窥见南朝统治者复杂的文化心理。他们在接受传统儒学的同时,对包括佛、道等其他学说持有一种兼收、包容的态度。

但在北朝就略有不同。北魏以及分裂后的东、西魏,为鲜卑拓跋氏政权,北齐高氏为鲜卑化汉人政权,而北周宇文氏则是汉化很深的鲜卑族。从统治者的出身,就可想见其多元的文化思想。北魏在孝文帝迁都洛阳后,汉化程度逐步加深,而主张鲜卑等北方少数民族习俗的高氏(高欢及其后人)本身就是汉族血统。文化的多元,很快让佛教融入北朝朝野。如上所述,北齐的国都邺城遍布黑衣者。但是,从高欢开始,一个不祥的谶语改变了统治者的态度,也的确改变了整个南北朝历史。

"亡高者黑衣!"这句谶语早在叛乱不断的北魏末年,就已经在民间广为流传。所谓"谶语"就是预言被应验的话语,商周时期就已出现,我们现在还常使用"一语成谶"的成语。"亡高者黑衣"这句很普通的民间话语,一旦被重视者重视起来,其内涵和外延就格外深刻,又十分险恶了。

首先"中招"的是高欢。高欢姓"高",又是北魏后期的最大军阀,东魏的实际创立者,可谓位"高"权重。当他听到"亡高"二字就足够惊悚,又得知灭亡自己的为"黑衣",自然更加忌惮。于是,他强令东魏境内穿黑衣的僧侣都改穿黄色僧袍,战场上的东魏将士也身着黄色战袍。

高欢的举措,让对手宇文泰额手称庆。宇文泰小名"黑獭",有一个"黑"字,所以他更是大肆宣扬"亡高者黑衣"的谶语。每逢战事,他就令士卒高声传谶,为自己壮威。而事实上,东、西魏进行的四次大战,几乎都以高欢的失败告终,尤其在"玉璧之战"中,高欢屡攻不下,最终气急攻心,一命呜呼。

高欢死后,其子高洋再次被谶语击中。这位一度被称为"英雄天子"的北齐皇帝,竟然也对"亡高者黑衣"的谶语耿耿于怀。他问手下人:"天下什么东西最黑?"属下随口答道:"漆!"高洋听后,反复琢磨,最终把矛头对准了自己的弟弟高涣。高涣天姿雄杰,是高欢儿子当中唯一能征惯战、能够砍掉敌将脑袋的难得人物。但因为他排行第七,是高欢的第"七"子,所以最终被高洋杀害。而高洋在杀害弟弟后,也愈加变态疯狂,最终无疾而终,年仅三十一岁。

在东魏、北齐沉浸在谶语"亡高者黑衣"的黑色恐怖之中时,西边的西魏和北周统治者宇文氏却非常理性。宇文泰自知实力不如东魏,于是强力推行改革,从政治、军事、社会等各个方面汲取汉族先进文化成果,在东西魏争锋中逐步占据主动。与高欢不同,宇文泰专门下令将士身披黑色战袍,而他推行的府兵制,又让众多百姓加入军籍,"兵农合一"的体制让更多西魏臣民穿上了黑衣,加上众多"专业僧侣",西魏以及北周前期几乎"天下乌鸦一片黑"。"黑衣者作天子"的现象尤为深刻。

但是,到了周武帝宇文邕时代,情况发生逆转。有鉴于佛教的强大影响,僧侣强占土地又不事耕种不纳税役等不良社会风气,崇尚儒教,主张按儒、道、佛先后顺序确立统治思想的周武帝,在击败宇文护牢固掌控政权后,于建德二年(573年)开始推行灭佛政策,毁寺四万,强迫三百万僧尼还俗,一时间北周境内"融佛焚经,驱僧破塔……宝刹伽兰皆为俗宅,沙门释种悉作白衣"。也就是说,北周境内的原"黑衣"者,被迫改服"白衣"。

富有讽刺意义的是,北齐高氏政权正是被周武帝宇文邕所灭。建德六年(577年)周武帝再次出兵,攻陷北齐都城邺城,北齐后主高纬、少帝高恒及其后宫家眷、各亲王等均被俘虏至长安,北齐灭亡。同年十月,周武帝借口参与叛乱,将高纬、高恒、高延宗等一并赐死。不同于谶语"亡高者黑衣"的说法,高氏竟亡于白衣灭佛者之手。

但是,故事并未就此结束。仅一年之后的578年,三十六岁的周武帝在北伐途中病逝。他的壮年而崩,让其"平突厥、定江南"的宏大理想化为泡影,而让众多佛教徒额首称庆,其中一本流传甚广的《冥报记》则绘声绘色地描述了周武帝灭佛政策所遭遇的"报应",佛教因此再次盛行开来。

而就在周武帝强力推行灭佛政策之际,他身边的儿女亲家、柱国大将军杨坚,却私下将自己的师父"智仙"尼姑接到府上,偷偷参佛修行。这位小名"那罗延"的大将军一直深藏不露,只在周武帝驾崩后,才缓步走上正廷。581年,他以"隋王"大丞相之尊,逼迫周静帝禅位,建立大隋,是为隋文帝。杨坚上台后,立刻施行包括度僧、建寺、造像、写经等一系列大规模复兴佛教的措施。在他的强力推行下,佛教南北融合、义学发达、宗派分立、文艺发展,终于又迎来新的春天。杨坚充分利用佛教的社会功用,来赢得民心、巩固统治。589年,他派兵南下灭陈,一统天下。"黑衣者"不仅做了天子,还灭亡了包括北齐高氏、南陈陈氏等所有政敌,佛教也从此大行天下。

# 科学:独木亦成林,合和天下闻

南北朝时期,不仅文学空前繁荣,文史哲俱为一体,而且自然分娩出一大批科学巨匠和科技成果,他们中间每一位都可独立成家,不少又文理兼收、天(文)地(理)合一,成为古今中外的耀眼明星。

数学方面,祖冲之的圆周率可以精确到小数点之后的第七位,后人将"约率"用他的名字命名为"祖冲之圆周率",简称"祖率";而他的儿子祖暅则创立了几何学中的祖暅原理(也称祖氏原理),比意大利数学家卡瓦列里(B.Cavalieri,1598—1647年)的"卡瓦列里原理"早了一千一百多年。

农学方面,贾思勰的《齐民要术》为我国现存最早一部综合性农学著作,被誉为"中国古代农业百科全书"。

地理学方面,郦道元的《水经注》囊括了我国一千两百多条大小河流所流经区域的自然地理和人文地理知识,既是我国第一部水文地理专著,也具有很高的文学价值,与杨炫之的佛教史籍《洛阳伽蓝记》(《伽蓝记》)并称为北朝文学双璧。而《伽蓝记》不仅仅是一部地理著作,而且是一部集历史、地理、佛教、文学为一体的历史和人物故事类笔记,对研究北魏佛学、史学、语言学以及中外交流史等,都具有很高的学术价值。

《齐民要术》和《水经注》《洛阳伽蓝记》，又被后世合称为北魏三大奇书。

天文学方面，不仅有何承天的《元嘉历》、祖冲之的《大明历》等天文学著作，而且研制出更为先进的观测天文的仪器"浑仪"和"浑象"。在《大明历》中，祖冲之测量出的冬至点回归年的时间长度与今天的精确度只相差了不到三秒；而北朝天文学家张子信关于古代天文学的"三大发现"，则将我国古代对于交食以及太阳与五星运动的认识推进到一个新阶段，为一系列历法问题计算的突破性进展开拓了道路。

在中医药学方面，南朝医药学家陶弘景所著的《本草经集注》收集药物七百三十种，并首创我国药物分类方法，成为我国本草学发展史上的一块里程碑；而他之前的东晋医药学家葛洪（抱朴子）就在其著作《肘后备急方》中记录了急性传染病，如结核病、狂犬病、天花、恙虫病等。

作为著名炼丹家的葛洪，还在炼制水银的过程中，发现了化学反应的可逆性，从而产生了最初的化学原理。这种基于实用性的原始化学理论到南北朝时期，也在其众多弟子和信奉者中间广为传播。

南北朝科学界百花竞放，各有千秋，尤其值得称颂的是，不少大家还兼有多方面的才能。比如何承天，他不仅是天文学家，还是著名的思想家、音乐家，同时对史学也颇有研究，曾奉命撰修《宋书》，可惜未成书即卒。陶弘景不仅懂医学，还是道教宗师，创立了著名的茅山宗派，历经隋唐宋数代而不衰。陶弘景同时又是著名的炼丹家，他在炼丹过程中掌握了许多化学知识，其关于硝酸钾"紫青烟起"的记载是世界化学史上钾盐鉴定的最早记录。

作为文理兼修的著名学者,祖冲之可谓典型代表。

祖冲之(429—500年),字文远,祖籍河北,出身于建康的书香门第。其祖父祖昌为刘宋王朝的"大匠卿",即朝廷管理土木工程的官吏,而父亲祖朔之则为学识渊博的"奉朝请"。他幼时即受到良好的家庭教育,很早就对数学、天文学等自然科学以及文学、哲学产生了浓厚兴趣,"专功数术,搜烁古今",青年时代就以博学闻名朝野。

虽然他可以利用家庭关系和自身影响力,为自己谋得令人倾慕的官位,但他矢志于科学研究,淡泊名利,潜心著作。刘宋孝武帝时期,他进入"华林学省"这个专门的学术研究机构,不久又到"总明观"工作。"总明观"是集藏书、研究和教学三位一体的皇家科研机构,近似于如今的中国科学院。就是在这里,祖冲之接触到包括天文、历法、术算等大量国家藏书,为其研究创造了良好物质条件。

孝武帝大明六年即462年,祖冲之潜心编著的《大明历》出炉,三年后开始以朝廷名义颁行(510年梁武帝在全国正式颁行),成为当时最科学、最进步的历法。

除了天文学之外,祖冲之对数学的兴趣更浓。他认为自秦汉以来数百年间对圆周率研究成绩最大的学者当数刘徽,但他并没有止步于刘徽的研究成果,而是在其研究方法的基础上加以深化升华,最终将圆周率精确到"3.1415926"和"3.1415927"之间。他的这一成果直到千年之后的16世纪,才被阿拉伯数学家阿尔·卡西打破。

祖冲之在数学领域的贡献,还有其撰著的《缀术》一书。此书理论深奥而精密,被认为"学官莫能究其深奥,故废而不理"(《隋书》评语),是当时最难的一本数学理论书籍,一度流传至朝鲜、日本,后被收录于著名的《算经十书》，成为我国古代数学领域的经典杰作。

祖冲之对机械制造也颇有研究。他晚年先后研制出铜制"指南车"、漏壶（古代计时器）和巧妙的"欹器"，发明了一天能走百里的"千里船"和"木牛流马"以及利用水力加工粮食的工具"水碓磨"等，为推动经济社会发展做出杰出贡献。

不仅如此，祖冲之在音乐、哲学和文学等方面也颇有建树。他曾著有《易义》《老子义》《庄子义》《释论语》等哲学书籍，但已失传。他的小说集《述异记》虽已失传，但仍能在不朽文献《太平御览》中看到其片段。

当代著名数学家华罗庚评价说："祖冲之不仅是一位数学家，同时还通晓天文历法、机械制造、音乐，并且还是一位文学家。祖冲之制定的《大明历》，改革了历法，他将圆周率算到了小数点后七位，是当时世界最精确的圆周率数值，而他创造的'密率'闻名于世。"

祖冲之一生致力于科学研究，不慕虚荣，不追名利，最终安然辞世，流芳千古。而与他命运迥然不同的，则是另一位学术泰斗，著名地理学家郦道元。

郦道元（466—527 年），字善长，河北涿州人。他出身官宦家庭，对当官有特殊情结。父亲郦范曾为北魏青州刺史，他也因此世袭"伯"爵。北魏孝文帝迁都洛阳后，他虽因严正威猛的个性遭到异己者弹劾，但总体上官运亨通，在朝廷先后出任尚书郎、太傅掾、御史中尉、北中郎将等职，在地方又先后出任冀州长史、青州刺史、鲁阳太守、东荆州刺史、河南尹等职。

正是在多个地方任职和游历的经历，才让他眼界洞开，深入了解到各地风物各异的河道地貌，写出不朽的名著《水经注》。郦道元的

《水经注》不仅为地理学著作,而且是一部文辞优美的文学名著,在我国科学文化发展史上书写了浓墨重彩的一笔,历代学者专门加以研究,逐步形成了一门具有特殊意义的"郦学"。

但是,鲜为人知的是,郦道元的"专业"并非地理学,他一生追逐的是"政治",《水经注》正是在他政治失意时所潜心著述的。

他在当时的威名是酷吏。

富有深意的是,他因"水"名闻天下,而最终去世时却因为缺水。

北魏末年孝明帝时期,他任安南将军兼御史中尉。"御史中尉"就是监察军中武官的执法机构。郦道元历来以严猛为政而著名,还在地方任上时,连祸害一方的山寇盗贼都对他敬畏三分,不敢违法。孝明帝孝昌元年(525年)初年,他还一度奉命率军讨伐叛乱的元法僧,多有斩获,逼迫元法僧南下降梁。但他的威猛作风很快遭遇来自皇族宗亲的联合剿杀。

孝昌二年(526年),皇室宗亲、时任吏部尚书的元徽与叔父元渊不和,前者诬陷后者,郦道元力陈事实真相,让元渊得以昭雪,但也因此得罪了元徽。不仅如此,他还同时得罪了另一宗室大臣、汝南王元悦。当时,元悦的亲近侍从丘念多有不法,常在选人用人中行贿受贿,但因有主子撑腰,往往逍遥法外。郦道元查访得知后,将回家途中的丘念抓捕收监,并在皇太后的赦免令到来之前即抢先将丘念处死,同时检举揭发元悦的不法行径,令后者大为忌恼。

仅一年之后的527年,元氏宗亲的报复机会就来了。当时,叛齐归魏的南齐宗室萧宝夤任北魏雍州刺史,但图谋反叛、再立大齐的行径已昭然若揭。为了窥探虚实,安定雍州长安周边地区,孝明帝决定派人前往巡视安抚。元徽等人趁机施行"借刀杀人"之术,奏请郦道元为"关右大使"前去监视。郦道元素以严苛威猛著称,他的到来立刻引起萧宝夤的警觉,于是马上派自己的亲信部下郭子恢将尚在途中的郦道元,围困于"阴盘驿"亭内。

阴盘驿亭位于山冈之上,被断绝交通后,饮水也成了问题。一生与河流水道打交道的郦道元亲自指挥挖井,但向下挖了十多丈仍不见水源。生活难以维系,堂堂酷吏只能坐以待毙,最后郭子恢瞅准时机率众翻墙而入,将郦道元及其随行的两个弟弟、两个儿子全部杀害。郦道元死前仍大义凛然,怒目相向,"瞋目叱贼,厉声而死"。

萧宝夤在杀害郦道元之后,对外谎称为叛军所杀,将之葬于长安城东。一年后,北魏收复长安,郦道元遂归葬洛阳。

这位被誉为中世纪世界上最伟大的地理学家,就这样长眠于他挚爱的都城之下、黄河之滨。

# 书法:奔放的将军,怒放的玫瑰

如挺拔威武的将军,纵横捭阖,上下灵动,又似饱满的玫瑰,儒雅富贵,笑傲蓝天。

从"风吹草低见牛羊"的北国草原,到"桐花万里路,连朝语不息"的中原大地、南国水乡,从深山峻岭的摩崖断壁,到香火不息的石窟墓穴、庙宇厅堂,活着的精灵绵延千年,至今令人服膺赞叹。

这就是遗世独立而又流芳千载的南北朝书法艺术。

作为汉代隶书向唐代楷书发展的重要过渡期,南北朝书法呈现出"北碑南帖"的不同风貌。北方注重实用性,主动摒弃汉代"刻石记事"的禁令,以石刻为载体,强调书法的实用性和美化作用,隶楷错变,笔力雄健;而南方则以尺牍为载体,注重主体精神的展示功能,行草兼备,温婉风韵。

虽然风格不同,但南北互有融通,仅就碑刻而言,北魏的《郑文公碑》与南梁的《瘗鹤铭》即峥嵘相近,可谓北南双星。而南朝刘宋时代的《爨龙颜碑》(全称《宋故龙骧将军护镇蛮校尉宁州刺史邛都县侯爨使君之碑》),虽以传统书法艺术的方正为主,但又变化多姿,雄健浑厚,颇有北方碑刻的风范。

我们先来看看多姿多彩的"魏碑"艺术。康有为对魏碑的评价是："凡魏碑，随取一家，皆足成体。尽合诸家，则为具美。"

北朝书法艺术以碑刻闻名于世，尤以北魏、东魏为最精。魏碑的杰出代表作品为《郑文公碑》《张猛龙碑》和《敬史君碑》。《郑文公碑》为书法大家郑道昭所书，而《张猛龙碑》和《敬史君碑》则像众多北魏书法作品一样，没有署名，系无名氏作品。

《张猛龙碑》全称《魏鲁郡太守张府君清颂之碑》，刻于北魏孝明帝正光三年（522年），碑文记载张猛龙任鲁郡太守时的政绩，碑文正书印刻，碑阳24行，每行46字，凡1104字。该碑文结字长方，方圆并用，既刚健险劲，又俊秀多姿，被世人誉为"魏碑第一"，开唐代大书法家欧阳询、虞世南之门户（先导）。

《敬使君碑》，全称《禅静寺刹前铭敬使君之碑》，系东魏正书碑刻。碑文长达两千五百余字，可谓洋洋大观，而且刻工精严。该碑刻书法朴厚婉雅，气势磅礴，上承魏体之精华，下开唐楷之先声，被誉为欧褚（欧阳询、褚遂良）之前驱，为书法艺术由魏碑向唐楷转型的代表作品，被中外书法界公认为魏碑中的瑰宝，《龙门二十品》之外的"品外之品"。

魏碑虽然均以碑刻为载体，但从其存世的类型上又可分为以下几种形式。

第一为造像记。所谓"像"主要指基于宗教信仰而制作的崇拜对象，而"记"就是对"像"的背景包括造像时间、造像对象、造像动机等进行介绍的"题记"。这些"题记"以文字形式呈现，于是便成为书法艺术。造像记作为书法艺术，以洛阳龙门石窟的拓碑为代表，最初发现有包括《杨大眼造像记》《魏灵藏造像记》《始平公造像记》《孙秋生造像记》等造像铭四品,世称《龙门四品》,后来又陆续拓出十品、二十品,最多时达到一千五百多品,而《龙门二十品》(包含《龙门四品》和《龙门十品》)则为北魏书法即"魏碑"的精华作品。

在《龙门四品》中,《杨大眼造像记》的拓本最早,为康乾年间拓本,其余皆在乾隆年以后,从笔法风格上看,疑与"以灵和胜"的《魏灵藏造像记》为同一无名氏之作。

《始平公造像记》和《孙秋生造像记》是众多造像记当中为数不多的有明确书者的题记,前者为朱义章书写,后者为萧显庆所书。《始平公造像记》全称《比丘慧成为亡父洛州刺史始平公造像题记》,记录了比丘慧成为亡父造佛像的缘由及愿望,笔力刚劲雄逸,方正华美,已脱隶书痕迹,初显楷书峥嵘,既有中原汉晋书法传统风骨,又饱蘸北方少数民族"金戈铁马"的粗犷强悍之神,凝重而不板滞。《孙秋生造像记》全称《孙秋生刘起祖二百人等造像记》,记载了孙秋生、刘起祖在孝文帝迁都洛阳之时组织百官造像作愿,祈祷"国祚永隆,三宝弥显"的故事。该书法亦为楷体,笔法多变,以劲健胜,虽字字独立,而又上下勾连,毫无刻板之感。

第二是墓志铭。所谓"墓志铭"就是对地下墓主人进行介绍、表达悼念敬仰之情的"志"和"铭","志"为散文撰写,主要介绍生平事迹,而"铭"则为综合评价,多以韵文撰写。最著名的有《张玄墓志》(即《张黑女墓志》)、《元羽墓志》,前者遒丽峻逸,后者峻厉浑脱,皆为难得的精品。

第三是摩崖书,即刻在峻岭崖壁上的书法。最有名的是《石门铭》和《郑文公碑》,前者刻在陕西褒斜道石门洞壁的摩崖上,系王远所书,后者作者为著名书法家郑道昭,分上下两碑,上碑刻于山东省平度县天柱山,下碑刻在山东省掖县云峰山之东寒洞山。《石门铭》善用圆笔,被历代书法家赞誉为"飞逸浑穆之宗",作者王远被康有为推誉为南北朝碑十大书家。《郑文公碑》(《郑羲碑》),全称《魏故中书令秘书监郑文公之碑》,系光州刺史郑道昭所书镌,碑文记述了其父兖州刺史、南阳公郑羲的生平事迹和著述。此碑书法矫健飘逸,气势雄浑,集篆、隶、草之长于一体,既有篆隶之势,又有分隶之雅,还兼草书之理,被书家认为"不失为一代名作,无愧于千古佳品",而作者郑道昭则被后世尊为"北方书圣"。

此外,刻于山东泰山山腰斜坡花冈之溪床上的《泰山经石峪金刚经》,以及刻于江苏丹徒之焦山上的《瘗鹤铭》也备受推崇。《瘗鹤铭》传为南朝大家、"山中宰相"陶弘景之作,为隋唐以来楷书典范之一,被历代书家推为"大字之祖"。

北方书法作品大气磅礴蔚为壮观,又多姿多彩星汉灿烂,但留下芳名者却不多。唐人窦臮在其书法理论著作《述书赋》中记录了自商周至唐以来二百多位书法家,其中南北朝时期南朝八十二人,北朝仅北齐刘珉一人。此书未必详尽,但足见北朝见诸史端者之少。

而事实上,北朝名家并不少。北魏初期的崔、卢两大家族就产生了诸多书法大家,比如崔宏、崔浩,卢邈、卢渊等等。崔宏书法家传卫瓘体,朝廷文诰、四方檄文均由崔宏亲书,而卢渊则世代家传钟繇书法,宫殿匾额多为其题写。他们的书法作品自成一体,时称崔、卢二门,可见其影响。北魏后期的郑道昭,即《郑文公碑》的书者,北齐的张景仁(《隽修罗碑》)、北周的赵文渊(曾书《西岳华同碑》)以及与南朝萧子云齐名的王褒等人,都是当时响当当的书法名家。

尽管如此,与众多优秀作品相比,北朝留名的书者确显珍稀。

与北方不同,南方建康(今南京)政权承袭了秦汉文化的正统,对包括书法在内的传统文化非常重视,不仅留下一大批更适于传播的尺牍艺术,而且产生了一批隶草专攻又富有创新的书法名匠,书法史以及书法理论也有较大发展。

南朝最有名的书法家如羊欣、王僧虔等,基本都与东晋大家王羲之、王献之有关,书法风格也多承袭"二王"衣钵。

羊欣(370—442年),字敬元,著名书法家王献之的外甥,自幼与舅父练习书法,隶行草兼修,而又"最得王体"。当时有句谚语说"买王得羊,不失所望",将其作品与王献之相提并论。但羊欣的书法艺术实有差距,颇有书法功力的梁武帝萧衍在《古今书人优劣评》中评价最为客观,他说:"羊欣书如大家婢为夫人,虽处其位,而举止羞涩,终不似真。"羊欣的传世之作有《暮春帖》《大观帖》《闲旷帖》《笔精帖》等。尤为可贵的是,羊欣还著有书法简史《采古来能书人名》,记录了自秦至晋能书者凡六十九人。

王僧虔(426—485年),刘宋王朝著名大臣,官至尚书令,南齐时转任侍中。他出身于著名的士族高门"琅琊王氏",系王羲之第四代孙。其书法方扁厚朴,苍劲端丽,广为赞誉,宋文帝甚至以为他超越了王献之,梁武帝则以为其书法"如王、谢家子弟,纵复不端正,奕奕皆有一种风流气骨"。他也因此颇为自负。据史料记载,齐高帝萧道成曾与他论书法高下,问他:"天下书法谁为第一?"他则昂然答道:"臣书臣中第一,陛下书帝中第一!"

王僧虔传世名著为《太子舍人王琰帖》《御史帖》《陈情帖》等。王僧虔不仅擅长书法,还颇有理论,著有《论书》《笔意赞》。在《笔意赞》中,他明确提出"书之妙道,神采为上,形质次之",为隶书向楷书的过渡提供了自己的法则与规范。在《论书》中,他摒弃世俗偏见,既不刻意拔高,也不故意护短,对自东汉至南朝宋包括其家族王氏宗亲在内的四十余位书法家,逐一进行较为客观公允的品评,对后世书法创作和理论均产生深远影响。

王僧虔的儿子王慈、王志也有墨迹传世,但书名不高,多营官宦。

除了王氏后裔外,袁昂和庾肩吾也有书法盛名,其主要贡献则在于书法理论领域。

袁昂(461—540年),出身名门大姓"陈郡袁氏",历经宋齐梁三朝,本名袁千里,"昂"字为齐武帝萧赜所赐,南齐时即官拜黄门侍郎、御史中丞,南梁时一度官至尚书令,素以刚直闻名。此人不仅是南朝名臣,而且善于作画,为当时著名画家,同时还精于书法理论,其所著《古今书评》对自秦汉至齐梁的二十五位"皆善能书"的著名书法家逐一加以点评,十分精练传神。比如该书评蔡邕书法"骨气洞达,爽爽有神",羊欣书法"似婢为夫人,不堪位置,而举止羞涩,终不似真",庾肩吾书法则"如新亭伧父,一往见似扬州人共语,语便态出"等等,该书特别推崇张芝、钟繇、王羲之、王献之四家之作,尊之为"四贤共类,洪芳不灭"。

庾肩吾(487—551年),字子慎(慎之),与儿子庾信同为南梁著名文学家,与徐陵的父亲徐摛并称为"大徐庾"。他在书法界的重要成就,是其所著的书法理论作品《书评》。庾肩吾仿效《汉书·古今人表》之体例,将自汉至南朝齐梁年间一百二十三人的书法作品,按照上、中、下三"品"进行分类,每品又细分为"上、中、下"三品,合为"九品",与曹魏时即开始的"九品"论法("九品中正制")相对应,既严谨周全,又符合传统文化,对后世文艺批评产生极大影响。

从总体上看,南北朝书法,南朝对汉晋行草艺术继承发扬得多,较为保守稳健,可贵之处在于理论归纳。而北朝则立足实用,马放南山,不拘羁绊,隶楷齐放,形神兼备,形成了独霸中国书坛的"魏碑"风范,实为华夏文化之瑰宝也。

# 绘画:画龙点睛龙冲天,曹衣出水衣贴身

　　五月的南京,风光迤逦,乌衣巷边巍峨的安乐寺门前游人如织。见惯了佛寺风貌的游人们,突然发现新建的寺墙上画了四条象征皇权的龙。但见那龙张牙舞爪,活灵活现,十分逼真。但令人不解的是,四条龙均没有眼睛,着实有些缺憾。游客们在赞叹之余,也颇多惋惜。正在大家议论纷纷,要求补上眼睛以为神韵时,作此画的画家刚好在场,于是大家极力要求他尽快为龙"点睛"。

　　"可不敢呀!"画家不以为然地反驳道,"点之则飞去!"

　　"您不是在唬人吧?"尽管画家自信满满,游客们仍坚持"点睛"。

　　在大家的强烈要求下,画家终于提起笔,先后在其中的两条龙龙头上轻轻一点,补上了龙眼。结果奇迹出现了,但见天空电闪雷鸣,风雨骤至,那刚刚还浮在墙壁上的画龙冲出墙壁,腾云驾雾,凌空而起,霎时间便冲向云霄而去了。而没有"点睛"的另外两条龙则安然浮于墙上。

　　这便是我们耳熟能详的"画龙点睛"的故事,最初载于唐代大书法家张彦远的《历代名画记》之中。因为此故事太过传奇,点睛之笔太过神奇,所以又有了家喻户晓的成语"画龙点睛"。

而"点睛"的主人翁,正是张彦远的远亲,名垂千秋的著名画家张僧繇。

张僧繇出生在江苏苏州,为南北朝时期南梁的朝中大臣。作为名望甚高的士大夫,张僧繇可谓南朝绘画艺术的杰出代表,对后世影响极大,与东晋著名画家顾恺之、刘宋画家陆探微并称"六朝三大家",又与顾恺之、陆探微、吴道子并称为"画家四祖",而号称"画圣"的唐代大家吴道子、绘画大师阎立本,都远师于他。

张僧繇不仅画龙,还以画鹰出名,另外还擅长佛像人物画。在绘画艺术上,他中外兼修,主动吸纳来自天竺(印度)的凹凸画法,创立了立体感十足的"疏体"技法,"笔才一二,像已应焉",近似于现在的速写。其独特的绘画风格被传为样本,人称"张家样",与北齐画家曹仲达的"曹家样"、唐代画家吴道子的"吴家样"、唐代画家周昉的"周家样"齐名。

张僧繇精于作画,与他几乎同一时期的谢赫、孙畅之则更工于绘画理论。谢赫除了善作风俗画、人物画之外,其传世之作《古画品录》第一次系统总结了中国画创作历史,为我国最早的绘画论著。在此书中,他明确提出了"六法"的绘画技法。"六法"即气韵生动、骨法用笔、应物象形、随类赋彩、经营位置(或经营置位)、传移模写(传模移写),成为后世画家、批评家、鉴赏家们的原则遵循。《古画品录》对后世影响深远,较谢赫稍晚的南陈画家姚最以及唐代画家李嗣真,就是在该书的基础上,分别创作出《续画品》和《后画品》,而唐代高僧彦悰的《后画录》、张彦远的《历代名画记》也多有取法,加上南梁画家孙畅之的《述画记》,从而共同谱写了我国最早的绘画史。姚最还在其著作中,为绘画者明确提出了"立万象于胸怀"的创作手段。

在南朝,不仅士人作画,就连皇帝也不甘屈人之下,最典型的就是梁元帝萧绎。这位多才多艺的才子皇帝,虽然一只眼失明,但毫不影响他的文艺创作。他的绘画名作《职贡图》,以高古游丝描为主,间以兰叶描,简练遒劲,分层晕染,生动形象地描绘了波斯(伊朗高原)、百济(朝鲜半岛西南)、丘兹(我国古代西域)、倭国(日本)、狼牙修国(泰国南部马来半岛北)等十二国前来朝贡的使臣像,既是绘画精品,也是研究历史风俗和中外关系的宝贵资料。而现存于我国台北故宫博物院、唐代画圣阎立本的名作《职贡图》正是源于萧绎的创作灵感和艺术手法,其描绘的"万国来朝、百蛮朝贡"的情景与萧绎作品中的场景如出一辙。

而早在南朝刘宋时期,绘画艺术已经相当成熟,最有名的画家当数陆探微、宗炳和王微。陆探微不仅被誉为"六朝三大家"和"画家四祖"之一,与东晋大家顾恺之并称"顾陆",而且是第一位将书法与绘画融为一体的大家。《历代名画记》中载有他的画作七十余件,内容涉及圣贤图绘、佛像人物以及飞禽走兽,无一不精。尤为可贵的是,他将东汉著名书法家、号称"草书之祖"的张芝的草书体,运用到绘画上,成为书画合体的经典。

宗炳和王微更擅长于山水画。宗炳的《画山水序》为我国最早的山水画理论著作。在该作中,他主张"以形写形,以色貌色","以小观大,神托于形",系著名的"神形分殊"论者。而王微在其名作《叙画》中,明确肯定了绘画的价值和地位,抨击当时社会上流传的"书法高于绘画"的不良倾向和思维,同时提出形神兼备,"器以类聚""物以状分"的山水画创作原则,无论在思想上,还是在具体创作上,都对后世产生深远影响。

与南朝不同,南北朝时期北朝的绘画作品主要集中在石窟和墓室之中,就像书法界一样,南方以尺牍为载体,北朝则以石碑为介质,因此,北朝留存于今的作品远多于南朝。北朝画家多以石窟佛寺为创作场所,注重画作本身的实用功效,并不强调创作者自身的社会价值,因此出名的画家不多,而留存于世的作品则蔚为壮观。最经典的就是敦煌莫高窟中的壁画,可谓北朝绘画艺术的宝藏。除此之外,北朝的绘画杰作还表现在分布范围极广的墓室壁画,比如河北的东魏茹茹邻和公主墓壁画、山西太原的北齐娄睿墓壁画等。而北魏著名地理学家郦道元在其名著《水经注》中,也记载了多处岩画、壁画遗迹。

　　但北朝也有响当当的著名画家,比如曹仲达。此人来自中亚地区的曹国(今乌兹别克、撒马尔罕一带),在北齐任朝散大夫。他在绘画界的崇高地位,在于他的人物画。其人物画多用稠密的细线,所绘衣服褶纹贴身,"其体稠叠,而衣服紧窄",就像刚从水中出来,人物也显得娴静秀丽。多年之后,唐代大家吴道子在其人物画中则着重突出动态美,用笔圆转飘逸,所绘人物衣带宛若迎风飘曳之状,人称"吴带当风"。正是有了"吴带当风"的评语,唐人才同时回想起曹仲达的画风,遂称之为"曹衣出水"。

　　曹仲达既善人物画,尤其是佛像画,又擅长于泥塑,虽无传世之作,但历代评价甚高。《历代名画记》称他"北齐最称工,能画梵像","竹树山水,外国佛像,无竞于时"。他所画的佛像独树一帜,唐代时被竖为标杆,人称"曹家样",成为中国古代人物衣服褶纹画法之一。

　　从北方多为无名氏创作的壁画、岩画、墓壁画,到南方皇帝、大臣、士人等创作的人物画、山水画、飞禽走兽,从绘画作品到绘画史、绘画艺术理论,从传统技法的发扬与创新,到外来技法的吸纳与包容,南北朝美术界承前启后,兼容并收,为后世尤其是唐代绘画艺术的繁荣,提供了可资借鉴的丰厚给养。